SOIGNER SON chat JUSQU'AU BOUT DES PATTES

SOIGNER SON chat JUSQU'AU BOUT DES PATTES

Ce que doivent savoir
les amoureux des chats...

Dr Bruce Fogle

LE COURRIER DU LIVRE
27, rue des Grands-Augustins
75006 - Paris

Chez le même éditeur :

À propos du comportement de votre chat, Monique Bourdin et Brigitte Bardot.
Mon chat et moi, on se soigne ! Jean-Yves Gauchet
Que pense votre chat? : À la découverte du langage secret des chats, David Alderton
La ronron thérapie : Ces chats qui nous guérissent... (1CD audio), Véronique Aïache
Phythotérapie et soins naturels pour mon chat (1DVD), Céline Gastinel-Moussour
Des plantes et des soins naturels pour mon animal, Céline Gastinel-Moussour
Réflexologie pour les chats : Et autres thérapies naturelles pour vos compagnons félins, Jackie Segers
Histoires vraies d'animaux exceptionnels : Racontées par une journaliste de 30 Millions d'Amis, Joëlle Dutillet
L'oracle des chats : 44 cartes pour vous inspirer et vous guider, Tanya Graham

Pour Macy

Titre original :
Complete Cat Care

Traduit de l'anglais par Antonia Leibovici

ISBN : 978-2-7029-0991-1

www.editions-tredaniel.com
info@guytredaniel.fr

Imprimé en Chine

Photographie de couverture : recto, Wojtek Kalinowski Photography/Corbis ; verso, de gauche à droite, de haut en bas, Friday ; Mikhail Dudarev ; Jerome Dillard ; AlexandrKalinkin ; Daisy Garcia ; jeancliclac ; Frenk_Danielle Kaufmann ; Parrus ; Philip Date ; Natali ; Eric Isselée, all Fotolia.com

Sommaire

Introduction

Si vous n'avez jamais vécu avec un chat, je ne serais pas étonné que vous vous demandiez pourquoi ceux d'entre nous qui le font, le font. « Il est beau, mais pourquoi vivre avec un petit voyou égoïste ? Pourquoi partager mon foyer et mes émotions avec un fauve qui n'en fait qu'à sa tête ? »

Bien entendu, si vous avez déjà vécu avec un chat, vous savez qu'il représente davantage que la nature faisant irruption dans votre maison, plus qu'une simple fenêtre s'ouvrant sur le monde extérieur. Les chats, capables de se suffire à eux-mêmes, sont peut-être encore dans la phase de transition à la domesticité dépendante, mais le chemin a été long – surtout au cours de ces cinquante dernières années, à mesure que nous avons appris à quel point les toutes premières expériences participent à la formation de la personnalité adulte de ceux qui sont maintenant les animaux de compagnie les plus nombreux de la planète.

J'estimais à quelque 200 millions la population de chats de par le monde, mais je me trompais lourdement. Les chats harets ou errants sont bien plus nombreux. Selon les estimations scientifiques, il y en a environ 600 millions, en majeure partie sauvages. Cela fait des chats l'élite des petits prédateurs terrestres vivant actuellement.

Le chat domestique descend du chat sauvage du Proche-Orient. Les chats vivant dans nos maisons sont des animaux de compagnie. Ceux s'accouplant au hasard des rencontres sont des chats de gouttière, ceux que leurs maîtres font s'accoupler selon des critères bien définis, afin que leur progéniture se conforme à des standards précis, sont de race pure. Même dans les milieux les plus aisés, les chats de race pure ne représentent qu'un infime pourcentage des animaux de compagnie. Les chats qui vivent dans nos villes et nos jardins, comptant sur nous pour manger, sont semierrants, alors que ceux qui se débrouillent pour trouver eux-mêmes leur nourriture sont réellement errants. Bien entendu, tous ces chats sont aussi des chats sauvages, mais leurs couleurs et tailles varient selon la région dans laquelle ils vivent. Les chats d'intérieur proviennent de cette immense banque génétique.

Au cours de la deuxième moitié du XXe siècle, suite à des études minutieuses, nous avons fini par réaliser que si des chatons sauvages ont un contact constant avec l'homme à partir de leur troisième semaine de vie et jusqu'à la septième, ils font facilement la transition à la domesticité. Il n'y a pas de différences génétiques entre chats sauvages et domestiques quant à la capacité à être domestiqués ; de ce point de vue, la seule différence se trouve dans l'expérience qu'ils connaissent durant leurs premières semaines de vie. Partager un foyer avec des hommes, ou même avec des chiens, est plus facile pour les chats que vivre avec d'autres chats qu'ils n'ont pas connus étant petits. Mais si les chatons ne bénéficient pas de contact humain durant ces cinq premières semaines primordiales, ils resteront toujours timides à l'égard des gens. Pour qu'un chat développe une forte relation physique et émotionnelle avec l'homme, un contact précoce, répété, fort, est vital.

Dans la première partie, vous trouverez une brève explication de la manière dont quelques chats sauvages du Proche-Orient, pas plus de cinq, se sont adaptés à la vie à côté des hommes et sont ainsi devenus les ancêtres de tous les chats domestiques actuels, dont un nombre croissant de nouvelles races. De nos jours, les plus chanceux vivent dans une maison, avec des maîtres qui comprennent qu'ils doivent investir un peu de temps dès le début pour profiter du bonheur de partager la vie d'un chat conciliant. Je me penche ensuite sur la communication entre chats, la communication entre le chat et l'homme et nos erreurs d'interprétation de ses vocalises et de ses actions, parce qu'il est moins grégaire que nous sommes sociables. Si vous comprenez comment pense votre chat, son éducation sera aisée. Comme j'ai été vétérinaire pendant plus de quarante ans, le chapitre le plus fourni concerne les soins. Excellents prédateurs, mais aussi proies potentielles d'animaux plus grands, les chats ont développé des comportements masquant leur vulnérabilité. Vous apprendrez à détecter les indices parfois subtils signalant qu'un chat ne se sent pas bien. Les maladies sont presque toujours plus faciles à traiter lorsqu'un diagnostic est posé de bonne heure.

Durant ma pratique de vétérinaire, j'ai vu les chats passer du jardin à la cuisine, puis à la chambre ! À mesure qu'ils se sont

insinués dans l'intimité de notre vie, notre relation avec eux est devenue plus forte. Après tout, nous ne pouvons pas résister à un chat se frottant contre nos jambes ou s'installant sur nos genoux, pas plus qu'à ce ronronnement serein et réconfortant. C'est là un comportement naturel de chaton que nous avons favorisé délibérément chez les chats adultes.

Les chats sont-ils voluptueux ? Bien entendu. Vivre avec un chat c'est comme avoir Norah Jones chanter juste pour vous, dans votre salon. Mais un chat est plus que cela. C'est un chasseur très efficace, un prédateur agressif – et pour moi, la prédation est un truc de mec. Les chats que je traite tous les jours sont de réels membres de la famille de leur maître. Vivez avec un et vous finirez par savoir ce qu'il ressent et par comprendre sa façon de penser.

Hier matin, une chatte m'a fortement rappelé la compulsion de s'occuper d'un animal, spécialement s'il est de la « famille ». Une nouvelle cliente est venue avec une chatte noire à poil long, âgée de 19 ans, Polly. Ses yeux sont gris, sa fourrure s'amenuise, mais elle a la grâce et la dignité des chats sages. J'ai caressé son dos, et elle a élevé son arrière-train, puis s'est frottée contre ma jambe, avant de sauter sur mon siège, s'y pelotonner et me regarder. J'ai dit à sa propriétaire que ma fille Emily avait jadis une chatte, elle aussi appelée Polly, qui avait vécu dans la clinique après la mort de son premier maître et qui avait l'habitude de s'installer sur mon siège. Il y a dix ans, quand Emily est partie à l'étranger, sa meilleure amie avait pris Polly. Quand j'ai mentionné le nom de cette amie, ma cliente m'a dit que c'était elle qui avait maintenant Polly. La chatte âgée sur mon siège était la Polly que j'avais connue chaton. Brusquement, ce n'était pas Norah Jones chantant dans ma tête, mais Judy Collins se lamentant *Who knows where the time goes*. Plus d'un tiers de nos chats sont « âgés », et c'est pour cela que j'ai consacré le dernier chapitre de mon livre à expliquer comment améliorer leur vie. Polly a besoin d'un suivi et de quelques remèdes, mais elle a une personne merveilleuse qui s'occupe d'elle et, par le plus heureux des hasards, un vétérinaire qui veut plus que tout rendre ses dernières années confortables et dignes.

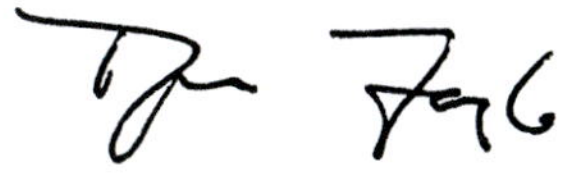

20 conseils pour un nouveau chat

1 Vous venez d'acquérir un chat, pas un être humain travesti. Soyez un bon parent pour votre nouveau chat, qui n'est en aucune façon un enfant affublé d'un costume poilu. Comprenez les besoins félins physiques et mentaux du chat. Respectez votre chat pour ce qu'il est, un individu indépendant et intelligent, qui pense comme un chat, pas comme un compagnon ou un enfant.

2 Faites l'effort de comprendre le langage corporel félin, spécialement si vous avez l'habitude des chiens, pas des chats. Les mouvements des oreilles et de la queue, par exemple, ont des significations extrêmement différentes.

3 Durant ses sept premières semaines de vie, le contact humain constant est vital pour qu'un chaton devienne un adulte confiant et amical. Les chats élevés dès la naissance dans une maison sont plus à même d'être sociables que ceux ayant grandi dans d'autres conditions.

4 Avant d'acquérir un chat, décidez si oui ou non vous le laisserez sortir. Évaluez les risques et, si votre chat vivra uniquement dans la maison, habituez-le à venir quand il entend votre voix.

5 Gardez son panier ouvert, dans un endroit chaud, pour que votre chat puisse s'y installer quand il en a envie. Il sera ainsi plus à l'aise quand vous l'utilisez pour l'amener chez le vétérinaire.

6 Le langage corporel des chats est bien plus subtil que celui des chiens ou des hommes. Soyez attentif. Les changements d'attitude ou d'activité les plus subtils peuvent être significatifs. Si votre chat ne se comporte pas comme d'habitude, consultez votre vétérinaire pour des conseils.

7 Passez au moins dix minutes par jour à vous occuper de votre chat. Profitez-en pour l'éduquer ou juste pour resserrer vos liens.

8 Sauf si vous voulez que votre chat vous traite comme un esclave, établissez des règles et respectez-les. Et soyez cohérent; les chats excellent à trouver les contradictions et à en profiter.

9 Les chats aiment la chaleur. Assurez-vous qu'il y a un endroit chaud, de préférence au soleil, où votre chat peut toujours s'installer en toute sécurité.

10 Les chats sont très visuels. Servez-vous d'objets en mouvement pour attirer l'attention de votre chat, pour jouer avec lui ou l'éduquer. N'ayez cependant pas des attentes excessives quant au jeu. Votre chat est un chat, pas une machine à câlins.

11 En éduquant votre chat, il est essentiel de choisir le bon moment. Gagnez le respect de votre chat par des récompenses, jamais par la sévérité. La peur et le stress inhibent la capacité du chat à se concentrer et à apprendre.

12 Les cliqueurs sont excellents, mais ne basez pas toute l'éducation du chat sur leur emploi. Si vous en utilisez un, recourez d'abord à une aide professionnelle pour apprendre à bien vous en servir, afin que cette méthode efficace d'éducation porte ses fruits.

13 Une bonne éducation repose sur la bonne communication. La punition après les faits n'a pas de sens, car votre chat comprend la cause et l'effet immédiats, pas retardés. Grondez-le au moment où vous voyez un comportement indésirable, quand il se fait les griffes sur les meubles par exemple, pas quand vous découvrez les dommages.

14 Quand vous demandez quelque chose à votre chat, faites-le d'une voix calme, pas sévère ou forte. Les chats ne comprennent pas tant ce que vous dites que la manière dont vous le dites.

15 Les chats, à la différence des chiens, sont d'habitude attentifs à ce qu'ils mangent. Donnez des os à votre nouveau chat. Les mâcher est excellent pour masser les gencives et nettoyer les dents, actions nécessaires pour prévenir les affections dentaires et gingivales.

16 Se faire les griffes sur les objets visibles est une activité féline naturelle et nécessaire. Ne faites pas retirer les griffes de votre chat. Installez-lui plutôt un griffoir bien situé et attirant et habituez-le à se faire les griffes uniquement là.

17 Les problèmes comportementaux s'accroissent en proportion directe au nombre de vos chats. Attendez-vous à ce que les marques d'urine ou les griffures sur les meubles soient plus nombreuses dans les maisons où vivent plusieurs chats.

18 Les chats ne parlent pas de leurs maladies, mais il faut s'attendre à des douleurs articulaires chez les chats plus âgés. Surveillez leurs sauts ; si le chat hésite, consultez votre vétérinaire. Les antalgiques sont très efficaces.

19 Surveillez le poids de votre chat et sa consommation d'eau. Le diabète sucré gagne aussi rapidement du terrain chez les chats que chez les hommes, si bien qu'une soif plus forte mérite toujours une consultation chez le vétérinaire.

20 Ne donnez jamais des médicaments pour chien (ou pour homme) à votre chat sans demander d'abord au vétérinaire. Même une seule dose de remède apparemment inoffensif, comme un antipuces pour chien ou un antalgique risque de tuer un chat.

Chapitre 1
Avoir un chat

Le chat domestique

Nous savons que le chat domestique est originaire du Croissant fertile, le territoire s'étendant en arc de cercle depuis le Nil en Égypte, en passant par Israël, le Liban et la Syrie actuels, jusqu'au sud de la Turquie, avant de suivre le Tigre et l'Euphrate à travers l'Irak et l'Iran jusqu'au Golfe persique. Quelques chats sauvages ont choisi de s'installer, il y a quelque 10 000 ans, dans les premières communautés agricoles fondées ici par l'homme. Cinq femelles au moins ont fait cette transition de la savane au village. Les quelque 600 millions de chats domestiques actuels descendent de ces cinq matriarches.

Le chat est venu tout seul

Nous n'avons pas domestiqué le chat. Quand cette sous-espèce locale de chat sauvage, *Felis silvestris lybica*, a choisi de vivre avec nous il y a des milliers d'années, ce n'était même pas le premier animal sauvage qui s'était approché de l'homme. Le développement de l'agriculture dans le Croissant fertile – l'élevage et la culture du blé, de l'orge et du seigle – avait créé une niche biologique nouvelle pour nombre d'espèces. En jugeant d'après les squelettes de souris découverts dans les habitations anciennes par les fouilles archéologiques, la souris des champs a probablement été la première à profiter de cette niche. Les chats sauvages locaux, attirés par l'abondance de rongeurs dans les agglomérations agricoles, se sont aperçus que cette nouvelle niche écologique les protégeait des grands prédateurs de la région. Néanmoins, seules ces cinq femelles qui avaient surmonté leur crainte s'y étaient installées et reproduites. Il n'a fallu que relativement très peu de temps pour que la sélection naturelle opère et transmette cette capacité à braver la présence de l'homme – caractéristique marquante de la population de « chats sauvages apprivoisés ». Ces chats vivaient maintenant en symbiose avec l'homme, qui les tolérait surtout pour leur utilité, mais aussi, j'en suis certain, pour leur séduction physique, surtout lorsqu'ils étaient de jeunes chatons.

Relations des chats sauvages

Il y a toujours une place dans le monde pour les petits prédateurs efficaces. Cinq sous-espèces de chat sauvage occupent cette niche à travers l'Afrique, l'Asie et l'Europe. Bien que subsistant maintenant uniquement dans des zones protégées, le territoire du chat sauvage européen (*F. silvestris silvestris*) s'étendait jadis depuis l'Écosse jusqu'à la péninsule ibérique, à travers l'Italie et les Balkans jusqu'à la Turquie et en passant par la Géorgie jusqu'à la rive orientale de la mer

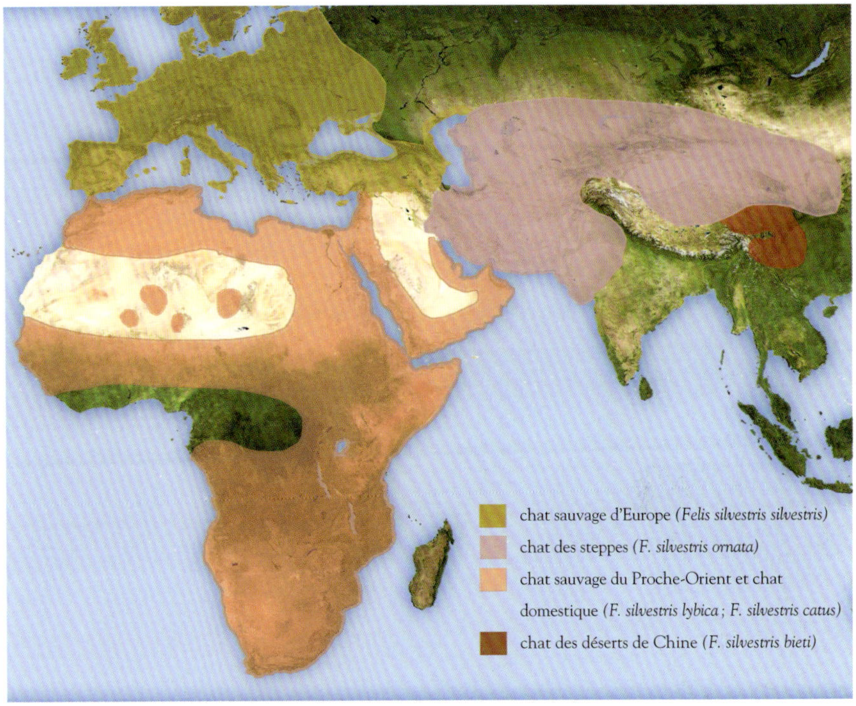

Ci-dessous. *Le mythe populaire affirme que le chat domestique est apparu en Égypte. En fait, il a pu évoluer à tout endroit de la zone hachurée : le Croissant fertile pourrait être appelé le Croissant félin.*

À droite. *Bien que le chat domestique soit une sous-espèce de chat sauvage, il descend de l'un des cinq types sauvages, sans autre apport génétique.*

Noire. Ce chat n'est pas un ancêtre du chat domestique d'Europe.

Le territoire du véritable ancêtre de celui-ci, appelé par le passé chat ganté d'Afrique et maintenant, plus correctement, chat sauvage du Proche-Orient (*F. silvestris lybica*), s'étendait sur toute l'Afrique méditerranéenne, depuis le Maroc jusqu'à l'Égypte, à travers la Péninsule arabique jusqu'au Golfe persique, et au nord jusqu'à la mer Caspienne, où il rejoignait le territoire du chat des steppes (*F. silvestris ornata*). Cette sous-espèce asiatique vit depuis l'Iran jusqu'en Chine, en passant par l'Afghanistan, où il rencontre la plus petite population de chats sauvages : le chat des déserts de Chine (*F. silvestris bieti*). Les études de l'ADN ont montré que ni *F. silvestris ornata* ni *F. silvestris bieti* ne sont les ancêtres de notre chat domestique.

La cinquième sous-espèce, le chat sauvage d'Afrique australe (*F. silvestris cafra*) vit en Afrique subsaharienne. Cette population de *F. silvestris lybica*, isolée au sud du Sahara il y a si longtemps qu'elle a évolué dans une nouvelle sous-espèce génétique, n'a joué aucun rôle dans l'évolution de *F. silvestris catus*, le chat domestique.

Développement ancien

Dans la nature, les femelles des chats sauvages du Proche-Orient s'occupent des petits de leurs sœurs ou mères. Cette caractéristique supplémentaire inhabituelle a contribué elle aussi à la domestication du chat sauvage et à son évolution.

Les félins capables de partager avec d'autres chats leur nouvelle niche écologique du village humain ont transmis ce comportement à leur progéniture. Leurs chatons étaient les plus à même d'être élevés et nourris de la main de l'homme. Au fil du temps, les chats perpétuant à l'âge adulte le comportement dépendant du chaton ont eu une meilleure chance de survivre et de se reproduire. Le comportement du chat n'était plus déterminé uniquement par la sélection naturelle, mais aussi par l'intervention humaine.

Tout cela a conduit à des modifications physiques et physiologiques chez le chat. Comme il n'était plus nécessaire de patrouiller un territoire étendu, les zones du cerveau jouant un rôle dans l'orientation s'étaient réduites. En fait, le

Cette robe tabby épaisse était arborée par les chats domestiques de l'Égypte ancienne, des variations de couleur apparaissant à mesure de la propagation des chats dans la région méditerranéenne.

Les plus proches parents du chat domestique

L'étude de l'ADN de quinze chats sauvages des déserts d'Israël, des Émirats arabes unis, de Bahrain et de l'Arabie saoudite a constaté que ceux-ci étaient de très proches parents du chat domestique.

cerveau avait si peu à faire qu'il a diminué de presque 25 %. Pareillement, comme le réflexe de lutte ou de fuite n'était plus aussi vital, les glandes surrénales et l'hypophyse s'étaient rétrécies à leur tour. Le camouflage n'étant plus essentiel, les chats à la robe récessive ont survécu et se sont multipliés.

Pourtant, malgré tous ces changements, les chats ne sont pas foncièrement apprivoisés dans le sens classique du terme. Indépendant, excellent chasseur même quand on lui fournit la nourriture la plus savoureuse, cet animal de compagnie reste étonnamment similaire à ses ancêtres sauvages.

Le voyage en Égypte

Les chats sauvages « apprivoisés » du Proche-Orient ont été sortis du Croissant fertile il y a au moins 9000 ans. Sur un site funéraire de Chypre datant de cette époque, des archéologues français ont découvert le squelette complet d'un chat de 8 mois enterré avec son maître, les deux orientés vers le soleil couchant.

Ci-dessous. *Tous les chats momifiés des cimetières égyptiens ne sont pas morts naturellement. Certains des innombrables chatons vivant auprès des temples faisaient probablement partie des offrandes.*

À gauche. *Sur les fresques égyptiennes, le chat domestique, symbole de la fécondité et de la maternité, apparaît souvent sous les sièges des femmes.*

Il n'y a pas de chats sauvages indigènes sur l'île de Chypre, si bien que ce chat (ou ses ancêtres) a dû accompagner les hommes du néolithique venant du territoire actuel de la Turquie avec leur bétail. Au fil des siècles suivants, ce chat apprivoisé a évolué physiquement et au niveau comportemental jusqu'à devenir le chat domestique.

Il y a quelque 3000 ans, la puissante civilisation égyptienne associait les chats au dieu du soleil Rê, les chattes, à la déesse de la fécondité Bast ou Bastet. Le chat occupait une position si notable dans la vie religieuse égyptienne qu'il y était déifié. Capable d'aller et de venir à sa guise, à la différence des autres animaux domestiques, le chat se voyait conférer de ce fait une valeur extraordinaire. Dans toute l'Égypte, la présence d'un chat dans son foyer était une manière d'honorer les dieux, permettant de plus de limiter la présence des serpents venimeux et des rongeurs.

Les chats étaient vénérés durant leur vie, mais aussi après leur mort, ce dont témoignent les innombrables momies préservées dans les cimetières leur étant réservés. À la fin des années 1800, lorsque des aventuriers britanniques avaient exploré des sites archéologiques égyptiens, on avait rapporté en Grande-Bretagne quelque dix-neuf tonnes de momies de chats en tant que fertilisants.

Voyageurs du monde

L'association avec les déités égyptiennes, combinée à ses capacités naturelles de chasseur de nuisibles, a accru la valeur du

Dans la vaste population de chats de gouttière, les traits génétiques dominants, comme les motifs tabby et les robes bicolores, sont les plus communs.

TURC VAN

Date d'origine	Avant le XVIIIe siècle
Lieu d'origine	Turquie
Ancêtres	Chats domestiques
Gamme de poids	3 à 8,5 kg
Couleurs	Couleurs unies et écaille-de-tortue, avec motifs tabby, bicolore van
LOF	GCCF FIFé CFA TICA

Le Van est une race ancienne « naturelle », avec une robe caractéristique, développée en isolement.

chat et a contribué à sa propagation hors de l'Égypte. Les Égyptiens prohibaient l'exportation de chats, mais les marchands phéniciens sont certainement passés outre, emmenant ces félins domestiqués dans toute la région méditerranéenne. Par la suite, la conquête romaine de l'Égypte a conduit le chat dans l'ensemble de l'Empire romain.

En Extrême-Orient, les chats remplissaient le même rôle d'exterminateurs des rongeurs et des serpents mais, juste comme les chiens, servaient aussi de plat de résistance lors des famines. Ce rôle unique du chat dans le sud-est de l'Asie a conduit à une attitude culturelle ambivalente à son égard. Alors que certains sont des compagnons appréciés de la famille et d'autres des chasseurs respectés de rongeurs, des millions sont tués et consommés tous les ans dans le sud de la Chine, en Corée, au Vietnam, aux Philippines, etc. En Corée, la consommation de viande de chien diminue, mais celle de soupe à base de chat bouilli, censée tonifier les femmes âgées de plus en plus nombreuses, augmente.

Des mutations apparaissent naturellement

Les nouveaux territoires offraient des conditions différentes, propices à des mutations inédites. Les chats domestiques venus d'Égypte et du Croissant fertile le long des routes de négoce sont arrivés jusqu'en Inde, puis sont passés de là en Birmanie et au Siam, en plus de se retrouver dans des zones isolées de l'Orient plus chaud. Là, ils ont évolué pour donner naissance aux races plus sveltes, à la robe plus claire, les Orientaux.

D'autres chats, qui accompagnaient les marchands et les voyageurs sur la route

Manx

Date d'origine	Avant le XVIIIe siècle
Lieu d'origine	Île de Man
Ancêtres	Chats domestiques
Gamme de poids	3,5 à 5,5 kg
Couleurs	Couleurs unies et écaille-de-tortue, motifs tabby bicolores unis, fumés et colourpoints
LOF	GCCF FIFé CFA TICA

La mutation unique Manx peut causer une disparition totale de la queue et, malheureusement, des problèmes de santé.

de la soie vers la Chine, se sont retrouvés isolés dans les montagnes froides de l'Anatolie, du Caucase et de la Perse – la mutation des poils longs est apparue là, probablement plus d'une fois. La région reste accidentée. Une population de chats isolée dans les montagnes du nord-est de la Turquie a perpétué la robe de son « fondateur », blanc dominant avec des taches orangées, caractéristique de la race du Turc Van.

L'effet du fondateur

Les gènes des parents sont transmis à leur progéniture, caractéristiques se rapportant à la santé – par exemple, une prédisposition aux troubles rénaux est transmise par environ 40 % des Persans –, à la personnalité – le miaulement strident des Siamois – et à l'apparence physique, principale raison de l'élevage des « races pures ».

Les mutations génétiques surviennent toujours, mais chez les nombreux chats s'accouplant au hasard elles s'estompent assez rapidement. Dans les petites populations isolées (comme celle des chats de la région du lac Van de Turquie), l'influence génétique durable de leurs premiers membres, l'« effet du fondateur », est puissante. Cet effet a perpétué la queue réduite dans les populations isolées de l'île de Man, du Japon et des îles Kouriles, ainsi que la polydactylie (orteils supplémentaires) chez les chats de gouttière de Boston, de Massachusetts (États-Unis) et de Halifax (Canada).

Couleurs et patrons de la robe

Avec la domestication, le camouflage de chasse tabby n'était plus essentiel à la survie du chat. Pour nombre d'experts, il y a une relation entre la « capacité à être apprivoisé » et l'apparition des couleurs « unies » chez les chats domestiqués, bien qu'aucune preuve génétique ne confirme cette hypothèse. Pour moi, ces couleurs ont été perpétuées simplement parce que nous les trouvions esthétiquement plaisantes.

Techniquement parlant, la mélanine, la substance naturelle produisant la couleur des poils, est formée de deux composantes. L'une, la phéomélanine, produit le roux ou l'orangé, l'autre, l'eumélanine, le noir ou le brun. Les poils blancs ne contiennent pas de mélanine.

Le pelage du chat sauvage présente des bandes de pigments clairs et foncés en alternance, dans un motif « agouti ». La potentialité des différentes couleurs et formes du corps existait chez les chats du Croissant fertile, mais avec la domestication, la fréquence des variations de couleur s'est accrue.

La plus spectaculaire est la robe de couleur unie, où le gène agouti est dominant, si bien qu'un chat n'a besoin d'être porteur que d'un seul pour que sa robe soit telle. Le gène non-agouti est récessif, autrement dit, un chat doit être

Japanese Bobtail

Date d'origine	Avant 1800
Lieu d'origine	Japon
Ancêtres	Chats domestiques
Gamme de poids	2,5 à 4 kg
Couleurs	Couleurs unies et écaille-de-tortue à motifs tabby bicolores et unis
LOF	FIFé CFA TICA

Le Japanese et Kurilian Bobtails présentent la même mutation génétique, une queue courte et recourbée.

Tous les chats, même de couleurs unies, ont le gène de l'un des motifs tabby.

Définition des couleurs et des patrons

Agouti : un seul poil présente plusieurs bandes de couleur. L'Abyssin est entièrement agouti.

Tabby : marques foncées (taches, volutes ou rayures) sur un fond plus clair. Les rayures ont une couleur unie allant jusqu'à la racine, alors que la couleur de fond est agouti. Ses variantes :

- Marbré ou classique, rayures larges sur le dos et volutes sur les côtés du corps.
- Tigré, rayures fines parallèles, perpendiculaires à l'axe vertébral.
- Moucheté, taches sur fond agouti.
- Tiqueté, avec juste quelques rayures sur les pattes.

Unie : une seule couleur.

Dilué : couleurs plus pâles, le noir devenant gris (appelé bleu), le roux devenant crème (« caramélisé »).

Colourpoint : coloration spécifique sur le bout des pattes, la queue et le visage foncés.

- Sépia ou Burmese présentant un moindre contraste entre un corps foncé et des extrémités plus sombres.
- Mink ou Tonkinois à mi-chemin entre les deux.

Bicolore : toutes couleurs et blanc, dans n'importe quelles proportions, de ganté à Van.

Écaille-de-tortue (tortie) : mélange d'une couleur due à l'eumélanine et d'une couleur due à la phéomélanine, par exemple noir et roux ou bleu et crème, seulement chez les femelles.

Brindle : écaille-de-tortue avec des couleurs mélangées.

Calico : écaille-de-tortue et blanc.

Gantés : bicolore avec juste des bottes blanches sur les pattes.

Van : corps entièrement blanc, avec une couleur sur la queue et entre les oreilles.

Chinchilla : poils argentés avec extrémités colorées.

Shaded : poils argentés avec une couleur descendant davantage dessus.

Fumé : poils argentés colorés jusqu'aux racines.

porteur de deux gènes pour que sa couleur soit unie. L'effet du fondateur dans les populations isolées ou l'intervention humaine active dans les populations plus nombreuses ont fait apparaître assez tôt des couleurs unies.

Populations félines distinctes

L'ensemble des 600 millions de chats domestiques actuels descendent de cinq groupes génétiques régionaux : les chats de l'Europe occidentale, du basin méditerranéen, d'Asie du Sud-est, d'Asie du Nord et d'Afrique orientale. Seule une nouvelle race, le Sokoke, est apparentée au groupe génétique d'Afrique orientale, alors que les chats de gouttière nord-américains, australiens et néo-zélandais sont génétiquement identiques aux chats de l'Europe occidentale.

Certains livres des origines (LOF) décrivent nombre de races comme « naturelles », variétés régionales précédant l'intervention humaine dans la reproduction du chat. Les vétérinaires de l'université de Californie étudiant la constitution génétique de plusieurs races ont fait des découvertes étonnantes. Par exemple, le Japanese Bobtail n'est pas génétiquement très japonais : il a été développé surtout à partir de souches européennes, raison pour laquelle ses couleurs sont plus

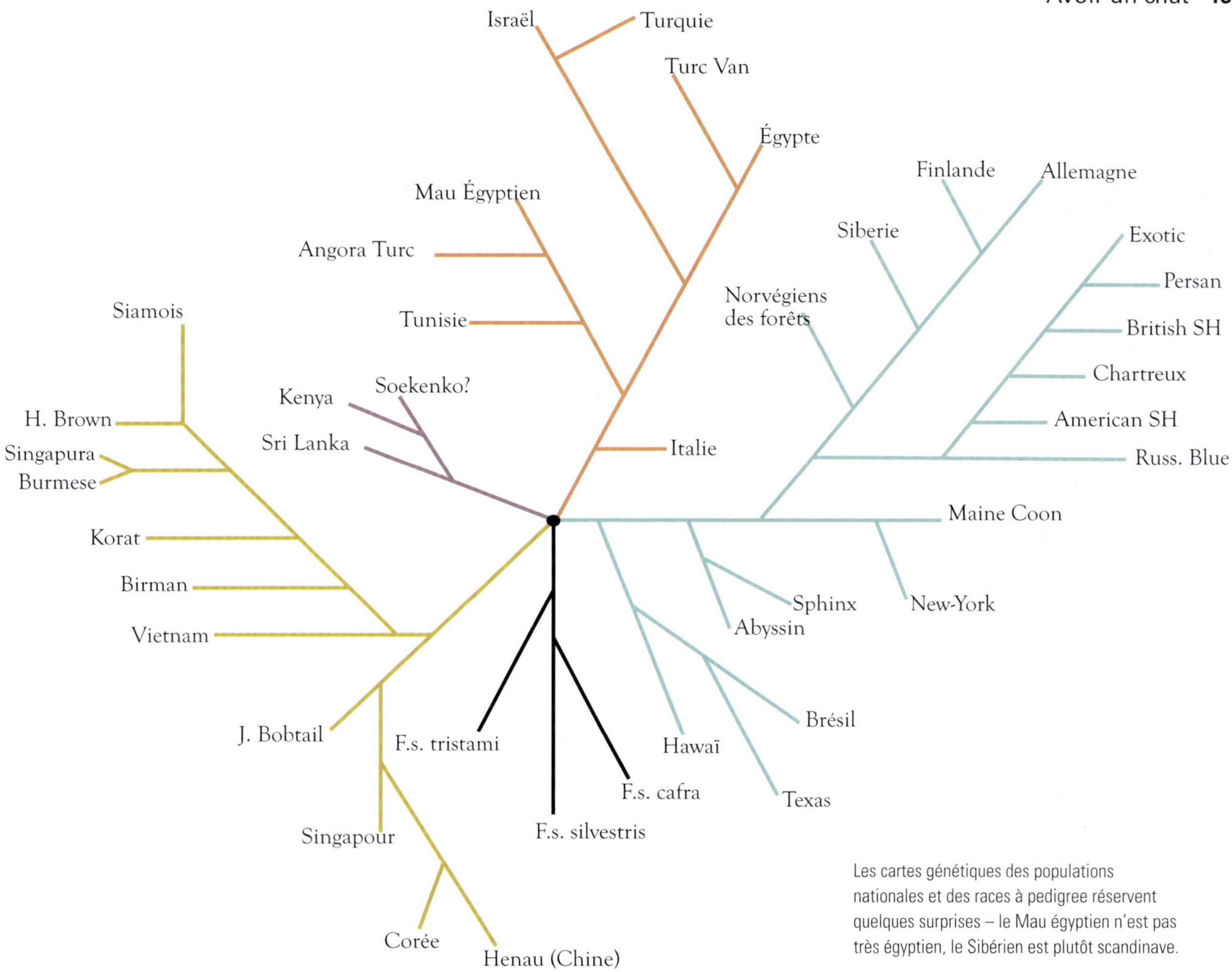

Les cartes génétiques des populations nationales et des races à pedigree réservent quelques surprises – le Mau égyptien n'est pas très égyptien, le Sibérien est plutôt scandinave.

« occidentales » qu'« orientales ». Le Persan est aussi génétiquement européen, n'étant plus apparenté maintenant aux chats à poil long de Turquie, d'Iran (Perse) ou du sud de la Russie d'où il est censé être originaire.

Les livres des origines sont compliqués. Toutes les races ne sont pas reconnues par tous, ou une race peut avoir des désignations différentes, selon les LOF. Les LOF établissent des règles concernant les races qu'ils reconnaissent. Dans nombre de pays européens, certaines races ne sont pas reconnues par l'ensemble des principaux LOF en raison de ce qu'on tient pour des difformités nuisibles – ce qui, à mon avis, est juste. Parmi elles, le Manx et le Cymric (problèmes spinaux dus à la mutation ayant fait disparaître la queue), le Munchkin (nain à cause de son squelette), le Scottish Fold (problèmes squelettiques), le Sphynx (la transmission de l'absence de pelage est préjudiciable pour l'animal) et les chats blancs à yeux bleus (surdité associée). Aux États-Unis, les hybrides comme le Bengale, l'une des races les plus populaires de Grande-Bretagne, ne sont pas reconnues par le CFA, le plus important livre des origines du pays.

Les études génétiques de l'université de Californie rendent encore plus compliquée la définition d'une race. Le Burmese et Singapura ne peuvent pas être distingués génétiquement par le standard utilisé pour la plupart des races, tout comme le Siamois et le Havana Brown.

Sokoke Cat

Date d'origine	1978
Lieu d'origine	Kenya
Ancêtres	Chats des forêts
Gamme de poids	3,5 à 6,5 kg
Couleurs	Tabby brun classique
LOF	FIFé

Bien que les races originales soient en pleine expansion, les races traditionnelles sont encore très populaires. Le chat Sibérien a rejoint plus récemment le chat Norvégien des forêts à poil long et à l'air sauvage (à droite), ainsi que le Maine Coon.

Le Persan et l'Exotic Shorthair ne sont pas, comme on peut s'y attendre, des races distinctes – mais, surprenant, le Birman et Korat le sont. D'autre part, deux races tenues pour très étroitement apparentées, l'Angora et le Turc Van, ne le sont aucunement. Dans le monde félin, une race peut différer d'une autre par un seul gène modifiant son pelage.

L'avenir

La plupart des races « traditionnelles » ont été développées au fil de ces 150 dernières années en Europe, principalement en Grande-Bretagne et en France. Mais pratiquement la moitié des 140 races reconnues par un amoureux ou un autre des chats, ou en cours de développement, ont été créées au cours des deux dernières décennies – la majeure partie, en Amérique du Nord.

La reproduction aléatoire est bonne pour les chats. Par exemple, croiser des Siamois avec d'autres chats à couleurs unies ou tabby pour produire des Orientaux accroît la diversité génétique chez leurs descendants.

L'hybridisation, le croisement chat domestique/chat sauvage, semble être neutre, si on se rapporte au Bengale. Il faut au moins sept générations à partir du croisement hybride avant que la nature du chat sauvage soit contrôlée (un de mes clients a été hospitalisé après l'attaque d'un Bengale), mais l'expérience du Bengale a produit maintenant une nouvelle race saine, attirante et qu'on peut généralement éduquer.

Le choix des noms, comme pour le Ragdoll et les chats apparentés, est une

Le Bengale reste globalement controversé, mais à mesure qu'il s'éloigne du croisement hybride original il devient une race qui à long terme a un avenir viable.

Bengale	
Date d'origine	1983
Lieu d'origine	États-Unis
Ancêtres	Chats léopard d'Asie, chats d'intérieur, Mau égyptien, chats errants d'Inde
Gamme de poids	5, 5 à 10 kg
Couleurs	Brun tabby marbré et moucheté, colourpoint
LOF	GCCF FIFé TICA

simple question de commercialisation. Les races ont une belle apparence, une personnalité équilibrée et une santé solide, ce qui est le plus important.

La reproduction pour les anomalies du pelage me dérange. La robe bouclée est apparue et a été perpétuée par reproduction sélective en Grande-Bretagne (Cornish et Devon Rex), aux États-Unis (American Rex, Selkirk Rex, LaPerm et American Wirehair) et en Allemagne (German Rex). Alors que certains pelages de ce genre tels que le Cornish Rex sont devenus plus épais, d'autres sont restés tels quels. Ces chats ne doivent pas s'aventurer dehors dans les climats froids. Les vibrisses (moustaches), partie importante de l'appareil sensoriel félin, peuvent être cassantes ou absentes chez les chats aux poils bouclés. Certaines variétés à poils bouclés longs sont particulièrement vulnérables au feutrage, comme le Persan moderne. Mieux vaut favoriser le poil de garde long, comme chez le Maine Coon, le Sibérien, et le Norvegien des forêts.

La reproduction pour les anomalies génétiques m'inquiète beaucoup ! Je trouve affreux le visage très plat du Persan de concours. Sur un tel visage, les larmes ne peuvent pas s'écouler dans le nez, si bien qu'elles débordent, causant une inflammation dermique. Les narines sont si petites que la respiration devient difficile. Les yeux, trop saillants, ne sont pas correctement irrigués par les larmes et s'enflamment. Les dents sont déplacées, si bien que le chat ne peut pas se toiletter lui-même comme il faut. Tout cela en plus des poils de bourre exigeant une attention quotidienne pour ne pas s'enchevêtrer. On crée maintenant d'autres races présentant des problèmes anatomiques : chats nains comme le Munchkin, chats nus comme le Sphynx, chats aux tares génétiques comme le Scottish Fold. Aucun LOF ne devrait accepter une race nouvelle de chats incapables de mener une vie active, de rester en bonne santé et de se reproduire aisément.

Les races réputées être réservées perdent du terrain face aux chats câlins actuels – même si cette réputation n'est pas tout à fait méritée.

L'ingénierie génétique et le clonage posent aussi problème. On affirme déjà qu'un chat hypoallergénique a été créé. Les Coréens sont allés plus loin : ils ont cloné un chat et l'ont modifié génétiquement en insérant un gène fluorescent le faisant briller dans le noir.

Cornish rex	
Date d'origine	Années 1950
Lieu d'origine	Grande-Bretagne
Ancêtres	Chats de ferme
Gamme de poids	2,5 à 4,5 kg
Couleurs	Toutes couleurs, nuances et motifs
LOF	GCCF FIFé CFA TICA

Types et races de chats domestiques

Les plus anciens types de chats étaient minces, agiles, de taille moyenne, au pelage fin, ressemblant au chat sauvage du Proche-Orient à partir duquel ils avaient évolué. Les poils courts étaient, et sont encore, le pelage le plus pratique dans les climats tempérés et chauds. Les chats qui sont passés de la Méditerranée en Europe occidentale ont développé un corps plus compact, plus robuste, alors que ceux qui se sont répandus dans le sud-est de l'Asie sont devenus plus légers, avec un pelage moins épais de poil de garde leur permettant d'évacuer l'excès de chaleur. Ce groupe génétique appelé maintenant Oriental présente des couleurs nouvelles.

Couleurs occidentales et orientales

Traditionnellement, la robe du chat « occidental » montre du noir, du roux et leurs variations, alors que les couleurs « orientales » sont chocolat, cannelle et leurs variations. Cette distinction est quelque peu artificielle. Le noir et le roux, de concert avec leurs variantes diffuses bleu (gris) et crème, ainsi que les motifs tabby, sont présents chez tous les chats. Les mutations chocolat et cannelle proviennent de l'Orient. Les couleurs diffuses sont aussi apparues probablement en Asie, d'où elles se sont répandues en Europe via la Russie. Ces couleurs ont conféré aux chats asiatiques des apparences caractéristiques qui, tout comme leurs formes, les différenciaient des chats de la Méditerranée et de l'Europe.

Races d'Asie du Sud-Est

Génétiquement parlant, ces races – Siamois, Balinais, Burmese, Tonkinois, Singapura, Korat et Birman – sont étroitement apparentées aux chats de gouttière actuels de Chine, Vietnam, Corée et Singapour.

Le motif colourpoint de la robe des Siamois est apparu en Asie il y a environ 500 ans. On l'associe le plus à la Thaïlande, d'où ils ont été ramenés en Occident au XIXe siècle. Au début, tous les chats d'Orient de couleur unie, colourpoint ou non, étaient appelés Siamois. Dans les années 1920, ce nom ne désignait plus que les chats colourpoint aux yeux bleus. Les autres sont nommés actuellement Orientaux. Les Siamois produisaient parfois des chatons colourpoint à poil long, qui ont donné le Balinais. Les généticiens ont confirmé que la

Le Siamois moderne ressemble à un supermodèle : le motif est présent même chez les hybrides.

SIAMOIS

Date d'origine	Avant le XVIIIe siècle
Lieu d'origine	Thaïlande (ancien Siam)
Ancêtres	Chats de maison et temple
Gamme de poids	2,5 à 5,5 kg
Couleurs	Toutes couleurs unies et écaille-de-tortue tabby, avec colourpoints caractéristiques
LOF	GCCF FIFé CFA TICA TCA

Les yeux des Orientaux peuvent être influencés par les gènes du Colourpoint Siamois qu'ils présentent sous leur couleur de robe, leur conférant une gamme de teintes séduisantes bleu vert, ainsi que des vert et des or clairs.

Noms désorientants

Le nom Havana désigne deux races distinctes. En Grande-Bretagne, un chocolat uni de type Siamois a été développé dans les années 1950. Même si la couleur a été appelée Havana, la race a été enregistrée sous le nom de Chestnut Brown Foreign. Cette couleur a fini par être l'une des Orientaux à poil court. La race a été exportée aux États-Unis, où elle est devenue la base d'une race distincte, le Havana Brown, qui reste très rare.

race américaine Havana Brown est simplement un Siamois de couleur unie.

La couleur de la robe du Siamois adulte est différente de celle du chaton. Chez les chatons et les jeunes chats, les marques sont plus claires, chez les chats plus âgés, le corps est plus foncé. La température de l'air affecte aussi la couleur des extrémités. Les chats qui vivent dans les climats froids ont des oreilles, des pattes et des queues plus foncées que ceux qui vivent dans des climats plus chauds. Une fièvre ou même le fait de bander une patte peut diminuer l'intensité de la couleur des extrémités. Même le rasage du ventre en vue d'une stérilisation fait pousser un pelage de couleur légèrement plus claire dans la zone rasée.

Parmi les premiers chats amenés en Occident du Siam il y avait des chats de couleurs unies et tabby. Lorsque le Siamese Club de Grande-Bretagne avait déclaré que le nom Siamois devait désigner uniquement les chats colourpoint aux yeux bleus, les autres couleurs de la robe ont décliné. La reconnaissance du Chestnut Brown en tant que race distincte a conduit au développement du groupe. Pour finir, le Chestnut est devenu le Havana, classé maintenant comme une couleur de la race orientale ; il est différent de la race appelée Havana Brown aux États-Unis.

Son pelage, très court et fin, d'un lustre brillant, exige peu d'attention, mais ne protège pas du froid. Mince et

Oriental Shorthair

Date d'origine	Années 1950
Lieu d'origine	Grande-Bretagne
Ancêtres	Siamois, Korat, Shorthair
Gamme de poids	4 à 6,5 kg
Couleurs	Tous motifs, couleurs et nuances, sauf colourpoint sépia et mink ; les couleurs ont des noms distincts
LOF	GCCF FIFé CFA TICA

Les Orientaux, qui présentent des variétés à poil long et à poil court, sont des Siamois à robe unie ou tabby.

Le livre de poèmes des chats de Thaïlande

Alors qu'en Occident seuls les chats noirs sont associés à la malchance, en Thaïlande les chats sont pour la plupart associés à la chance. Le *Tamra Maew* (*Livre de poèmes des chats*) gardé à la Bibliothèque nationale de Thaïlande de Bangkok est illustré des dessins de dix-sept chats propices, dont certains étonnamment similaires aux Siamois, Burmese et Korat actuels, et de six chats néfastes, dont des chats qui dévorent leurs petits, des chats à la queue entortillée, des chats blancs aux yeux brun rougeâtres et des chats tabby. Ces dessins témoignent des variétés de chats vivant au Siam au XIVe siècle.

Balinais

Date d'origine	Années 1950
Lieu d'origine	États-Unis
Ancêtres	Siamois à poil long
Gamme de poids	2,5 à 5 kg
Couleurs	Couleurs unies et écaille-de-tortue, motifs tabby, à colourpoints
LOF	GCCF FIFé CFA TICA TCA

Ci-dessus. *Un seul gène distingue le Siamois à poil court (et le Colorpoint Shorthair pour le CFA) et le Balinais à poil long (et le Javanese pour le CFA).*

Ci-dessous. *Le motif colourpoint sépia est plus visible chez les couleurs claires. Les chats américains ont un visage plus arrondi que les européens.*

agile, il a de grandes oreilles sur une longue tête triangulaire et un corps svelte reposant sur de longues pattes minces. Malgré cet aspect délicat, ces chats vivent longtemps, leur espérance de vie moyenne dépassant dix-sept ans. Le caractère oriental typique s'accorde à son air : il est actif, joueur, athlétique et notoirement grégaire.

Un Siamois à poil long a été enregistré en Grande-Bretagne en 1928. Il est certes possible que ce gène existait, en tant que trait récessif, chez le premier Siamois amené en Occident. Cette « variété » a fini par être reconnue par les LOF américains et, une décennie plus tard, européens, sous le nom de Balinais. Le pelage mi-long habille de près le corps, et sa texture rend son entretien relativement facile. Comme le Siamois, c'est une race très curieuse qui examinera des recoins de votre maison dont vous n'avez jamais soupçonné l'existence.

Une situation un peu plus confuse concerne les couleurs de cette race. En Europe, une large gamme de couleurs et même de motifs tabby est acceptée. En Amérique du Nord, le CFA et le TCA ne reconnaissent que les quatre couleurs « originales », seal, bleu, chocolat et lilas, juste comme pour le Siamois. Les autres couleurs et colourpoints tabby sont classés comme des races distinctes, le Colourpoint Shorthair et le Javanese.

Un autre expatrié du sud-est asiatique, le Burmese, est défini surtout par le motif subtilement nuancé de son fin pelage satiné, le sépia. Bien que les chats colourpoint sépia soient très connus dans leur pays natal, les origines de tous les Burmese peuvent être retracées jusqu'à un seul chat, Wong Mau, une femelle amenée de Birmanie aux États-Unis

À gauche. *Les Orientaux présentent tous les motifs tabby : curieusement le tabby tiqueté à aspect oriental a été le dernier à être reconnu en Grande-Bretagne.*

Burmese

Date d'origine	Années 1930
Lieu d'origine	Myanmar (ancienne Birmanie)
Ancêtres	Chats des temples, croisements de Siamois et de chat d'intérieur
Gamme de poids	3,5 à 6,5 kg
Couleurs	Toutes couleurs unies avec motifs colourpoint Burmese
LOF	GCCF FIFé CFA TICA TCA

Singapura

Date d'origine	1975
Lieu d'origine	Singapour & États-Unis
Ancêtres	Burmese
Gamme de poids	2 à 4 kg
Couleurs	Sépia agouti
LOF	GCCF CFA TICA

Le Singapura est une recréation esthétique des minuscules chats sauvages de Singapour plutôt qu'un véritable descendant de ceux-ci, mais pas moins attirant pour autant.

en 1930 (ironiquement, Wong Mau n'était pas génétiquement une Burmese, mais ce qu'on appelle maintenant une Tonkinoise, avec un gène colourpoint siamois et un gène sépia). Le corps musclé est étonnamment lourd, comme des « briques enveloppées de soie ». Pendant des années, le Burmese américain pouvait présenter n'importe quelle couleur du moment qu'il était sable (génétiquement noir). Lorsque ces chats américains ont été importés en Grande-Bretagne, la race a pris deux formes. Les éleveurs européens préfèrent un aspect angulaire plus typiquement oriental et admettent une gamme plus large de couleurs.

La reproduction du Tonkinois à motifs subtils n'est jamais parfaite : des chatons divers naissent à chaque génération.

Les chats d'Afrique du Sud, d'Australie et de Nouvelle-Zélande suivent le type européen. La tête du Burmese européen, la zone qui diffère le plus du type américain, est un triangle court avec un museau peu tranchant, aux yeux écartés, ronds et légèrement bridés. Bien qu'il ait une personnalité plus calme et détendue que la plupart des autres races orientales, le Burmese a encore envie de compagnie. Certains maîtres l'appellent « chat velcro » de par sa tendance à s'agripper. Le syndrome de douleur buccofaciale présent chez certains Burmeses et races développées à partir de lui est une curiosité médicale.

Tonkinois

Date d'origine	Années 1960
Lieu d'origine	États-Unis et Canada
Ancêtres	Burmese et Siamois
Gamme de poids	2,5 à 5,5 kg
Couleurs	Toutes couleurs unies et écaille-de-tortue, sauf fauve et cannelle, tous motifs tabby, motif mink
LOF	GCCF CFA TICA

Le Singapura a un pelage tabby tiqueté, comme l'Abyssin, avec les colourpoints sépia du Burmese – dont il est à peine différencié génétiquement. Il est, en fait, une variation de couleur du Burmese, bien que nombre d'éleveurs affirment encore qu'il descend des chats de gouttière de Singapour.

Les hybrides colourpoint existent depuis aussi longtemps que les deux mutations ayant produit le Siamois et le Burmese. Le Tonkinois est simplement un croisement de ces deux races. Ce n'est que dans les années 1950 que les éleveurs ont produit des hybrides. En raison de la robe caractéristique, appelée mink, qui est un mélange deux

Le visage doux en forme de cœur du Korat cache sa forte personnalité.

Korat

Date d'origine	Avant 1700
Lieu d'origine	Thaïlande
Ancêtres	Chats de maison
Gamme de poids	2,5 à 4,5 kg
Couleurs	Bleu unie
LOF	GCCF FIFé CFA TICA

Birman

Date d'origine	Inconnue, reconnu en 1925
Lieu d'origine	Myanmar et France
Ancêtres	Chats d'intérieur d'Asie
Gamme de poids	4,5 à 8 kg
Couleurs	Toutes couleurs unies et écaille-de-tortue, motifs colourpoints à gants blancs
LOF	GCCF FIFé CFA TICA

Souvent tenu pour juste un ancien hybride Persan colourpoint avec une histoire romantique, le Birman correspond génétiquement à son nom.

motifs génétiques, tous les Tonkinois sont porteurs de gènes du Colourpoint Siamois et Burmese. Chaque accouplement peut produire des chatons montrant ces motifs. Comme toutes les véritables races asiatiques, ils ont une espérance de vie supérieure à la moyenne.

Le *Tamra Maew* (*Livre des poèmes des chats*, 1350-1767) thaïlandais distingue le Si-Sawat frosted silver des autres chats bleus, actuellement appelés Korat, du nom de leur province natale de Thaïlande. En Occident, cette race reste rare, mais le nombre de ses membres est stable. Le pelage est court et fin, sans sous-poils, présentant un effet d'« écume marine » argentée. Un petit nombre d'individus souffrent d'un trouble neuromusculaire génétique récessif, la gangliosidose.

Le Birman est proche des populations félines de Vietnam et de Birmanie. Selon la tradition, cette race descend d'un couple de chats à poil court offerts à la France en 1919 par le peuple Khmer en remerciement du sauvetage de ses temples. Les éleveurs français n'ont ajouté que le gène du poil long ; les généticiens doivent regarder de très près pour différencier cette race du Korat. Le pelage soyeux n'est pas aussi épais et a moins tendance à se feutrer que celui de la plupart des autres chats à poil long.

Le groupe asiatique du GCCF n'est pas réellement asiatique. Il a été développé à parti du Burmese (parmi d'autres). À partir de l'accouplement accidentel d'un Chinchilla à poil long et d'un Burmese qui a produit le Burmilla, on a créé toute une catégorie nouvelle de diverses nuances de, dont une variété à poil long.

Selon la légende, les yeux bleus et le corps doré du Birman sont apparus lors de la miraculeuse transformation d'un chat, qui avait inspiré les moines à vaincre leurs attaquants.

Le groupe asiatique

Date d'origine	1981
Lieu d'origine	Grande-Bretagne
Ancêtres	Burmese, Chinchillas, chats ordinaires
Gamme de poids	4 à 7 kg
Couleurs	Couleurs unies et écaille-de-tortue occidentales et orientales, motifs unis, fumés, tabby et sépia ; certaines couleurs ont des noms distincts
LOF	GCCF FIFé (certains)

Le Tiffanie (à ne pas confondre avec le Tiffany/Chantilly) est un membre à poil long du groupe asiatique de Grande-Bretagne.

Chats de couleur unie

Les robes de couleur unie existent pratiquement depuis l'époque où les chats se sont approchés des hommes, et sont omniprésentes dans l'ensemble du monde félin. La couleur gris, appelée bleu par les éleveurs, très convoitée de par sa rareté, est probablement originaire d'Asie, d'où elle est arrivée en Europe en passant par la Russie. Les éleveurs ont créé plusieurs races, d'autres couleurs unies récessives se transmettant bien.

D'où qu'ils soient venus, via la Russie ou (selon la légende) accompagnant les croisés revenant du Moyen-Orient, vers le XVIIIe siècle les chats gris, les Chartreux, étaient si bien connus que le naturaliste Buffon les appelait « chats de France ». Le pelage épais, d'un bleu velouté, était aussi très apprécié par les fourreurs. Des colonies existaient dans toute la France. À la fin de la Deuxième Guerre mondiale, la race était cependant presque éteinte. Les éleveurs l'ont préservée en croisant les survivants avec des British Blue Shorthair, d'où son corps trapu.

Le Russian Blue est reconnu comme race depuis le XIXe siècle. On l'appelait jadis chat d'Arkhangelsk, d'après le port du nord de la Russie. Déclinant au début du XXe siècle, il a récupéré dans les années 1950. Plus récemment, des éleveurs ont développé des variétés noir uni (Russian Black) et blanc uni (Russian White) ; certains LOF désignent maintenant tous les chats russes de couleur unie comme Russian Shorthair. Comme le Chartreux, le Russian Blue est musclé, mais il est grand, ce qui lui confère un air de sveltesse. Ses yeux sont d'un vert limpide.

Dans sa patrie, le Russian Blue est tenu pour un cadeau propice.

Chartreux

Date d'origine	Avant le XVIIIe siècle
Lieu d'origine	France
Ancêtres	Chats domestiques
Gamme de poids	3 à 7,5 kg
Couleurs	Seul bleu uni
LOF	FIFé CFA TICA

Nommé d'après le monastère éponyme, le Chartreux a été l'animal de compagnie préféré de grands personnages français, depuis le général de Gaulle à l'écrivainne Collette.

Russian Blue et Russian Shorthair

Date d'origine	Avant le XIXe siècle
Lieu d'origine	Russie
Ancêtres	Chats domestiques
Gamme de poids	3 à 5,5 kg
Couleurs	Bleu, noir, blanc
LOF	GCCF FIFé CFA TICA

La plupart des races de chats d'une couleur unie ont des poils courts faciles à soigner. Nombre d'éleveurs affirment que moins le Russian Blue est soigné, plus il est beau.

Le Bombay, créé à la ressemblance d'une panthère noire en miniature, est la première des races inspirées des chats sauvages ; les tentatives plus récentes de recréer l'aspect sauvage tendent à donner des tabby mouchetés.

Lors de leur première présentation en France et en Grande-Bretagne, les chats bleus de Russie étaient tant à poil court qu'à poil long. Les poils courts sont devenus le Russian Blue, les poils longs ont été en majorité oubliés. Dans les années 1980, le Russian Blue à poil long a été recréé aux États-Unis et nommé, curieusement, Nebelung (*brouillard* en allemand).

Le Bombay noir uni est une autre race américaine, créée avec des Shorthairs noirs américains pour leur couleur et des Burmese sable pour leur carrure. Le résultat est un chat musclé d'un noir lustré, aux yeux cuivre. En Grande-Bretagne le nom Bombay désigne un chat totalement différent, l'Asiatique noir à poil court. C'est pareil pour deux autres chats à robe unie, le Havana Brown et le Havana (voir page 23).

Bombay

Date d'origine	Années 1960
Lieu d'origine	États-Unis
Ancêtres	American Shorthair et Burmese sable
Gamme de poids	2,5 à 5 kg
Couleurs	Noir
LOF	CFA TICA

Date d'origine	1984
Lieu d'origine	États-Unis
Ancêtres	Russian Blue, chats d'intérieur
Gamme de poids	2,5 à 5 kg
Couleurs	Bleu
LOF	TICA TCA

Le British Blue

Le grand chat musclé appelé jadis British Blue est extrêmement populaire en Grande-Bretagne, bien que la race, avec toutes ses diverses couleurs, soit appelée British Shorthair (*voir* page 36). Le pelage dense a été créé par des croisements avec des Persans et recouvre un corps très musclé. Lorsque je prends un échantillon de sang de la patte d'un British Blue, il y a du muscle sous ma main ! Ses bajoues joufflues et sa robe lustrée l'ont rendu populaire dans les publicités d'aliments pour chats (une femme exerçant une profession libérale rentre chez elle auprès de son adorable British Blue sensuel) ayant fait monter en flèche les ventes.

Race rare, le Nebelung a été développé par un seul éleveur.

Chats à motifs tabby

Dans les motifs tabby, les poils plus foncés ont une couleur unie allant jusqu'à la racine alors que la couleur de fond plus claire est agouti à rayures (voir page 18). Tous les motifs tabby – rayures, volutes, taches ou simple tiquetage – sont des mutations distinctes du gène tabby. Le motif tiqueté ou abyssin domine sur tous les autres ; les taches sont dominantes par rapport au motif tigré, qui l'est à son tour en comparaison du motif marbré ou classique. Vu que le tabby était la robe originale des chats domestiques, les éleveurs le dédaignaient jusqu'à la récente montée de l'intérêt pour la création de races de chats à l'air « naturel ».

Les tabbys sont partout

Le chat tabby est omniprésent dans le monde. Il y a le classique, aux rayures foncées descendant sur le dos et volutes foncées sur les côtés, le marbré, avec des rayures verticales ininterrompues, le moucheté, avec des rayures verticales se transformant en taches rondes, et le tiqueté, avec juste quelques rayures tabby. Garfield, le chat des dessins animés le plus paresseux du monde, est bien entendu un matou tabby roux. Pratiquement toutes les races à poil court présentent toutes les variétés et les couleurs, incluant des motifs tabby. Certaines races se limitent seulement à ces motifs-là. Le gène de la couleur unie étant récessif, de tels chatons naîtront toujours.

Abyssin et Somali

Le motif tiqueté dominant provient de l'ancêtre du chat domestique, le chat sauvage du Proche-Orient, parfait camouflage surtout dans l'environnement désertique du Moyen-Orient et de l'Afrique du Nord. Il a été présent dès le départ chez le chat domestique, mais les seules races anciennes qui le montrent sont l'Abyssin et sa variante à poil long, le Somali.

Ci-dessus. *Le Mau égyptien a été le premier des races tabby mouchetées, suivi par l'Ocicat dans les années 1960.*

Les portées d'Abyssins produisent parfois des chatons « frisottés » : dans les années 1960, des éleveurs américains et canadiens les ont fait se reproduire.

Les Abyssins sont arrivés en Europe au XIXe siècle, ramenés par l'armée d'Abyssinie. Ils ont emporté un prix à Londres en 1871.

C'est l'une de mes races préférées, pas pour sa personnalité – ils peuvent être exigeants – mais pour son apparence. Toujours parmi les premières dix races préférées des Américains, ils n'ont jamais connu la même popularité en Europe. Les couleurs originales étaient tabby noir, brun-rouge ou roux (qui est cannelle) et leurs nuances diffuses. Les LOF les plus conservateurs n'acceptent que ces couleurs. Le motif tabby tiqueté qui caractérise cette race est contrôlé par un seul gène, imprimant à chaque poil des bandes claires et foncées en alternance, suscitant un effet chatoyant lorsque le chat bouge. L'Abyssin ressemble beaucoup aux chats des fresques égyptiennes. Cette race présente parfois une atrophie rétinienne génétique.

Ocicat

Bien que son nom semble impliquer qu'il s'agit d'un hybride de chat sauvage, l'Ocicat est le résultat de l'accouplement de l'Abysin, du Siamois et de l'American Shorthair tabby. Le motif tabby moucheté

Abyssin et Somali	
Date d'origine	Années 1860
Lieu d'origine	Éthiopie
Ancêtres	Chats d'intérieur et de gouttière
Gamme de poids	4 à 7,5 kg
Couleurs	Couleurs occidentales et orientales unies et shaded, à motif tabby tiqueté
LOF	GCCF FIFé CFA TICA

L'Ocicat est un accident heureux, le résultat inattendu d'un croisement visant à produire un Siamois avec points tabby tiquetés.

de l'Ocicat diffère de celui de la plupart des autres races, car ses taches sont plus grandes, rondes, et ne suivent pas les rayures du tabby tigré. Le pelage est court et fin, recouvrant un corps athlétique aux pattes musclées. La race montre ses origines siamoises dans sa personnalité : joueur, bavard, facile à éduquer à un âge tendre. En raison des gènes dont sont porteuses ses races parentes, l'Ocicat produit des variantes à motifs tabby tiquetés et classiques, en plus de sa robe mouchetées distinctive. Le Jungala, en essence un Ocicat sans taches, a été développé à partir de ces variantes.

Mau égyptien

La tradition dit que cette race est descendue des chats errants d'Égypte. En fait, le Mau est génétiquement plus proche de l'Angora turc et des chats errants tunisiens que des chats égyptiens actuels (voir page 19). Le Mau ressemble beaucoup aux chats figurant sur les fresques et les papyrus égyptiens, avec un long corps athlétique et des taches éparpillées au hasard. Les yeux du Mau, larges et ronds, diffèrent des images anciennes, qui les représentent étroits.

Chats hybrides

Le croisement de beaucoup d'espèces de la famille des félidés est fertile ; de grands chats hybrides ont été présentés au fil des années dans les cirques et les zoos, résultats d'accouplements accidentels ou de reproduction délibérée. Dans la plupart des cas, toutefois, la progéniture mâle ou femelle est stérile, partiellement ou totalement, empêchant le développement de la lignée hybride. Le chat domestique, en plus de s'accoupler avec des chats sauvages, ses proches parents, peut aussi

Alors que le Mau est censé ressembler aux anciens chats égyptiens, certaines mutations ultérieures, comme le fumé chatoyant, étaient trop belles pour être éliminées.

OCICAT

Date d'origine	1964
Lieu d'origine	États-Unis
Ancêtres	Siamois, Abyssin, American Shorthair
Gamme de poids	2,5 à 6,5 kg
Couleurs	Brun, cannelle, bleu, ou fauve uni et argenté à motif tabby moucheté
LOF	GCCF FIFé CFA TICA

MAU ÉGYPTIEN

Date d'origine	Années 1950
Lieu d'origine	Égypte, Italie
Ancêtres	Chats errants d'Égypte, chats d'intérieur d'Italie
Gamme de poids	2,5 à 5 kg
Couleurs	Noir uni et argenté, à motif tabby moucheté uniquement, et fumé sans motif tabby mais à fortes marques «fantôme »
LOF	GCCF FIFé CFA TICA

produire des chatons femelles fertiles lorsqu'il s'accouple avec des parents plus lointains, comme le chat léopard d'Asie (*Prionailurus bengalensis*), le chat de jungle (*Felis chaus*) et le chat serval africain (*Leptailuris serval*). Ces hybrides sont controversés. Les croisements des mâles chats de jungle et chats serval avec des chats domestiques sont infertiles, et les portées de la première génération sont souvent perdues, car la gestation dure plus longtemps chez les chats sauvages. L'hybridisation du chat léopard et du chat domestique, produisant le Bengale, a réussi au point qu'on compte plus de 100 000 descendants, la troisième race la plus enregistrée en Grande-Bretagne, bien que dans son pays le CFA ne l'admet pas en raison de ses origines hybrides.

Toyger

Le Toyger au nom bizarre a été produit par l'accouplement des Bengales avec des chats tabby tigré, visant à obtenir un tigre en miniature. Il a été exporté des États-Unis en Grande-Bretagne et en Australie, et semble être assez largement accepté. Chaque partie de son corps est décrite comme « musclée » dans les standards des LOF. Le pelage court et épais a un lustre « miroitant » comme celui du Bengale. Le superbe motif tigré est exempt des lignes recourbées et des rayures dorsales du tabby tigré.

D'où viennent ses taches ?

Le léopard ne peut certes pas changer ses taches, mais les éleveurs sont persuadés que leurs chats y parviendront. Les taches des chats suivent souvent les lignes verticales du tabby tigré. La théorie prône que le tabby moucheté est une simple modification génétiquement dominante qui « interrompt » les lignes. La robe du Mau égyptien et de l'Ocicat ne présente pas de tels motifs, mais ces races produisent des chatons à motif tabby classique, et il se peut que leurs taches soient un motif classique modifié. Une autre théorie avance la présence d'au moins un gène dominant produisant un motif tabby moucheté, indépendamment de tout autre. Si le motif est dû aux influences subtiles de nombreux gènes, il sera difficile à déterminer.

California Spangled et Australian Mist

L'agile California Spangled, développé à partir d'Abyssins, de Siamois et de chats ordinaires, a été lancé en 1986 par un éleveur. Reconnu par le TICA, il n'a jamais connu une grande popularité. Il présente des couleurs occidentales unies, avec des motifs tabby fumés et argentés.

L'Australian Mist, la première race réalisée en Australie, rare ailleurs, a été développée à partir d'Abyssins, de Burmese et de chats ordinaires. Il présente des couleurs orientales traditionnelles à motifs tabby mouchetés.

Chaque motif tabby est variable : il suffit de regarder les chats ordinaires pour voir une large gamme de possibilités. Chez le Toyger, le but est d'imiter les rayures du tigre.

Chats à poil court

Les races reconnues de ce que sont, essentiellement, d'excellents exemples de populations félins régionales, ont été développées d'abord en Grande-Bretagne et aux États-Unis, puis dans toute l'Europe, en Amérique du Sud et en Australasie. Leurs caractéristiques communes font qu'ils sont d'habitude acceptés dans toutes les variations de couleur susceptibles d'apparaître.

Tenu à l'origine pour une race à part entière, le British Blue a été le premier British Shorthair, et reste la couleur la plus populaire.

Génétique de la population

Avant qu'on puisse étudier l'ADN, les généticiens ont étudié dans le monde entier la couleur de la robe du chat. Grâce à cette étude, ainsi qu'aux connaissance des anciennes routes de négoce, ils avaient pu montrer que la mutation non-agouti (d'habitude noir uni) était apparemment apparue il y a quelque 2 500 ans soit en Grèce, soit au Liban (ancienne Phénicie). On la trouve actuellement le plus souvent dans les villes du nord-ouest de l'Afrique comme Tanger et Rabat, et dans des ports comme Liverpool et Glasgow. Le tabby marbré, bien que probablement originaire du nord-est de l'Iran, s'est répandu le long des routes de négoce, atteignant sa plus grande concentration en Grande-Bretagne, d'où il a été disséminé dans l'ensemble de l'Empire britannique, en Amérique du Nord à partir de 1650 et un siècle plus tard en Australie et en Nouvelle-Zélande. La circulation des chats a fortement influencé les couleurs et les motifs prédominants chez les populations félines à poil court de pays et de régions entières. Toutefois, dans les zones urbanisées, les chats non-agouti forment plus de 50 % de la population féline, dénominateur commun. Chez les races à poil court, les couleurs non-agouti sont populaires depuis des siècles.

Expositions félines

Si vous pensez aller à une exposition féline ou pensez y présenter votre chat, soyez préparé à l'inattendu. Les règles de ces expositions semblent parfois carrément bizarres.

Par exemple, la CFA nord-américaine ne permet pas la présentation de chats auxquels on a retiré les griffes, alors que la TICA la permet. En Grande-Bretagne, la GCCF permet de présenter les chats à des expositions affiliées à la FIFé mais uniquement s'ils en sont informés au préalable et à un intervalle de 13 jours avant ou après une exposition GCCF.

British Shorthair

La race a été fondée à partir des chats ordinaires de Grande-Bretagne. Au tout début de la vogue des expositions félines à la fin du XIXe siècle, c'était la race la plus populaire. Le fondateur de la CFA (Cat Fancy Association) de Grande-Bretagne, Harrison Weir, élevait des British Blues. La race est passée de mode dans la première partie du XXe siècle et a pratiquement disparu dans les

British Shorthair

Date d'origine	Années 1880
Lieu d'origine	Grande-Bretagne
Ancêtres	Chats d'intérieur, de gouttière, de ferme
Gamme de poids	4 à 8 kg
Couleurs	Couleurs unies, écaille-de-tortue et bicolores, solide, fumé et tipped, motifs tabby occidentaux et colourpoints
LOF	GCCF FIFé CFA TICA

Les pedigrees garantissent la cohérence, mais vus isolément, certains individus à pedigree ont l'air peu différent de leurs congénères nés au hasard des rencontres.

années 1950. L'effort de quelques éleveurs l'a fait revivre, et actuellement le British Shorthair est de nouveau recherché dans son pays natal. Un trait curieux qui distingue le British Shorthair est que presque la moitié de ces chats ont un sang de type B, rare dans la population féline globale.

Le terme le plus utilisé pour décrire le British Shorthair est « ramassé », autrement dit compact et solide. Un mâle British Shorthair non stérilisé à l'air d'un bagarreur de rue au corps musclé, ramassé sur des pattes solides. Son visage large montre un nez court et droit. Le pelage serré est dense, imperméable et pratique, bien qu'il ait besoin d'un peu d'aide de temps à autre pour être à son avantage. Les bleus classiques, les écaille-de-tortue et les tabbys sont toujours populaires, mais les croisements réalisés pour faire revivre la race ont introduit de nouveaux gènes. Actuellement, toute une gamme de couleurs et de motifs exotiques est reconnue, reflétant la grande diversité de la population féline domestique en général.

Race nationale du Brésil

Le Brazilian Shorthair est le résultat d'une tentative de créer une race indigène à partir des chats domestiques ordinaires du pays. Un standard a été conçu pour un chat fort, de taille moyenne, à pelage court. Le standard diffère des British et European Shorthair par sa carrure plus légère, sa tête plus allongée et son pelage plus couché, adapté au climat plus chaud. La race est rare, plus répandue aux États-Unis qu'au Brésil.

American Shorthair

Les chats domestiques sont arrivés en Amérique du Nord avec les premiers colons dans les années 1500, et ont été présents en grand nombre dans les maisons et les fermes depuis les années 1700. Les difficultés de l'environnement nord-américain, plus riche en prédateurs naturels que l'Europe, ont fait de ces chats des animaux plus grands que leurs homologues de l'Ancien monde, avec un corps puissant sur des pattes musclées.

L'American Shorthair était appelé initialement Domestic Shorthair afin de refléter ses origines ordinaires. Ce nom désigne actuellement les chats de gouttière présentés dans les expositions.

American Shorthair

Date d'origine	Années 1900
Lieu d'origine	États-Unis
Ancêtres	Chats domestiques
Gamme de poids	3,5 à 7 kg
Couleurs	Couleurs unies et écaille-de-tortue occidentales, bicolores, solide, fumé, shaded, tipped et tabby classique ou tigré
LOF	CFA TICA TCA

L'European Shorthair est un excellent chat, mais n'a pas connu autant de succès que des races nationales comme le British Shorthair et le Chartreux.

European Shorthair

Date d'origine	1982
Lieu d'origine	Continent européen
Ancêtres	Chats domestiques, British Shorthair
Gamme de poids	3,5 à 7 kg
Couleurs	Occidentales traditionnelles unies, écaille-de-tortue et bicolores, en motifs solide, fumé et tabby
LOF	FIFé

Le pelage court est épais et d'une texture rugueuse, offrant une protection contre le froid, l'humidité et les blessures mineures. Vers la fin du XIXe siècle, les éleveurs américains ont réalisé que les caractéristiques de leurs chats domestiques méritaient d'être conservées. Le Domestic Shorthair, sa première appellation, en a été le résultat. Il a été renommé American Shorthair en 1966. Populaire au Canada et aux États-Unis, il est rare ailleurs. L'American Shorthair est élevé pour sa robustesse et sa longévité, ce à quoi veillent des standards disqualifiant « tout trait exagéré au point d'induire la faiblesse ».

European Shorthair

Alors qu'il y a des chats à poil court dans toute l'Europe depuis plus de deux millénaires, l'élevage sélectif des chats « ordinaires » a été initialement classifié dans la race des British Shorthair. En 1982, la FIFé a créé une nouvelle catégorie pour cette race, débutant avec un type établi et une grande population de reproducteurs de milieux connus. L'apparence de la race est modérée de tous les points de vue. Le chat à un corps bien musclé, moyen à grand, mais moins compact que le British Shorthair. La tête large est triangulaire à arrondie, avec de grands yeux ronds et des oreilles dressées de taille moyenne. Le pelage est court mais dense, moelleux, et protecteur, complétant l'image d'un chat robuste, capable de faire face à tous les temps et tout ce qui arrive. La nature de la race est typiquement celle d'un chat d'intérieur européen, mais les couleurs acceptées sont moins nombreuses que pour le British Shorthair.

Antipodean

Cette race a été connue initialement comme New-Zeland Shorthair : le changement du nom reflète tant l'inclusion d'un standard à poil long que le travail accru sur la race entrepris en Australie. Comme d'autres races nationales, il a pour ancêtres les chats d'intérieur et de ferme descendu des animaux ayant accompagné les premiers colons venant surtout de Grande-Bretagne. Il est reconnu uniquement par le LOF de Nouvelle-Zélande. L'Antipodean est de taille moyenne, musclé, à la tête gentiment arrondie, en forme de coin. Un petit rameau de la race, le Clippercat, est en essence un Antipodean avec des orteils supplémentaires.

Antipodean

Date d'origine	Années 1990
Lieu d'origine	Nouvelle-Zélande et Australie
Ancêtres	Chats domestiques
Gamme de poids	3,5 à 7 kg
Couleurs	Occidentales traditionnelles unies, écaille-de-tortue et bicolores à motifs solide, fumé, shaded, tipped, et tabby
LOF	CATZ Inc

Les chats dont provient la race Antipodean sont encore similaires à leurs cousins européens, bien que présentant une polydactylie.

Chats à poil long

Les plus populaires races de chats, les races à poil long, vont de la plus génétiquement diverse, comme le Sibérien, aux catastrophes génétiques comme le Persan d'exposition à visage plat d'Amérique du Nord. Certains pelages à poil long, comme le Maine Coon, ont besoin uniquement d'un peu plus de toilettage quotidien que les pelages courts et épais, l'une des raisons de sa popularité bien méritée, tout comme d'autres races similaires.

Bien que le Persan à visage très plat ait disparu, les Persans d'Amérique du Nord ont encore l'air aussi extrême.

Ancré dans la population féline

Les chats à poil long se sont répandus en Europe il y a des centaines d'années et ont été depuis lors arrivée des animaux de compagnie symboles de statut social élevé. Les histoires officielles des races affirment qu'ils ont été amenés de Perse en Italie par Pietro della Valle et de Turquie en France par Nicolas-Claude Fabri de Pieresc, au début du XVIIe siècle. La génétique signale que les chats à poil long ont été amenés en Scandinavie par les Vikings longtemps avant cette date. Le pelage de ces premiers chats à poil long était probablement similaire à celui de l'Angora turc actuel, qui est appelé maintenant « mi-long », ce qui est le plus proche de mutation originale. Quelle que soit la vraie époque de son arrivée, ce chat a fini par s'introduire dans les populations félines locales.

Cette illustration du XVIIIe siècle, même si elle ne capture pas la grâce féline, montre la collerette et la culotte caractéristiques de l'Angora à poils mi-longs.

Comme le poil long est un trait génétiquement récessif, une minorité seulement de chats de gouttière ont ce genre de pelage luxueux mi-long ou long. Cette relative rareté peut être la raison historique pour laquelle les plus populaires races à pedigree tendaient à avoir des poils longs. Même ainsi, comme les races pures ne sont qu'une minorité, la population de chats de gouttière à poil long les dépasse de loin en nombre.

Les chats de gouttière à poil long ont survécu dans les climats plus froids, par exemple en Scandinavie et en Russie, pour former la base du Norvégien des forêts et du Sibérien. Ils ont traversé l'Atlantique jusqu'en Amérique du Nord, les pelages les plus longs et les plus épais présentent naturellement le plus grand avantage lors des hivers froids. Ces survivants naturels ont été les ancêtres du Maine Coon. Le pelage épais de ces

Comment poussent les poils

La robe à poil long est déterminée par un seul gène (facteur de croissance des fibroblastes 5). Si un chat hérite de copies inactives de ce gène, c'est simple, il aura des poils longs. D'autres gènes sont responsables de la densité, de l'épaisseur ou de l'extraordinaire longueur de certains poils. Pour réduire la corvée du toilettage ou éviter l'enchevêtrement excessif, certains maîtres de chat à poil long les font tondre. Si vous le faites, ne soyez pas surpris si votre chat d'habitude placide devient bien plus actif. Beaucoup de chats semblent apprécier d'être libérés de leur pelage lourd et chaud.

races nordiques est le résultat de la survie du plus apte. La robe luxueuse du Persan, quant à elle, est le résultat de nombreuses générations d'élevage sélectif.

Le Chinchilla est un Persan tipped, un nuage de noir faisant luire sa robe blanche. Il a aussi des yeux d'une couleur unique, bleu vert.

Persan

Vers 1900, le Persan était reconnu par tous les LOF du monde. Au cours du XXe siècle, c'était la race la plus populaire de la planète. Elle l'est toujours en Amérique du Nord, bien qu'en Europe des races à l'espérance de vie plus longue, comme le British Shorthair, le Siamois, le Ragdoll, le Maine Coon et le Bengale, ont pris sa place au fil d'une seule décennie.

Le Persan a un corps compact, robuste, aux pattes courtes et épaisses et une poitrine large. La tête est ronde, les oreilles petites, avec des touffes de poils à la base. Le nez des premiers Persans était moins camus que celui des chats actuels. En Amérique du Nord, le standard CFA décrit le Persan avec un visage réfléchi, une phrase qui, selon moi, est responsable de la plupart des problèmes oculaires et nasaux affligeant cette race. Les Persans d'Europe tendent à avoir un nez plus long que les Américains.

Persan

Date d'origine	Années 1800
Lieu d'origine	Grande-Bretagne
Ancêtres	Chats à poil long du Moyen-Orient
Gamme de poids	3,5 à 7 kg
Couleurs	Couleurs unies, écaille-de-tortue et bicolores à motifs solide, fumé, shaded, tipped et tabby classique
LOF	GCCF FIFé CFA TICA TCA (Doll-Faced)

Prendre soin du pelage du Persan est une corvée. Sa popularité décline en faveur d'autres races moins exigeantes.

Souvent décrit comme une robe de « peluche », le pelage court de l'Exotic a une un texture dense, veloutée, lui venant de son héritage persan.

Oriental à poil long

Mettez deux races dans une pièce et vous finirez avec trois noms. Un Oriental Longhair est la contrepartie à poil long de l'Oriental Shorthair. En Amérique du Nord, il descend d'un croisement de cette race avec un Balinais (la contrepartie à poil long du Siamois). En Grande-Bretagne, la même race descend des accouplements de Siamois et d'Abyssins. Avant 2003, elle était appelée Angora par le GCCF – bien qu'elle ne soit pas apparentée à l'Angora turc, mais Javanese par le FIFé, pour éviter la confusion avec l'Angora turc – nom qui désigne cependant en Amérique du Nord certaines couleurs de Balinais.

Exotic

Date d'origine	Années 1960
Lieu d'origine	États-Unis
Ancêtres	Persan, American Shorthair
Gamme de poids	3,5 à 7 kg
Couleurs	Couleurs unies, écaille-de-tortue et bicolores à motifs solide, fumé, shaded, tipped et tabby classique
LOF	GCCF FIFé CFA TICA

Au fil des générations, à mesure que la reproduction sélective a rendu le visage plus plat, il a rendu aussi le pelage plus long – jusqu'à 12 cm chez les chats d'exposition. Ces pelages demandent beaucoup de temps pour le toilettage quotidien. C'est sans doute la raison de la popularité actuelle de l'Exotic aux États-Unis. L'Exotic est le résultat d'une tentative qui a mal tourné. Les éleveurs essayaient de produire un American Shorthair à la robe chatoyante et aux yeux verts d'un Persan argenté. À la place, ils ont obtenu un Persan en pelage plus court. Les portées donnent parfois des chatons à poil long, que certains LOF appellent Exotic Longhair. La robe veloutée de l'Exotic est plus épaisse et un peu plus longue que beaucoup de robes à poil court, et a besoin de plus de toilettage pour être au mieux.

Le Persan et l'Exotic à visage plat sont populaires, car leurs grands yeux et leur front plat attirent instinctivement. Ils sont des peluches vivantes et câlines. Mais avant d'en acquérir un, informez-vous sur leur santé auprès d'un vétérinaire expérimenté. Ces races ont une espérance de vie plus courte que les chats ordinaires – presque quatre ans plus brève –, en raison de la polykystose rénale, affection génétique provoquant insuffisance rénale chez environ 40 % des Persans et des races génétiquement similaires. Il existe un test génétique simple pour cette maladie et une règle à suivre : n'achetez un Persan (ou un Exotic) que chez un éleveur dont les animaux ont été testés et ne sont pas porteurs de ce gène. Chez les Persans, il y a aussi une incidence élevée de criptorchidie.

Persan colourpoint

Le Persan colourpoint a la carrure, le visage et la robe du Persan avec les couleurs du Siamois. Il se peut qu'il ait été le premier croisement délibéré des deux races. Le GCCF et le CFA les tiennent pour appartenir à la race des Persans, d'autres LOF, pour des races distinctes. Le corps est compact et bas sur des pattes courtes et fortes, la tête ronde a les joues pleines et nez court du Persan. La robe colourpoint est influencée par la température ; les yeux sont généralement d'un bleu moins intense que celui des Siamois. Les personnalités très différentes des deux races parentes ont produit un chat plus sociable que le Persan, mais plus détendu que le Siamois. La principale exigence imposée au maître est le temps nécessaire pour entretenir son pelage somptueux.

Chats turcs à poil long

Les chats à poil long de Turquie ont largement participé à la création du Persan. Au début du xxe siècle, le type original de chat turc à poil long était pratiquement éteint. Le gouvernement turc a déclaré ces chats trésor national et, avec l'aide du zoo d'Ankara, a mis en place un programme de reproduction des chats blancs aux yeux vairons, un bleu, un jaune. La race, maintenant appelée Angora turc, a un pelage mi-long avec des sous-poils un peu duveteux recouvrant un corps agile, et reste rare.

Le Turc Van apparu naturellement dans l'isolement relatif de la région montagneuse du lac Van, dans l'est de la Turquie a une robe blanche aux oreilles et à la queue orangées. Actuellement, il a pratiquement disparu dans cette région, bien qu'un programme de reproduction soit en place à l'université Yüzüncü Yıl de Van. Ce motif bicolore est maintenant appelé « van » chez tous les chats blancs à oreilles et queue de couleur, quelles que soient leurs origines. Les standards stricts de couleur pour la race concernent aussi les yeux, qui doivent être ambre, bleus ou vairons, ce dernier trait étant l'aspect « classique » de la race.

Chats gantés

Les pattes blanches sont répandues dans la population féline générale, mais au cours de ces cinquante dernières années, plusieurs races ont été élevées pour ce trait. La première a été le Birman (voir page 27), mais de loin le plus populaire est le Ragdoll.

L'Angora turc s'est langui dans une obscurité non méritée la plupart de son histoire. Le type modéré et le pelage mi-long n'ont pas l'air racé – ce qui n'est pas mauvais par ailleurs.

Ces grands chats séduisants sont devenus populaires, reflétant le désir des maîtres d'avoir un chat câlin qui soit comme un chien, mais sans l'obligation de le sortir.

Le Ragdoll est un chat relativement grand, solide, au corps long et au visage arrondi. Son pelage est de longueur moyenne, soyeux et fluide. Il présente un motif ganté, colourpoint ou bicolore, ce dernier similaire à celui ganté mais avec plus de blanc. Sa réputation être heureux de vivre dans la maison lui a acquis une grande popularité en Australie, où les chats ne peuvent sortir que sur la surveillance du propriétaire. Une affection cardiaque, la myocardiopathie, est présente dans la race. Un test génétique permet d'en détecter les porteurs. Une race presque identique existe en plusieurs couleurs, le RagaMuffin, reconnu en Amérique du Nord par le CFA.

Ragdoll	
Date d'origine	Années 1960
Lieu d'origine	États-Unis
Ancêtres	Chats de type Birman, chats blancs à poil long
Gamme de poids	4,5 à 9 kg
Couleurs	Couleurs unies, écaille-de-tortue (sauf cannelle), bicolores et colourpoints tabby
LOF	GCCF FIFé CFA TICA

Ragdoll

Le nom Ragdoll (poupée de chiffons) est une marque déposée. La plupart de ceux que je vois à la clinique vétérinaire sont fidèles à leur nom et se laissent allonger sur le dos, détendus, mais d'autres sont des bagarreurs, éloignant de leur jardin même les chats errants locaux.

Chats à poil long adaptés aux climats froids

Ces chats nordiques sont ma race préférée à poil long : grands, robustes, équilibrés, au pelage magnifique formé surtout de poils de garde lourds, luisants. Ils ont besoin de plus de toilettage que les chats à poil court, mais si vous brossez et peignez habituellement derrière les oreilles et l'arrière des pattes, les poils ne se feutreront pas à la manière des Persans.

Dans son pays natal, le Maine Coon a toujours pris la seconde place après le Persan, mais ailleurs son aspect sauvage naturel est plus apprécié.

Maine Coon	
Date d'origine	Années 1860
Lieu d'origine	États-Unis
Ancêtres	Chats de ferme
Gamme de poids	4 à 10 kg
Couleurs	Occidentales traditionnelles unies et écaille-de-tortue, bicolore à motifs unis, fumés, shaded, tabby classique et tigré
LOF	GCCF FIFé CFA TICA

Maine Coon

Populaire à juste titre en Amérique du Nord, le Maine Coon est un grand chat – mais pas aussi grand que certains articles

dans la presse le suggèrent. Les femelles en particulier ne sont normalement pas plus grandes que la moyenne. Le pelage épais est imperméable. Ma chatte Maine Coon, Millie, aime l'eau comme un Labrador Retriever, heureuse de s'immerger jusqu'à hauteur de poitrine dans notre bassin, fasciné par le passage des poissons qu'elle n'a jamais été capable d'attraper.

Initialement, seuls les tabby étaient appelés Coons en raison de leur vague ressemblance aux ratons laveurs. Les tabby sont encore appréciés, car ils évoquent les origines de chat de grange de la race. Bien qu'indépendant de bien de manières, le Maine Coon est souvent assez bavard, accueillant les gens avec un miaulement distinctif. Certains individus sont porteurs du gène de la myocardiopathie, pour lequel tous les chats doivent être testés. D'autres sont prédisposées à la dysplasie de la hanche et des rotules.

Birmans, Snowshoes et Templecat portent des gants

Certains des premiers Siamois avaient des marques ou des orteils blancs, qui ont disparu au fil des décennies d'élevage. Le Snowshoe a des gants sur le bout des pattes. On le décrivait jadis comme un Birman à poil court, mais il a été développé aux États-Unis à partir de Siamois porteurs du gène récessif des gants blancs et d'American Shorthair. Plus justement, on dit que le Templecat est un Birman à poil court : lui aussi à des pattes gantées et a été développé en Nouvelle-Zélande à partir de Birmans et d'Orientaux à poil court.

Sous son pelage d'été, le Maine Coon a plutôt l'air d'un chat à poil court hirsute – en fait, on l'appelait jadis le Maine Shag (Maine hirsute).

Le Wegie est plus anguleux que le Maine à mâchoire carrée. Son pelage rugueux protecteur a une crinière qu'il garde toute l'année, même pendant sa moue considérable en été.

Chat norvégien des forêts

Les chats sont arrivés en Scandinavie tant suite à leur propagation progressive en Europe que directement de l'Empire byzantin, amenés par les négociants et les mercenaires Vikings de retour au pays. Pour cette raison, certaines couleurs sont fréquentes en Turquie et en Norvège, mais rares dans les autres pays. C'est également ainsi que le gène des poils longs a été introduit dans la population régionale. Le pelage long offrant un avantage certain pendant les hivers nordiques très froids. C'est devenu un trait caractéristique spécialement des chats de ferme de Norvège. Vers 1930, le Skogkatt ou Skaukatt était tenu pour une race distincte.

Appelée actuellement chat Norvégien des forêts, ou Wegie, cette race est grande, robuste et musclée, ce qui évoque les chats de ferme dont elle descend. Les poils de garde luisants, lisses, recouvrent un sous-poil dense, protecteur. Comme

Bien que les poils longs soient relativement inhabituels chez les chats ordinaires, des chats comme les Wegies sont assez répandus dans les pays froids. Ce chat est, après tout, censé être le résultat d'un type national naturel.

CHAT NORVÉGIEN DES FORÊTS	
Date d'origine	Années 1930
Lieu d'origine	Norvège
Ancêtres	Chats de ferme
Gamme de poids	3 à 9 kg
Couleurs	Occidentales traditionnelles unies et écaille-de-tortue, bicolores à motifs unis, fumés, shaded, tipped et tabby occidentaux
LOF	GCCF FIFé CFA TICA

Les études génétiques montrent qu'il y a plusieurs lignées tout à fait distinctes chez le Sibérien, ce qui n'est pas surprenant, étant donné sa reconnaissance récente et ses origines souvent vagues.

le Maine Coon, le Wegie a évolué pour survivre dans un climat froid et aime sortir de la maison.

Sibérien

Comme les autres races grandes à poil long, le Sibérien descend des chats qui ont survécu dans un climat froid et difficile. La race a été ignorée jusque dans les années 1980, mais depuis lors s'est répandue rapidement, avec des chats exportés en Europe et en Amérique du Nord dans les années 1990, initialement sous le nom de chat Sibérien des forêts. Pour éviter la confusion avec le chat Norvégien des forêts, il a été renommé Sibérien. C'est un chat puissant, musclé, au corps lourd et pattes solides. Le Neva Masquerade est le Sibérien colourpoint – mentionné il y a plus de deux siècles dans l'est de la Russie.

Le Sibérien a dû se différencier du Maine et du Wegie pour les livres des origines félines, mais pour les maîtres la santé doit importer davantage que les autres détails.

Sibérien	
Date d'origine	Années 1980
Lieu d'origine	Est de la Russie
Ancêtres	Chats de maison et de ferme
Gamme de poids	4,5 à 9 kg
Couleurs	Occidentales traditionnelles unies et écaille-de-tortue, bicolore à motifs unis, fumés, tipped et tabby traditionnels
LOF	GCCF FIFé CFA TICA

Chapitre 2

Un nouveau chat dans la famille

Les chats communiquent avec nous

Plus je travaille avec les chats, plus je réalise à quel point il est facile de les comprendre de travers. Il est relativement facile de comprendre les chiens car nous partageons nombre de manières de communiquer – dont des muscles faciaux à peu près pareils – et des générations de vie commune. Nous remuons même similairement notre arrière-train quand nous sommes vraiment heureux. Les chats ont moins de muscles faciaux, si bien que leurs expressions sont plus difficiles à lire – mais pas leur corps. Les chats peuvent dire d'une foule de façons à d'autres chats, ou à l'homme, de s'en aller.

La communication du chat est différente

C'est merveilleux d'avoir un nouveau chat, mais je rencontre souvent des personnes ayant une idée infondée quant aux besoins d'un chat, à ce qu'il peut faire ou à la manière dont il se comportera, spécialement s'il s'agit d'un chat d'intérieur. Les malentendus sont si répandus que j'ai une infirmière qui se charge de renseigner les gens sur les motivations félines. Avant d'aller plus loin, penchons-nous sur le mode de communication des chats, entre eux et avec nous, afin de comprendre leurs sentiments et leurs émotions et profiter au maximum de la vie que vous partagez (voir pages 90 à 95).

Toucher et odorat

À la naissance, les seuls sens développés du chaton sont le toucher et l'odorat, utilisés d'abord pour trouver la chaleur de sa mère, puis ses mamelles et son lait nourrissant. Le toucher et l'odorat continuent à jouer un rôle important toute sa vie. Les chats adultes qui se connaissent se touchent mutuellement le nez pour se saluer – ou font pareil pour vous saluer. Les chats qui ont grandi ensemble apprécient aussi le contact corporel lorsqu'ils se détendent côte à côte – ou auprès de vous.

Chaque chat à sa propre odeur, exsudée par des glandes situées sur son menton, au coin de ses lèvres, au sommet de sa tête et à la base de sa queue. Sa toilette, en plus de nettoyer les poils et masser la peau, transfère ces odeurs sur les pattes, puis sur le corps. Et cette odeur familière, apaisante, est laissée sur vous, sur le bord du canapé ou sur le poteau contre lequel votre chat se frotte. L'odeur modifie si efficacement le comportement félin

Cela ressemble à un baiser dans les airs ou un bisou sur la joue, mais ce genre de contact montre la familiarité et la confiance.

Nous sommes enclins à tenir ce frottement contre les jambes pour une sorte d'étreinte féline. La vérité est subtilement différente : nos chats signalent que nous leur « appartenons » en nous marquant de leur odeur.

que des phéromones apaisantes ont été synthétisées et sont vendues en aérosol atténuant certains comportements, surtout quand il y a plusieurs chats à la maison (voir page 121).

Langage corporel

Le langage corporel, second moyen de communication du chat, est si subtil et si nuancé que souvent nous manquons ce que les chats se disent ou nous disent.

Je vais vous présenter ici les composantes du langage corporel, mais je précise immédiatement que cela ne marchera pas à la maison ! Vous n'arriverez pas à interpréter le langage du chat en regardant *uniquement* la façon dont il bouge sa queue et ses oreilles ou en écoutant son miaulement.

Un chat arque son dos : est-il effrayé, perturbé, en colère ? Assurément. Un chat arque son dos : est-il amical, content, heureux de vous voir ? Absolument. Vous saurez de quoi il s'agit seulement si vous regardez aussi son expression, ses yeux et ses oreilles, observez ses poils, écoutez les sons qu'il émet. Le langage corporel – la communication féline – est la somme de toutes ses parties.

Les chats ne vivent pas en bande, si bien qu'ils ont moins besoin de langage corporel renforçant l'unité sociale. Les règles sociales ne sont nécessaires que pour l'accouplement, l'éducation des chatons, la vie dans un groupe de femelles apparentées ou dans une maison où il y a plusieurs chats sans liens de parenté (voir pages 127 à 131). La majeure partie du langage corporel vise à éviter la confrontation physique ou à lui mettre fin. Dans ce contexte, les yeux, les oreilles et la tête sont essentiels, suivis par le corps et la queue. La communication vocale, si importante pour nous, ne fait qu'appuyer tous ces signaux visuels chez les chats, tout comme les marques véhiculant des messages même en absence du chat.

Les chats pensent qu'il est impoli de dévisager, si bien que souvent ils regardent, puis détournent nonchalamment les yeux. Détendu mais alerte, ce chat fait attention à quelque chose qui a attiré son regard.

Yeux expressifs

Chez le chat, comme chez tous les mammifères, les pupilles dilatées vont de concert avec l'agitation, y compris la nervosité associée à la peur ou à l'agressivité – les chats que j'examine ont d'habitude les pupilles dilatées. Les pupilles rétrécies indiquent généralement la confiance, mais aussi le courroux assuré. Plus subtilement, les chats détournent le regard pour éluder un conflit potentiel. Même plus subtilement, ils clignent lentement des yeux, manière efficace de se dégager du regard agressif d'un autre chat. Ajouter un bâillement au clignement des yeux envoie un message encore plus fort : « pas d'agressivité ». Essayez de battre lentement des paupières quand votre chat vous regarde. Il y a des chances qu'il fera lentement de même, puis se mettra à se lécher, comme pour dire « Je ne suis pas non plus menaçant. »

Oreilles mobiles

Le chat peut tourner ses oreilles de 180°, en plus de les dresser et de les aplatir. Il peut même diriger chaque oreille indépendamment, ce qui est parfait pour surveiller et localiser précisément le moindre bruit. Cette mobilité rend aussi les oreilles idéales pour envoyer des signaux à d'autres chats.

Les oreilles aplaties sont protégées en cas de bagarre. Il ne faut pas les confondre avec la peur et l'agressivité. Ici, les pupilles ne sont pas totalement dilatées : ce chat garde encore son sang-froid.

Questions et réponses

Les chats sont-ils vraiment attirés par les gens qui ne les aiment pas ?
Oui, ils le sont. Les amoureux des chats, ou même ceux qui les aiment un peu, les regardent plus ou moins longtemps. Les chats n'aiment pas être dévisagés. Dans des épreuves de force silencieuses, les rivaux félins se dévisagent jusqu'à ce que l'un abandonne et le conflit potentiel est évité. Les gens qui n'aiment pas les chats préfèrent ne pas les regarder. En termes félins, c'est de la politesse, si bien que le chat de la maison se montre d'abord sociable avec cette personne.

- **Dressées mais inclinées très légèrement en arrière :** contentement et détente.
- **Dressées plus en avant, sans être inclinées :** écoute attentive.
- **Légèrement en arrière et un peu aplaties :** anxiété.
- **Plus aplaties :** crainte.
- **En arrière, collées contre le crâne :** peur intense.
- **Aplaties mais visibles sur les côtés :** frayeur et agressivité.
- **Une seule oreille aplatie :** peur ambivalente.

Moustaches chercheuses

En plus de la perception tactile, les chats utilisent leurs moustaches (vibrisses) pour indiquer leur humeur. Les moustaches restent normalement un peu sur le côté chez un chat détendu, mais si quelque chose attire son attention, elles pivotent en avant. Lorsqu'un chat est vraiment excité, ses moustaches se tendent en avant, devant le museau. Un chat effrayé colle ses moustaches le long de ses joues, les faisant paraître plus petites, signalant ainsi « Je ne suis pas un danger pour toi. »

La tête et la bouche

Un chat content lève la tête en avant, encourageant le toucher. D'autres mouvements de la tête sont cependant plus ambigus. Un chat agressif penche sa tête, mais un chat soumis fera pareil. Un chat craintif et sur la défensive lèvera la tête, mais un chat confiant le fera aussi. Pour distinguer les deux, observez sa bouche. Un bout de langue visible suggère le contentement, le léchage des lèvres signale l'anxiété (ou un repas imminent). Rappelez-vous, les chats communiquent

Taper de la patte

Lorsque les chats harets crachent et aplatissent leurs oreilles pour les protéger du combat imminent, ils tapent aussi l'adversaire potentiel de la patte. Le sens est évident pour tous les prédateurs, quelle que soit leur taille, et même le plus dangereux reculera. Les seuls que je n'aie jamais vus reculer sont les bénévoles qui capturent les harets pour qu'ils soient castrés, avant d'être remis en liberté.

Touchez la tête d'un chat de manière amicale, et il y a des chances qu'il arque le dos, invitant les caresses – et laisser, ce faisant, son odeur sur votre main.

En haut à gauche. *Ce chat classique Halloween bluffe. Lorsqu'un chat résident ou une quelconque autre menace provoque cette réaction, la posture signale « tu n'as pas envie de te frotter à quelqu'un de ma taille ».*

En haut à droite. *Ce chaton ventre en l'air n'a pas sorti ses griffes et a un visage détendu. Cet accueil enjoué, légèrement patelin, ressemble un peu au sourire qu'on arbore lorsqu'on rencontre un étranger.*

En bas à gauche. *Ce chat détendu se sert de ses oreilles surtout pour écouter et de sa queue principalement pour l'équilibre. L'absence même de signaux ouverts nous dit qu'il n'y a pas de menace ou d'excitation dans le coin.*

En bas à droite. *Quoi que ce chat regarde si attentivement, il n'est pas tout à fait sûr qu'il s'agisse d'un ami ou d'un ennemi. Oreilles pivotant légèrement, la queue levée et courbée et un soupçon d'attitude prête à bondir indiquent la prudence sur le qui-vive.*

avec tout leur corps et vous devez tenir compte de l'ensemble pour déchiffrer ses messages.

Posture du corps

Un chat agressif redresse ses pattes arrière et hérisse les poils de son dos et de sa queue pour paraître plus grand. Un chat sur la défensive hérisse tous ses poils et se tient de côté par rapport à la menace pour sembler encore plus grand. Il peut se retirer lentement, marchant de travers. Les chatons le font en jouant.

Un chat soumis s'accroupit pour sembler petit et inoffensif. Il peut même se rouler sur le dos, tentative d'apaisement, ce qui lui permet aussi de faire face à la menace, toutes dents et griffes dehors. Les chats espiègles se roulent aussi sur les dos, mais gardent leurs griffes dans leurs fourreaux et leurs oreilles érigées. Ils invitent à leur caresser le ventre, bien que certains soient ambigus dans ce cas et risquent de mordre quand on leur caresse le ventre (voir page 116). Les femelles en chaleur se roulent par terre et se traînent comme si leurs pattes arrière étaient brisées, véritables comédiennes dans tous les sens du terme. Et, bien entendu, les chats se roulent sur le dos juste pour se le gratter.

La queue

La queue du chat est plus qu'un jouet pour ses chatons, un gouvernail ou un contrepoids pour le reste du corps. Ses mouvements ont des significations spécifiques.

- **Saccades du bout :** concentration et intérêt.
- **Saccades rapides :** concentration plus intense et possible mécontentement.
- **Queue hérissée et raide :** peur.
- **Queue horizontale en marchant :** confiance détendue.
- **Queue dressée en rencontrant un autre chat ou en vous rencontrant :** gentillesse ou invitation à le suivre.
- **Queue dressée au bout recourbé :** amical mais prudent.
- **Queue enroulée autour d'un autre chat ou de vous :** accueil, demande d'attention ou de nourriture.
- **Dressée et frémissante, la patte arrière levée :** marquage d'urine.
- **Dressée et frémissante en accueillant une personne :** « Je suis si heureux de te voir ».
- **Balayant d'un côté sur l'autre :** préparation à agir, dont la colère.
- **Cinglant rapidement l'air :** excitation extrême, agressivité potentielle, parfois invitation à jouer.

Éloquence

Si vous êtes un maître typique, vous savez presque instinctivement que le miaulement du chat est extrêmement expressif. Un de mes cousins avait appelé son chat Mew, l'appel des chatons : aigu en tant que demande polie d'aide ou appel urgent plus fort et plus désespéré. À mesure que le chat grandit, son vocabulaire s'enrichit. Les adultes sont plus expressifs, miaulant doucement pour attirer l'attention, miaulant plus énergiquement pour exiger l'attention, MIAOlant ! avec autorité, et MIAOlant ! sans arrêt lorsqu'ils sont effrayés ou paniqués.

En plus du miaulement, les chats se servent de leur voix de toutes sortes de manières, la plupart compréhensibles sur-le-champ : salut, récrimination, mauvaise humeur, même guérilla. Généralement parlant, les tons graves signalent le mécontentement, les tons aigus, la gentillesse et le bonheur.

Races de chats bavards

Il y a quelques années, j'ai mené une étude sur la perception qu'ont les vétérinaires du comportement du chat. Pour ceux-ci, les Persans sont moins bavards que la moyenne des chats, alors que les Siamois et les Orientaux sont plus diserts. Personnellement, je ne suis pas certain que ce soit le cas. Pour John Bradshaw, comportementaliste animalier, les chats miaulent à notre intention parce qu'ils tentent d'imiter le langage humain. Si c'est le cas, les chats susceptibles d'être les plus loquaces sont ceux élevés depuis la naissance en contact constant avec l'homme.

Il semble qu'aucun autre animal ne se détende aussi complètement qu'un chat assoupi. Même les yeux légèrement ouverts semblent plus nonchalants que vigilants.

Questions et réponses

Je l'ai déjà dit : le ronronnement du chat est un son universel de paix. Les chats ronronnent quand ils sont heureux et contents, mais aussi quand je leur prends un échantillon de sang. J'interprète ce type de ronronnement comme une manière de dire « Je coopère. Inutile de faire usage de la force »

Les chats ronronnent aussi quand ils sont seuls. Du point de vue de l'évolution, ce son doit avoir un quelconque bénéfice, car il exige de l'énergie. En 2009, le journal *Current Biology* suggérait que les chats utilisent un type différent de ronronnement, un « ronronnement de sollicitation », dans lequel ils incorporent un son très aigu similaire aux pleurs d'un bébé humain, pour attirer l'attention de leur maître. Selon le Dr Karen McComb, ce ronronnement est plus urgent et moins agréable que le ronronnement ordinaire. Il est utilisé par les chats très attachés à leur maître.

Le retroussement des babines dirige les senteurs vers un récepteur situé juste derrière les dents supérieures. Il a un air bizarre chez le chat, mais carrément alarmant chez un lion : tous les membres de la famille des félidés ont ce comportement.

Retrousser les babines

Le reniflement et le retroussement des babines donnent au chat un petit air dégoûté quand il plisse le nez, bien que ce ne soit pas le cas. Physiquement, un chat a besoin de le faire pour inspirer les molécules d'odeur à travers le haut de sa bouche jusqu'à son organe vomeronasal. Cet organe de l'odorat, présent chez le chat mais pas chez l'homme ou le chien, sert à détecter les phéromones sexuelles. L'arôme de l'herbe-à-chats est aussi saisi par cet organe.

- **Récrimination ou grognement :** mise en demeure – « va-t-en ».
- **Crachement :** avertissement extrême.
- **Cri perçant :** peur, grande détresse, colère ou douleur.
- **Ronronnement :** contentement, mais aussi autoréconfort s'il a mal.
- **Miaulement strident :** le chat se sent menacé ; miaulement particulier du Siamois, de l'Oriental et du Burmese comme pour dire « Où est ma famille ? »
- **Gazouillement :** son pareil à un trille servant de salut amical, spécialement chez le Maine Coons.
- **Claquement :** son de frustration, par exemple quand une proie est visible mais hors de portée derrière une fenêtre.
- **Gémissement :** Son strident, grave, de la chatte en chaleur.

Publicité personnelle

Les chats ont développé des manières subtiles de communiquer avec leurs congénères. L'urine et les fèces, produits en abondance, sont des marqueurs délimitant un territoire ou sollicitant l'accouplement. Les matous aspergent leur urine piquante, âcre, au niveau de la truffe féline, ce que font aussi parfois les chats stérilisés, mâle et femelles. À ma connaissance, les Siamois sont les plus susceptibles d'agir ainsi dans la maison. Un chat stérilisé qui marque son territoire n'a pas oublié ses habitudes de propreté ; le marquage est une réaction à menace apparente, et peut s'avérer un défi.

Une fois qu'un chat a aspergé un lieu, les autres tendent à suivre, comme dans une sorte de course. Pour faire cesser ce manège, enduisez l'endroit avec de l'huile d'agrumes ou de lavande diluée, que les chats détestent.

La plupart des chats, entiers ou castrés, enfouissent leurs fèces dans la litière ou, dehors, dans le sable ou le sol. Certains laissent cependant les leurs dans des piles souvent visibles, par exemple au milieu d'un sentier du jardin, marqueurs forts de leur territoire, spécialement s'il est menacé par un autre chat. Si un chat d'intérieur fait ses besoins sur votre lit, il n'a pas oublié sa propreté, mais mélange à sa manière son odeur à la vôtre afin de se rassurer quant à sa position dans la famille.

Marqueurs visibles

Lorsqu'un chat se fait les griffes sur un arbre – ou plus souvent sur vos meubles – il ne fait pas que les aiguiser et exercer les muscles de ses pattes, il laisse aussi une odeur. Le paillasson, qui indique l'entrée de notre territoire, et donc de celui de nos chats, est souvent gratté pour laisser des marques flagrantes et odorantes. Les griffures verticales très visibles sont aussi importantes. Les chats qui s'étirent sur leurs pattes pour griffer très haut annoncent ainsi à quel point ils sont grands et forts.

Le salut amical

Votre chat vous accueille en « souriant » et se frotte contre vos jambes. Nous aimons appeler cela de l'affection, et ce l'est sur un certain plan, mais en fait le chat échange des odeurs avec vous et lève son arrière-train pour vous inviter à le renifler – comme si vous étiez un autre chat.

Les chats ont des glandes caudales encadrant l'anus, dont la sécrétion très odorifère charge les excréments de ces « informations quotidiennes » : s'il s'agit d'un mâle ou d'une femelle (et dans ce cas, si elle est en chaleur). Les chats saisissent ces données variables des fèces, mais aussi directement en se reniflant mutuellement la région anale.

À gauche. *Les chats aiment marquer les objets de leur territoire. Pour eux, la mangeoire des oiseaux du jardin et la table du séjour sont pareilles.*

À droite. *Le contact nez à nez entre des chats amicaux est souvent suivi par un frottement de tout le corps, finissant avec les chats nez à queue pour un bon reniflement informatif.*

Marques graisseuses

Quand un chat se frotte le visage sur la porte ou les meubles, au fil du temps il laissera une marque graisseuse gris-brun. C'est facile à enlever, mais rappelez-vous que votre chat mettra maintenant les bouchées doubles pour appliquer de nouveau sa marque odorante.

Cela ne veut rien dire pour nous, car nous ne pouvons pas le voir, mais un chat se frottant contre un mur est l'équivalent félin d'un grapheur laissant son « tag » à l'intention des autres.

Les chats ont une personnalité

On affirme que les chats roux sont plus instables que ceux à la robe plus foncée, mais tout effet est assez subtil pour passer inaperçu au quotidien.

La personnalité adaptable de votre chat est le résultat d'une foule de facteurs, dont l'héritage génétique – les races présentent des différences de comportement –, les premières expériences avec la mère ou les autres chatons de la portée, l'environnement physique et bien d'autres, même la couleur de la robe.

Traits hérités

L'étude de la nature génétique du comportement est complexe. Une étude se penchant sur l'« audace » a constaté que les matous plus curieux envers de nouveaux objets et gens tendaient à engendrer des chatons à la personnalité aussi intrépide, alors que les matous timides tendaient à engendrer des chatons qui, adultes, étaient eux aussi timorés. Une autre étude a montré que les British Shorthair à la robe rousse avaient plus de mal à se laisser manier par des inconnus que les chats de la même race à la robe d'autres couleurs. Les médecins savent que les véritables roux (aux taux plus élevés de phaéomélanine) sont plus sensibles à la douleur. Les vétérinaires savent que les épagneuls roux sont plus susceptibles au syndrome de fureur que ceux bicolores. La science ne peut pas confirmer que la couleur de la robe est associée à la personnalité du chat. Lors de l'étude sur le comportement du chat déjà mentionnée, les vétérinaires ont parlé de différences de personnalité entre les races, mais pas de différences de personnalité se rapportant à la couleur.

Le premier apprentissage est vital

Je n'ai pas le moindre doute que les gènes jouent un rôle notable quant à la personnalité du chat. Une portée de chatons qui ont partagé les mêmes expériences précoces montre encore une

La timidité est souvent apprise de la mère – dans les refuges pour animaux on manie beaucoup les chatons des mères harets – mais peut aussi être héritée du père.

d'activité

…ère de votre chat se manifeste
…s la manière dont il passe son
…cky Halls, comportementaliste
…e, se sert d'un outil
…tion, le « budget d'activité »,
…uer la personnalité d'un chat,
…en heures le temps passé par
…des activités spécifiques. Le chat
…a un budget typique d'activité

… **ou se reposer** 15 heures
…**tter et jouer** 3 heures
…**r, manger, explorer** 6 heures

Moulins à paroles

La personnalité du chat influence son envie de vous parler. Certains chats n'ont pas envie de dire grand-chose, d'autres sont de véritables moulins à paroles. Bien entendu, la génétique et l'apprentissage jouent un rôle important. Certains parlent beaucoup parce qu'ils ont constaté que c'est la meilleure manière d'attirer l'attention.

Pour Vicky, le budget d'activité du chat comporte six activités :

- Dormir
- Interagir avec ce qu'il y a dans la maison
- Passer du temps dehors
- Interagir socialement avec d'autres chats ou des gens
- Se toiletter
- Manger

C'est là une nouvelle manière de comparer les personnalités, spécialement si vous avez plusieurs chats.

Affectueux	Distant
Sociable	Sauvage
Assuré	Réservé

Pensez à votre chat dans ces termes et vous comprendrez mieux sa véritable personnalité.

Préparez-vous

N'est-il pas fascinant que le félin ayant le mieux réussi dans le monde accepte de bon gré de vivre avec le primate le plus couronné de succès du monde ? Ce ne sont pas juste les chats « humanisés », élevés dès la naissance dans une maison qui le font, mais aussi les harets sans aucune expérience du contact humain. Beaucoup de chats harets se sentent plus en sécurité sur les territoires humains, où ils ont plus de chances de trouver nourriture, abri et protection contre les prédateurs. Qu'il s'agisse d'un chaton, d'un adulte humanisé, d'un chat errant ou d'un véritable chat sauvage, mieux vous êtes préparé quand un chat arrive chez vous, plus votre vie ensemble sera agréable.

Quel chat est le meilleur pour vous ?

Chat de gouttière ou de race, chaton ou adulte, domestique ou sauvage, mâle ou femelle, poil long ou poil court ? Il y a beaucoup de décisions à prendre avant même de choisir un chat. Non que la plupart s'en occupent activement : les statistiques disent que presque la moitié des gens ne prennent pas de décision quant au type de chat ou de l'endroit où le trouver. Les chats prennent cette décision pour vous, soit en choisissant de se joindre à votre famille, soit en naissant par hasard dans le voisinage et étant en quête d'un bon foyer.

Soyez raisonnable

Souffrez-vous de rhume des foins, d'allergies, d'asthme ? Tout est toujours impeccable chez vous ? Vivez-vous en location meublée ? Vos finances imposent de faire attention à toute dépense supplémentaire ? Votre emploi vous éloigne-t-il constamment de la maison ? Si vous répondez « oui » à l'une de ces questions, réfléchissez bien avant de prendre un chat. Prévoyez une solution réaliste au cas où cela ne collerait pas – pas pour vous, pour le chat ! Si des problèmes signalent que le chat ne peut pas rester avec vous, vous *devez* vous assurer qu'il ira dans un foyer sûr. Faire

Un nouveau venu en bonne santé

Beaucoup de chats, spécialement ceux venant d'élevages sérieux et de refuges pour animaux ont passé un contrôle vétérinaire avant de vous être confiés. Même dans ce cas, observez de près le comportement de votre nouveau chat, spécialement durant les vingt-quatre premières heures dans votre maison, pour détecter les problèmes potentiels de santé (voir pages 134 à 181). Si vous répondez « non » l'une de ces observations, consultez votre vétérinaire le jour même ou le lendemain :

- Mange normalement
- Urine et défèque sans difficulté ou détresse
- Ne vomit pas et n'a pas de diarrhée
- Respire facilement, sans décharge, bruit ou effort
- A des gencives roses et pas d'haleine désagréable
- A une robe éclatante, sans tachetures noires luisantes (signe de présence de puces)
- Se lève, bouge, saute et s'allonge sans difficulté
- Est actif et vif

Le minet le plus ordinaire est le tabby brun à poil court, mais si vous voulez une robe ou une couleur particulière vous en trouverez de très variées dans les refuges pour animaux, ou même dans une seule portée.

quoi que ce soir d'autre est égoïste de votre part.

L'âge et l'aspect sont importants

Votre choix, chaton ou adulte, poil court ou long, mâle ou femelle, est personnel. Comme la plupart sont ou seront stérilisés (procédure qui atténue les différences de comportement), le sexe de votre chat est moins important.

Les chats adultes sont souvent éduqués à la propreté, mais l'utilisation d'un lieu spécifique est si instinctive que la plupart des chatons comprennent ce que vous voulez avec très peu d'accidents (voir page 115). Les adultes arrivent avec une personnalité déjà formée, alors que les chatons sont encore malléables et plus ouverts aux efforts pour adapter leur comportement à votre mode de vie. Je m'amuse beaucoup à observer les cabrioles naturelles et héroïques des chatons, si bien que je les préfère. La majeure partie des dépenses qu'entraîne un chat – nourriture, ustensiles et accessoires essentiels, contrôle annuel de santé, pension – sont fixes. Quelques dépenses supplémentaires sont nécessaires : les chatons doivent être stérilisés, les chats à poil long ont souvent besoin de soins d'entretien professionnels.

Préparez-vous à l'arrivée du nouveau chat

Les chats aiment les espaces chauds, fermés. Une couche simple est parfaite, mais beaucoup préfèrent le type igloo. Quel que soit le style, assurez-vous qu'il est facile d'entretien et placez-le dans un lieu tranquille. Un hamac de radiateur permettra au chat de se reposer bien au chaud.

Choisissez les bols à eau et à nourriture en fonction de leur utilité, pas de la mode. Les chats préfèrent manger et boire dans des bols assez bas, pareils à des assiettes, plus faciles à lécher sans que leurs moustaches touchent les côtés. Le plastique lourd, inodore, convient. L'inox peut être froid sous la langue. Beaucoup de chats apprécient l'eau coulante. Même si cela à l'air bête, pensez à un distributeur d'eau fraîche pour votre chat. On abordera la litière par la suite, mais en

Vous avez envie que le bol de votre chat s'harmonise avec la couleur de votre cuisine, mais votre chat est plus intéressé par sa taille, sa solidité et sa texture.

Astuce de Bruce : la présentation

Une caresse à votre nouveau chat, au chat ou au chien de la maison permettra de mélanger passivement leurs odeurs. Vous pouvez accélérer la propagation de l'« odeur de famille » en passant un tissu doux en coton autour des joues et de la bouche de votre nouveau chat puis en le frottant sur les meubles, les portes, même sur vos autres animaux de compagnie. En présentant un nouveau chat, après quelques jours dans la maison, échangez une partie de sa literie avec celle de vos animaux résidents. Vous pouvez même masser tous vos animaux de compagnie avec la couche les uns des autres.

La familiarité engendre le contentement, l'odeur étant la plus importante. Faites votre possible pour vous assurer que vos animaux de compagnie ont la même odeur de famille.

règle générale, préférez celle inodore et contrôlez l'odeur en la nettoyant une ou deux fois par jour. Les bacs à litière varient de simple à spectaculaire, mais un bac en plastique aux bords assez hauts pour empêcher les chats de jeter de la litière partout est pratique. Prévoyez-en un pour chaque chat ou installez-en un à chaque étage de la maison.

Les jouets seront présentés en détail au chapitre consacré à l'éducation, mais commencez par une balle de tennis de table, une bouteille d'eau vide et une plume ou une ficelle attachée à un bâton. Pour les adultes, prenez un jouet mou bourré d'herbe-à-chats.

Chats paria

Le problème le plus grave que vous risquez de rencontrer en introduisant un nouveau chat dans la maison où il y en a déjà plusieurs est que tous s'attaquent au nouveau venu et le traitent comme un paria. S'il ne peut pas s'échapper, il sera brutalement attaqué. S'il peut se réfugier dans un endroit sûr, comme en haut d'une armoire, il ne descendra même pas pour faire ses besoins. Ne laissez en aucun cas perdurer la situation ; réinstallez immédiatement le chat paria dans un environnement où il sera le seul animal.

Sources de bonne réputation

Les panneaux d'affichage des vétérinaires sont un premier arrêt fiable si vous êtes en quête d'un chaton ou d'un chat. Attention aux animaleries, où les chats risquent d'être exposés à des infections comme la grippe féline (voir page 135). Quant aux annonces des journaux et d'Internet, assurez-vous qu'ils proviennent des maîtres ou des refuges fiables. Certains refuges pour animaux ayant pignon sur rue sont merveilleux. Malheureusement, d'autres le sont moins. Évitez-les ! Si vous adoptez un chat, soyez préparé à ce qui est parfois un examen,

Un chaton d'une source de bonne réputation a la meilleure chance de devenir votre chat idéal.

Le chat haret peut devenir un chat d'intérieur, mais certains ont des habitudes (comme le marquage du territoire) rendant une vie au grand air tous soins fournis plus appropriée.

décidant si vous avez les qualités requises pour l'accueillir. Ne soyez pas intimidé et préparez votre propre liste de questions. Le chat a-t-il été examiné par un vétérinaire ? Est-il en bonne santé ? A-t-il reçu une puce électronique, a-t-il été vacciné, traité pour les parasites internes et externes, a-t-il été stérilisé ? A-t-il eu une cage individuelle dans le refuge, réduisant le risque d'infection ? A-t-il un nom, a-t-il été élevé dans une maison, ou était-il errant ? Sa personnalité a-t-elle été évaluée ? Le refuge continuera-t-il à donner des conseils en cas de problèmes comportementaux ?

Les harets ont besoin de plus d'aide

Accueillir un véritable chat haret dans votre maison est un défi. S'il vient d'un refuge, les premières étapes d'humanisation ont déjà été franchies. S'il est arrivé par la chatière, il est aussi en partie humanisé, car il se sent suffisamment à l'aise pour entrer dans la maison. S'il s'est installé dans votre jardin et vous avez envie qu'il y reste, il vous faudra plus de patience.

Astuce de Bruce : calmer un chat haret

Les chats harets sont naturellement craintifs face aux grands prédateurs potentiels que nous sommes. Une manière de les habituer à la parole est de laisser une radio allumée branchée sur une station où on parle beaucoup. Je préfère le son apaisant d'un présentateur cultivé !

Les chats harets craignent les gens et évitent généralement le contact physique. Ils sont également plus susceptibles d'être infestés de parasites internes et externes et d'être porteurs du virus de la leucémie féline et/ou de l'immunodéficience féline (voir pages 135 à 141).

Si un haret s'est installé dans un abri de jardin, commencez par lui laisser de la nourriture, puis traînez aux alentours lorsqu'il mange. Déplacez peu à peu le bol de nourriture jusqu'à l'endroit où vous voulez qu'il soit.

Si vous offrez le gîte à un haret d'un refuge, limitez-le à une pièce où il se sentira en sécurité. Évitez complètement le contact entre le haret et tout autre chat jusqu'à ce que votre vétérinaire détermine qu'il n'est pas porteur de virus genre leucémie et immunodéficience félines. Dans l'idéal, séparez le haret des autres chats par une fenêtre ou un écran et nourrissez-les en leur permettant de se voir et de se sentir les uns les autres. Ne vous attendez pas à ce qu'un haret soit jamais autre chose qu'un chat craignant la compagnie d'autres personnes, mais qui, avec le temps, se détendra en votre présence. Certains finissent même par s'installer sur vos genoux.

Calme et lent marchent mieux

Quoi que le nouveau venu doive affronter – votre maison, vos enfants, votre chien ou votre autre chat (ou chats) –, évitez les introductions brusques. En dehors de vos enfants, ne vous attendez pas à ce que les autres l'accueillent avec bonheur. Peut-être votre chien, mais votre chat résident, peu probable. La plupart des chiens et des chats finissent par accepter un nouveau venu ; certains, jamais. Si vous vous

Ci-contre. *C'est une bonne idée de faire nourrir d'abord le chat par vos enfants, même s'ils n'assumeront pas durablement cette responsabilité, car les chats sont excellents à l'amour intéressé.*

À droite. *Les chats peuvent mener une vie très contente en un état de trêve. Il y aura parfois des grognements, mais sans peur ou agressivité mutuelle.*

retrouvez dans une telle situation, vous aurez peut-être à trouver un autre foyer pour le nouveau chat.

Présentations chat enfants

Les enfants sont évidemment de petits êtres humains pour nous, mais pas pour les chats, spécialement les chats craintifs. Pour eux, ce sont de gros animaux qui les dévisagent, qui courent, glissent et marchent avec des mouvements saccadés, qui crient et hurlent et qui tentent de les attraper brusquement. Contrôlez vos enfants. Expliquez-leur combien il est important d'être calme, de ne pas attendre trop, trop vite, du nouveau membre de la famille. C'est frustrant pour eux de ne pas pouvoir câliner un nouveau chat et jouer avec lui, mais si vous voulez que l'animal apprécie leur compagnie autant que la vôtre, assurez-vous que tous partent du bon pied.

Établissez des règles pour votre famille

La vie change quand vous ajoutez un chat à votre maisonnée. Si celle-ci abrite en plus des enfants, affichez ces règles sur le frigo. Par exemple :

- Utilisez le nom de Milly quand vous l'appelez pour manger
- Nourrissez-la si je ne suis pas rentré à 19 h
- Ne donnez pas de friandises à Milly – sauf si elle fait d'abord quelque chose pour vous
- Milly a le droit d'aller partout SAUF DANS LES CHAMBRES
- Ne déplacez pas la couche de Milly
- Attention si la porte d'entrée est ouverte – elle partira comme une fusée

Présentations chat chat

En règle générale, deux chats apprendront à vivre ensemble dans une maison, trois probablement, mais pas forcément. L'arrivée d'un quatrième conduira presque invariablement à des problèmes comportementaux comme le marquage du territoire à l'urine ou des bagarres (voir pages 127 à 131). Les extravertis accepteront les nouveaux venus plus vite que les introvertis. Prudents, ces derniers sont plus à même d'être craintifs et agressifs et de transformer la maison en zone de guerre.

Heureusement, la plupart des chats ne sont pas de véritables introvertis, et même l'introverti classique finira par établir une trêve prudente avec le nouveau chat, ne serait-ce que pour éviter les rencontres, se tolérer mutuellement et ne pas entrer en collision lorsqu'ils se retrouvent face à face dans un couloir. Il ne faut d'habitude pas plus de trois semaines !

Il y a quelques conseils quant au type le plus approprié de chat à amener dans la maison où vit déjà un chat (de sexe

Astuce de Bruce : les dispositions domestiques

Aimeriez-vous manger et dormir près de vos toilettes, spécialement si vous ne tirez pas la chasse d'eau ? Eh bien, votre chat n'aime pas non plus. C'est là un problème habituel : tout ce dont le chat a besoin – le bol à nourriture, le bol à eau et le bac à litière – est placé sur une seule file. Évitez cela. Gardez la litière accessible, mas loin de la nourriture et de l'eau. Une fois que le chat s'habituera à l'utiliser, déplacez-le bac peu à peu jusqu'à son emplacement permanent.

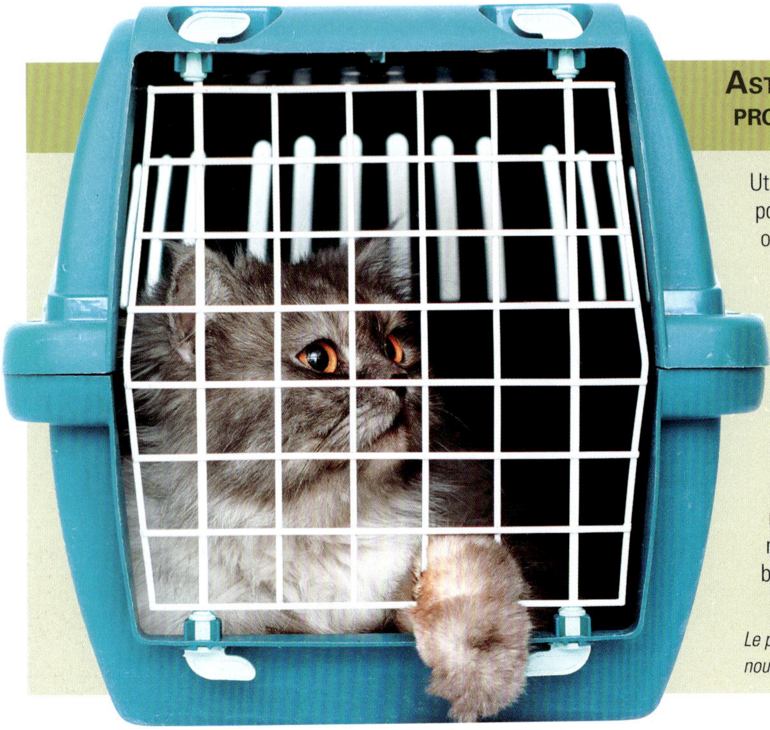

Astuce de Bruce : présentations progressives en utilisant un panier à chat

Utilisez un panier à chat comme alternative à un enclos pour de brèves présentations de votre nouveau chaton ou chat à votre chien ou chat résident. Placez le nouveau venu dans le panier, posé sur une table ou une chaise, au-dessus du niveau des yeux de votre animal résident pour éviter un contact visuel forcé. Lorsque votre résident arrive, récompensez son comportement calme (voir pages 96 à 98). S'il y a des crachats ou des grognements, distrayez-le, mais faites attention à ne pas récompenser par erreur l'agressivité. Arrangez de telles rencontres d'abord toutes les heures, puis nourrissez les deux au même moment. Lorsque vous pensez que c'est le bon moment, donnez-leur à manger ensemble, chacun à un bout de la pièce.

Le panier sert autant à tenir au loin le chat résident qu'à garder le nouveau venu en sécurité durant leurs premières rencontres.

opposé, stérilisé, plus jeune), mais selon moi chaque situation est unique, et ces recommandations s'appliquent plutôt aux populations qu'aux individus. Quel que soit le nouvel arrivant, évitez à tout prix une première rencontre effrayante, méchante ou violente, car si ce modèle s'installe, il sera très difficile à changer.

Présentations chat chien

Généralement, les chats s'entendent assez vite avec les chiens, mieux d'ailleurs qu'avec d'autres chats. Les chiens sont une moindre compétition et de plus, les chats règnent naturellement, ce que la plupart savent !

Les chats et les chiens ont des langages distincts, ce qui désoriente ces derniers. Le chat remue sa queue, et le chien pense que c'est amical, si bien qu'il s'approche et se fait agresser. Le chat lève sa patte antérieure, et le chien pense qu'il veut jouer, si bien qu'il s'approche et se fait taper. Les chiens apprennent rapidement que les chats sont imprévisibles. Évitez à tout prix que votre chat se sauve devant votre chien, car cela risque d'exciter l'instinct de chasseur de celui-ci. Même le plus gentil des chiens peut y succomber et tuer. Les chiens excitables, pleins d'énergie, ont besoin de se défouler. Programmez les présentations après qu'ils aient eu un exercice vigoureux, et faites-les s'asseoir tranquillement, avec le chat installé dans un endroit ne présentant pas de danger. Si le chien se fait taper sur le museau, ne punissez pas le chat. Les premières rencontres sont faites pour que le chien apprenne à ne pas chasser ou irriter le nouveau membre de la famille, et une tape sur le museau est une bonne leçon.

Utiliser un enclos

Au cours de ces vingt dernières années, les propriétaires de chiens ont réalisé que les enclos sont idéaux pour éduquer un chien à la propreté. Les chats ont besoin de peu d'éducation à la propreté, mais les enclos conviennent aussi pour présenter un nouveau chaton ou chat à votre maisonnée et à votre félin résident.

Le meilleur a environ 1 m^3, haut de 75 à 100 cm. Il se déplie pour former une boîte rigide avec un plafond et un plancher à treillage. Placez un bac à litière dans un coin, les bols d'eau et de nourriture dans le coin opposé en diagonale, une couverture près du bol

Ne prenez pas de risques inutiles, mais même un chien aussi bagarreur que le Dachshund s'inclinera probablement devant un chat si les présentations sont effectuées correctement.

d'eau. Mettez des plateaux en plastique sous l'enclos pour prévenir les salissures du sol, une couverture ou une grande serviette dessus et sur un côté pour que le chat s'y sente plus en sécurité.

Le nouveau venu bien installé, laissez venir le chat de la maison. Ne forcez pas la rencontre. Laissez-le faire ce qu'il veut, mais récompensez le comportement calme par des caresses et des friandises. S'il va renifler l'enclos, c'est un bon signe. Un chaton réagira en tendant la patte, ce qui risque de provoquer un crachement. Le moment idéal pour les présentations est juste avant le repas de votre chat. Nourrissez-le en présence de la cage du nouveau venu. Je conseille de retarder le repas d'une heure ou plus, pour que votre résident soit affamé.

Alternatives à une cage

Si vous n'utilisez pas une cage pour présenter votre chat à la maisonnée, installez-le dans une pièce d'où il ne pourra pas s'échapper où il vivra les quelques premiers jours. Celle-ci doit comporter un endroit pour se cacher, un bac à litière à une extrémité, de la

Attention à la litière

Vous savez probablement déjà que pour certains chiens les excréments des chats ne sont pas juste un dessert – c'est du foie gras, c'est du caviar. En introduisant un chat dans une maison déjà occupée par un chien, assurez-vous que sa litière et son bol ne sont pas à portée du chien. Donnez à manger au chat dans un endroit élevé. Rendez la litière inaccessible, par exemple en la recouvrant d'un carton retourné avec une ouverture ne permettant que le passage du chat.

À gauche. *Les chats s'adaptent à toute situation et, en absence de stimulation, sont des dormeurs émérites. Une telle inactivité comporte, bien entendu, un risque d'obésité.*

Ci-contre. *Si un chat est privé de proie réelle, il faut lui fournir des substituts. C'est plus facile si on commence quand ils sont des chatons.*

Astuce de Bruce : assurance

Si vous êtes aussi méticuleux qu'un chat typique, vous aurez déjà pensé à l'assurance santé. Si votre chat sort de la maison, il y a des risques supplémentaires de blessures, d'infections transmises par d'autres chats et d'infestations de parasites. Les chats vivant dehors ont besoin de plus de soins vétérinaires, car leur espérance de vie est moindre que celles des chats d'intérieur. L'assurance santé permet de prévoir le coût mensuel ou annuel, puis de constituer une épargne qui accumulera des intérêts tant qu'elle n'est pas nécessaire.

nourriture et de l'eau à une autre, une couche confortable et quelques jouets adaptés. Assurez-vous que le chat peut rester devant une fenêtre bien fermée pour regarder dehors, afin qu'il s'habitue à son nouveau territoire intérieur et, éventuellement, extérieur. Restez avec lui, dans l'idéal asseyez-vous sur le plancher avec lui, et laissez-le explorer ce qu'il veut. Maîtrisez vos instincts maternels : ne l'embêtez pas, ne vous imposez pas. Ne l'attrapez pas ! Laissez-le venir à vous. Parlez doucement et bougez lentement. Les chatons et les adultes extravertis accepteront sans sourciller leur nouvelle maison. Les introvertis ont besoin de plus de persuasion en douceur. Tant que votre nouveau chat mange, boit, utilise sa litière et dort, tout va bien.

Votre chat reste-t-il à l'intérieur ?

La réponse est en partie logique, en partie culturelle. Par exemple, beaucoup de refuges et d'éleveurs américains stipulent que le chat ne doit pas sortir de la maison. Les Européens, par contre, disent que le chat doit pouvoir sortir. Certains pays européens, tout comme l'Australie, stipulent que le chat ne doit pas s'éloigner de votre maison de plus d'une distance donnée, autrement dit, il n'a pas le droit d'errer. Outre ces influences, il y a des avantages et des désavantages pragmatiques à ce que le chat vive dans une maison ou ait le droit de sortir.

Avantages d'un chat vivant seulement dans la maison :

- Le risque de blessure grave ou de maladies infectieuses félines est réduit, prolongeant l'espérance de vie
- Le risque d'infestations parasitaires externes (puces), et internes (vers solitaires) est moindre
- Il y a plus de temps pour nouer une relation étroite avec l'homme
- Bonnes relations avec les voisins qui n'aiment pas les chats
- Les oiseaux risquent moins de servir de proie
- Le chat ne vous offre pas sa proie morte en cadeau (sauf des souris).

Désavantages d'un chat vivant seulement dans la maison :

- Problèmes probables de surpoids ou d'obésité dus au manque d'exercice
- Ennui ou frustration pouvant conduire

Un jardin raisonnablement sûr enrichit assurément l'univers d'un chat. Nombre de maîtres aménagent les lieux pour offrir un terrain de jeu à leur chat.

à des problèmes comportementaux
- Risque accru d'endommagement des meubles et des tapis
- Risque de blessure ou de perte si une porte ou fenêtre reste ouverte, laissant s'échapper un chat n'ayant pas l'expérience du monde extérieur
- Il faut un bac à litière, ce qui accroît le coût de l'entretien d'un chat
- Des problèmes de toilettage, tant comportementaux que médicaux, sont plus susceptibles d'apparaître.

Votre chat sortira-t-il ?

Je ne pensais pas laisser sortir ma chatte, mais Milly m'a tyrannisé avec des coups de patte et des miaulements autoritaires jusqu'à ce que je le lui permette, sous surveillance – mais seulement après que j'ai étudié et réduit les risques. La route la plus proche était à douze jardins de là, si bien que la circulation présentait un faible risque ; si la maison avait été plus proche d'une route ou, pire, si un champ ou un bois plus excitant s'était trouvé de l'autre côté de la route, je n'aurais pas cédé à ses insistances. Le choix vous appartient pour votre chat, mais pesez bien les pour et les contre.

Avantages d'un chat qui sort
- Exposition au soleil, au vent et à la pluie, autrement dit, une vie naturelle
- Environnement plus stimulant, fournissant plus de défis mentaux
- Nuisibles maîtrisés dans votre jardin
- Marquage du territoire qui gênera moins
- L'exercice physique accru sur un plus grand territoire tonifie le corps et rend l'obésité moins probable
- Possibilité d'un contact social accru avec d'autres chats.

Astuce de Bruce : la propreté à l'extérieur

Pour habituer votre chat à utiliser pour ses besoins un endroit particulier à l'extérieur, éparpillez là un peu de sa litière usée et retirez les excréments solides, comme s'il s'agissait d'une vraie litière.

Si les chatons s'habituent à rester dehors, il peut s'avérer problématique de les limiter par la suite à une vie dans la maison.

Astuce de Bruce : le chat à temps partagé

Si un chat sans collier s'aventure chez vous, dévore la nourriture de votre chat et fait comme chez lui en s'installant sur une chaise de la cuisine, ne supposez pas que c'est un chat errant. Je connais nombre de chats « à temps partagé », qui vivent dans plusieurs maisons sans que les gens s'en aperçoivent ! Les maîtres pensent que leurs chats se baladent, défendant leur territoire et chassant les rongeurs, alors qu'en fait ils roupillent tranquillement dans leurs « villas de vacances ».

Les véritables chats errants ont souvent l'air débraillé. Ils peuvent ne pas être stérilisés ; s'ils le sont, le bout d'une oreille leur manque. Si un chat s'installe chez vous, demandez à votre vétérinaire de chercher une micropuce et vérifiez s'il y a des chats manquants correspondant à la description du nouveau venu. Mettez-lui un collier avec une capsule d'identité contenant une note avec « Qui suis-je ? » et votre numéro de téléphone. Ne soyez pas surpris si des semaines passent avant qu'une autre personne réalise que son chat partage deux (ou plusieurs) maisons. Le cas échéant, discutez avec l'autre maître des responsabilités des vaccinations et des visites médicales. Si c'est un véritable chat errant, faites-le traiter contre les puces et établissez un bilan de santé.

Les chats peuvent endommager gravement les jeunes arbres en se faisant les griffes. Protégez-les. Après le passage d'un chat, les gros arbres montreront des traces verticales de griffes.

Enclos extérieurs

Lorsque la sécurité ou les lois ne permettent pas à votre chat de sortir sauf en laisse, il y a des alternatives (bien que parfois chères) : fenêtre en treillis permettant au chat de rester à l'air, tunnels pour chat conduisant des fenêtres ou des chatières à des enclos extérieurs, certains assez grands pour abriter des buissons et des arbres. Vérifiez sur Internet ce que vous pouvez trouver dans votre région.

Désavantages d'un chat qui sort

- Risque de blessures dues à la circulation
- Risque de blessures dues aux bagarres entre chats
- Risque d'infections virales parfois létales attrapées d'autres chats
- Exposition aux puces et aux parasites
- Risque de perdre ou d'être volé
- Risque d'être piégé dans un arbre, un cellier, un abri, un véhicule
- Risque d'intoxication en mangeant des rongeurs empoisonnés ou en absorbant par la peau des produits toxiques
- Risque de conflits de voisinage dus aux agissements de votre chat.

Préparez un enclos pour votre chat

Si votre chat veut sortir, vous pouvez transformer votre jardin en un endroit excitant, pour qu'il ne ressente pas le besoin d'errer.

Plantez du lilas de Chine (*Buddleja davidii*) et d'autres fleurs qui attirent de beaux papillons. Bien que votre chat les trouve assurément amusantes, évitez les mangeoires pour ne pas encourager la chasse aux oiseaux.

Plantez des buissons offrant des cachettes à votre chat et donnant de l'ombre en été. Gardez le tapis végétal dense dans les parterres, vous assurant qu'il n'y a pas de sol visible utilisable

Les chats vivent en trois dimensions. Dans la maison, ils sont limités aux chaises, peut-être aux tables et au haut des armoires, mais dehors ils peuvent regarder vraiment de haut le monde entier.

Un chat élevé avec des hamsters blancs ne les chassera pas, alors que ceux d'une autre couleur, ainsi que tout petit rongeur sera une proie pour lui. Les instincts ont la vie dure.

Astuces de Bruce : réduire les risques à l'extérieur

L'extérieur de la maison est dangereux, mais il y a des moyens de réduire les risques.

- Habituez votre chat à venir quand on l'appelle (voir page 101)
- Si vous êtes inquiet, habituez votre chat à porter un harnais et une laisse avant de le conduire dehors (voir pages 108 et 109)
- Pour commencer, laissez sortit votre chat uniquement avant les repas, car il aura faim et donc une bonne raison de retourner vite à l'intérieur
- Votre chat doit être identifié par une micropuce et une capsule avec votre adresse, placée sur son collier muni d'une fermeture à pression qui s'ouvre s'il s'accroche à quelque chose
- Stérilisez votre chat : il aura moins tendance à errer (voir page 141)
- Faites-le vacciner contre les maladies habituelles (voir pages 135 à 137)
- Utilisez une protection régulière contre les puces, les tiques et les autres parasites internes et externes (voir page 141)
- Les heures d'obscurité sont les plus dangereuses. Les chats éblouis par les phares peuvent rester figés au milieu de la route. Si votre chat sort au crépuscule – et mieux vaut qu'il ne le fasse pas – assurez-vous qu'il porte un collier réfléchissant
- Retirez tout produit chimique ou plante toxique des zones auxquelles votre chat a accès

Vivre avec de petits rongeurs

Protégez tout petit rongeur – gerbilles, hamsters, souris, rats, cochons d'Inde, même lapins – de votre nouveau chat. Les chatons qui connaissent dès leur jeune âge (entre trois et sept semaines) ces petits animaux ne les chasseront assurément pas à l'âge adulte. Mais supposez que tous les autres chats le feront sans doute naturellement.

comme toilettes, tout en encourageant votre chat à se servir d'un endroit particulier, transformé en litière naturelle finement ratissée.

Si vous n'avez pas de palissade, placez quelques poteaux ornementaux en bois autour de l'enclos, sur lesquels votre chat pourra se percher pour surveiller les environs. De plus, ce sont d'excellents marqueurs visibles pour se faire les griffes. Si vous ne voulez pas que votre chat grimpe dans certains arbres, placez un collier lisse large de 50 cm autour du tronc à environ 1,5 à 2 m au-dessus du sol, rendant l'ascension difficile ou impossible. Bien entendu, laissez un bol d'eau dehors pour que le chat puisse boire s'il a soif, mais donnez-lui à manger seulement dans la maison.

Identification

Depuis 2012, l'identification du chat par puce électronique est obligatoire en Europe. De la taille d'un grain de riz, elle est injectée par le vétérinaire sous la peau du haut du cou du chat, procédure sans douleur. La puce peut faire davantage qu'identifier un chat égaré. J'utilise des micropuces incluant un thermomètre, si bien que je peux prendre la température d'un chat en passant le scanner sur son dos (tous les chats me disent qu'ils préfèrent se faire prendre la température ainsi). La micropuce peut aussi servir à ouvrir une chatière.

Je conseille aussi de munir le chat d'une capsule d'identité accrochée à son collier comportant une section très élastique ou une fermeture à pression qui s'ouvre s'il se prend dans des branches.

Faire fonctionner une chatière

Si votre chat sort, il lui faut un moyen de rentrer quand vous êtes absent. Une chatière ouverte par un aimant situé dans le collier du chat ou par sa micropuce empêchera les intrus d'entrer. Gardez-la ouverte et dirigez doucement le chat à travers, puis laissez-le l'ouvrir tout seul. Récompensez-le de friandises (voir pages 98 et 99).

Les colliers modernes ont des fermetures à pression qui se défont soumis une certaine traction. C'est bien moins dangereux pour le chat que les anciens types à boucle.

De l'extérieur à l'intérieur

Si votre nouveau chat a eu précédemment une vie active au grand air mais ne pourra plus en profiter en raison de l'endroit où vous vivez, il risque de devenir agité et destructeur dans sa nouvelle maison (voir pages 122 à 124). Il aura besoin de jouer davantage avec vous, il lui faudra des jouets interactifs pour garder son esprit et son corps actifs quand vous n'êtes pas disponible. Dans presque tous les cas, lorsqu'un chat passe d'une vie d'extérieur à une vie d'intérieur, vous devez diminuer sa prise de nourriture de 10 % pour commencer. S'il prend quand même du poids, réduisez-la de 10 % de plus.

L'alimentation appropriée

Une alimentation saine est l'une des plus grandes responsabilités que nous avons envers nos chats. Faire de notre mieux pour eux signifie comprendre leurs besoins nutritionnels particuliers.

Les chats aiment la viande fraîche pour des raisons évidentes. Alors qu'un chien peut survivre en mangeant des racines, des baies et des plantes, un chat meurt s'il ne mange pas de viande. Son système digestif n'assimile pas certains acides aminés et acides gras essentiels présents dans les matières végétales, qu'il se procure à travers la chair des mammifères, des oiseaux, des reptiles et des poissons qu'il mange. Les producteurs d'aliments pour les chats connaissent leurs exigences nutritionnelles.

Nutriments essentiels

La graisse animale contient des acides gras essentiels tels que l'acide arachidonique et acide linoléique, que le chat ne peut pas produire, mais que son système digestif peut décomposer. L'acide arachidonique est essentiel pour la coagulation du sang, la reproduction et la santé du pelage, l'acide linoléique est vital pour la croissance, le fonctionnement du foie et la cicatrisation des plaies. La nourriture naturelle du chat, formée de petits rongeurs et d'oiseaux, présente un bon équilibre de ces nutriments essentiels, ainsi que d'acides aminés genre taurine

Astuce de Bruce : le thon

Alors que le poisson est une bonne source de nutriments pour votre chat, un régime à base uniquement de thon est potentiellement létal. Au sommet de la chaîne alimentaire de l'océan, le thon contient de taux élevés de polluants artificiels. Plus important, le thon renferme aussi un enzyme, la thiaminase, qui détruit la thiamine (vitamine B1). Cela peut provoquer une affection douloureuse, la panstéatite, menaçant la vie. Le thon frais ou en conserve est sans danger s'il ne forme pas l'alimentation exclusive de votre chat.

Les chats vivant dehors ajoutent souvent à leur alimentation des proies. Vous devez rarement adapter l'alimentation si vous voyez cela : les chats actifs qui chassent n'ont pas tendance à prendre du poids.

À gauche. *Les croquettes de diverses formes aident à nettoyer la surface des dents. La pression de leur écrasement fortifie les racines des dents.*

Ci-dessous. *Les aliments humides sont similaires à une alimentation naturelle, odeur comprise, si bien que la plupart des chats l'apprécient. Les maîtres tendent à être moins enthousiastes, bien que les sachets à portions uniques soient devenus récemment populaires.*

et arginine, tout comme le poisson, qui ne fait pas partie de l'alimentation naturelle du chat, mais est extrêmement bon.

Plats maison

Votre chat vous aimera probablement davantage si vous lui cuisinez de petits plats frais tous les jours. Il y a bien des recettes, mais quand je lui donne de la viande fraîche (et des os), il s'agit d'une combinaison de très bonne qualité de croquettes et d'aliments humides pour chats. Prudence si vous donnez à votre chat de la viande crue. En plus du risque évident de présence de salmonelle dans la volaille crue, il y a le risque des protozoaires causant la toxoplasmose. Les fèces du chat peuvent transmettre cette affection à l'homme dans les semaines suivant la première ingestion de ce parasite par l'animal (voir pages 138 à 140). Les aliments présentant beaucoup d'os, comme le cou de poulet sont une excellente source de nutriments et un bon exercice pour les dents et les gencives. Attention cependant, surtout en cas de mangeurs voraces et compétitifs.

Aliments commerciaux

Les croquettes sont cuisinées, séchées sous pression, puis aspergées de graisse pour ajouter une odeur appétissante accroissant la saveur et d'un conservateur empêchant cette graisse de rancir. Les aliments humides sont cuits, stérilisés au chaud et scellés à vide dans des sachets ou des boîtes, ce qui rend les conservateurs inutiles. Sur le plan nutritionnel, ils se valent. Les croquettes font travailler davantage les dents et les gencives, ce qui ralentit l'apparition des affections gingivales. Elles sont populaires, car on peut les laisser dans le bol toute la journée pour que le chat y picore – ce qu'il aime. De plus, elles peuvent servir de friandises

Comparer les aliments

Comparer le taux de protéines ou de graisses de divers aliments demande un peu de travail, car chacun contient un taux distinct d'eau. La seule manière précise de comparer les aliments est de se référer au poids de la matière sèche.

Une étiquette typique :

Protéines brutes	8 %
Graisse brute	7 %
Cendre	2 %
Fibre	1 %
Humidité	82 %

Écarter ces 82 % d'eau laisse 18 % de matière sèche. Pour calculer les nutriments qu'il contient, multipliez le pourcentage de nutriment par 100, puis divisez-le par le pourcentage de matière sèche. Pour les protéines de cet aliment, le calcul est : 8 x 100 = 800, et 800 ÷ 18 = 44,4 %

cachées dans les jouets ou les sacs en papier, que votre chat s'emploiera à chercher et à découvrir.

Les aliments commerciaux les meilleur marché ont d'habitude des taux standard de calories, protéines et graisse, mais pour les atteindre varient leurs ingrédients. Les aliments plus chers ont des formulations invariables, comportant toujours exactement les mêmes ingrédients. Des recettes encore plus strictes sont utilisées pour les aliments vendus chez les vétérinaires, destinés à la prévention ou au traitement de certaines maladies.

Les besoins varient en fonction de la race et de l'âge

Les chatons ont des besoins en énergie plus considérables que les adultes typiques, si bien que leurs aliments contiennent de taux plus

Si votre chat mange surtout des aliments humides, ou seulement cela, il ne semblera pas boire beaucoup, mais vous devez toujours lui donner un bol d'eau fraîche.

Le lait, cause de diarrhée

Les chats aiment le lait et la crème, mais les produits lactés causent parfois des diarrhées. Les chatons produisent un enzyme, la lactase, pour digérer le lactose (sucre présent dans le lait), mais pas tous les chats adultes, car ils n'ont pas assez de bactéries appropriées dans leurs intestins. Si le lait perturbe la digestion de votre chat et cause de la diarrhée, donnez-lui soit du « lait pour chat », soit du lait sans lactose.

élevés de vitamines, de minéraux et de protéines. À l'opposé, les chats âgés ont besoin de plus de protection cellulaire, si bien que leurs aliments ont des taux accrus de vitamines et de minéraux détruisant les radicaux libres, les rendant apparemment plus digestes. Les chats à poil long avalent plus de poils en se toilettant – des producteurs ont formulé des aliments faisant avancer ces boules de poils dans l'estomac et les intestins. Et comme la plupart des chats vivant dans la maison sont relativement inactifs et stérilisés, donc risquant l'obésité, il y a maintenant des aliments basses calories.

Aliments spéciaux pour diverses affections

Certains chats sont génétiquement prédisposés à une diversité de problèmes urinaires, plus susceptibles d'apparaître chez les matous en surpoids, paresseux, qui ne sortent pas et sont nourris de croquettes. Ces problèmes provoquent des blocages urinaires douloureux ou menaçant la vie (voir pages 170 et 171). Dans les années 1970, les formules des croquettes ont provoqué de nombreux problèmes de ce genre. Actuellement, les formulations les préviennent. Il y a des aliments spéciaux pour les chats qui en souffrent, tout comme des aliments pour les chats souffrant de problèmes rénaux liés à l'âge ou à la race (voir page 175), pour les chats qui perdent leurs poils, pour les chats en convalescence après une maladie ou une opération ou se remettant d'un trouble gastro-intestinal.

Astuce de Bruce : les os

Les affections gingivales sont la raison la plus commune pour laquelle je suis obligé d'anesthésier des chats afin de pouvoir soigner leurs dents cariées. La plupart des affections dentaires et gingivales peuvent être évitées si un chat apprend dès son jeune âge à manger des os. J'ai commencé à donner à mon chaton des os de poulet à l'âge de 8 semaines. Il y a des risques : les os de poulet crus peuvent être infectés de salmonelle, bactérie dangereuse pour le chat et l'homme. Un os cru ou cuit peut se coincer entre les dents. Très rarement, un chat tentera d'avaler un os à la manière des chiens, os qui restera bloqué. C'est exceptionnel. Selon moi, le bénéfice qu'en tire le chat à ronger des os dépasse de loin les risques.

Les chatons dépensent énormément d'énergie pour soutenir leur croissance et leur activité. Si vous choisissez maintenant la bonne alimentation, votre chaton fera montre de sa vigueur juvénile dans sa vie d'adulte.

Les soins et l'hygiène

Les chats se soignent parfaitement eux-mêmes, car ils sont extrêmement méticuleux quant à leur hygiène personnelle. Pour moi, c'est l'une des principales raisons pour lesquelles nous les laissons non seulement partager nos maisons, mais prenons carrément plaisir à les voir mener une vie de pacha à se prélasser sur le dos sur nos meubles, même sur nos lits, à regarder passer le temps. Les chats se toilettent et se nettoient très efficacement, mais même ainsi certains ont besoin de notre aide de temps à autre, surtout les chats à poil long et les chats âgés.

Les chats se toilettent eux-mêmes

Un chat typique passe plus de 10 % de son temps à se toiletter, autrement dit deux heures et demie par jour ; passez-vous autant de temps à votre hygiène personnelle ? Le toilettage est très ritualisé – trait génétique bien ancré. Le chat léchera d'abord son pelage en entier, enlevant les poils morts et les débris superficiels. Puis il léchera ses pattes et appliquera sa salive nettoyante et antiseptique sur sa tête et son visage,

La langue râpeuse du chat enlève très efficacement les peaux et les poils morts. L'inconvénient est qu'une bonne partie est avalée, provoquant la formation de boules de poils.

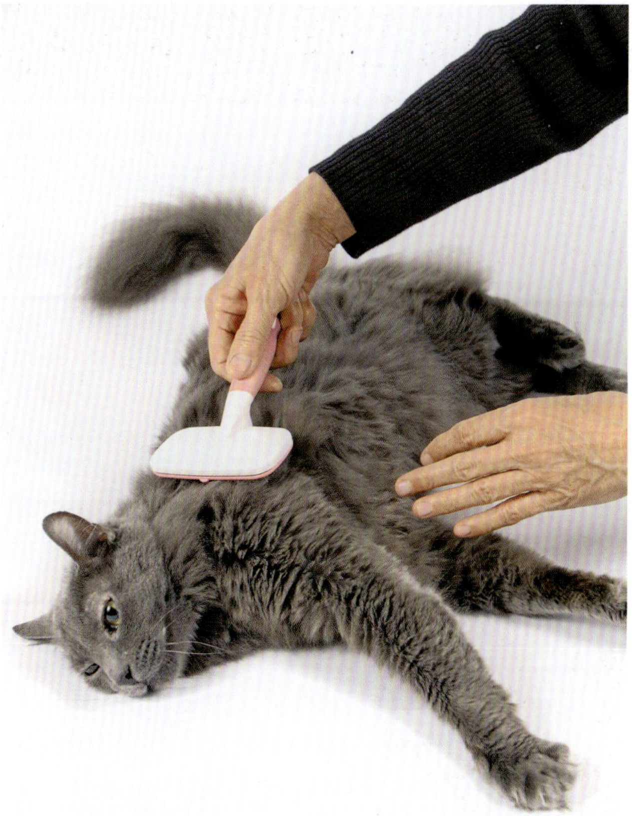

régions qu'il ne peut pas atteindre avec sa langue. Le toilettage nettoie la peau mais étale aussi sur tout le corps l'odeur personnelle que le chat laissera ensuite sur les portes, les meubles ou sur vous.

Il est facile de les aider

Toiletter régulièrement votre chat aide celui-ci à garder un beau pelage et vous permet de vérifier tous les jours sa santé générale. De plus, le toilettage renforce la relation entre votre chat et vous. Réalisé soigneusement, le toilettage est une manière naturelle d'accentuer votre rôle « maternel » dans sa vie. Les chats de compagnie sont d'éternels chatons. L'une des caractéristiques que nous désirons perpétuer chez eux est la bonne volonté durable de nous voir comme sa mère, son protecteur et son pourvoyeur.

En tant que vétérinaire, j'ai aussi un intérêt personnel, car si votre chat à l'habitude d'être toiletté et manipulé, il se laissera plus facilement manier par moi. Plus un chat est facile à examiner, plus vite je peux poser un diagnostic.

Les Persans ont besoin de plus d'attention

Les chats au visage plat ou à poil long très fin ont besoin d'un toilettage quotidien pour prévenir l'accumulation de sécrétions oculaires, dans les plis nasaux, ou le feutrage des poils.

Ci-dessus. *Si vous habituez votre chat à être toiletté dès son jeune âge, quand il est encore habitué à la toilette que lui fait sa mère, ce sera un plaisir plutôt qu'une bagarre.*

Ci-dessous. *Une brosse fine est utile pour enlever les nœuds des longs pelages avant qu'ils se feutrent et deviennent impénétrables.*

Gant en caoutchouc

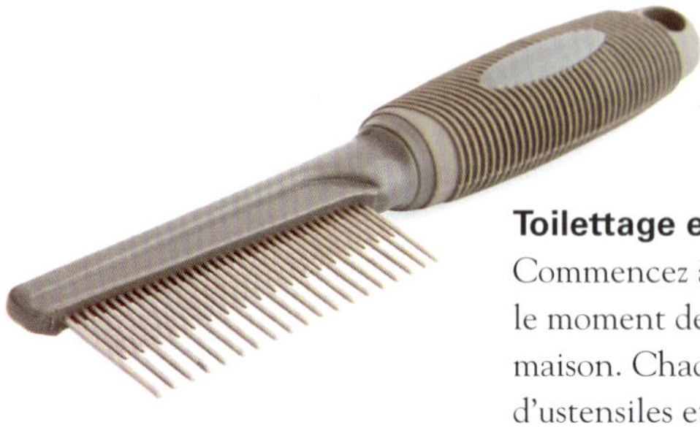

Peigne à dents rondes

Coupe-griffes et lime

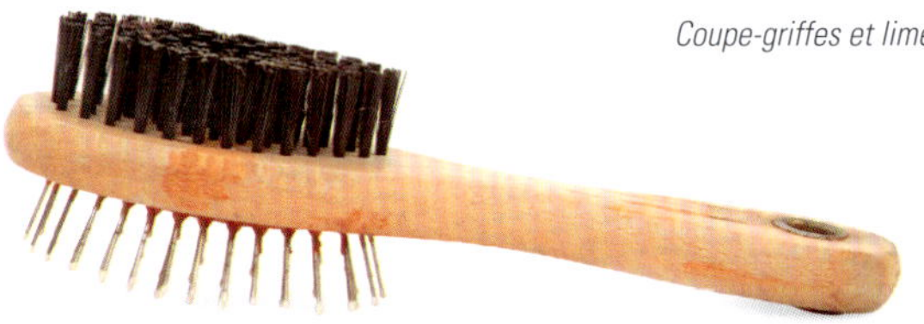

Brosse dure

Toilettage essentiel

Commencez à toiletter votre chat dès le moment de son entrée dans votre maison. Chaque type de pelage a besoin d'ustensiles et de traitements distincts.

Pour les pelages courts, lisses, utilisez une brosse en crins naturels, une peau de chamois, ou même un gant en velours pour retirer les débris et stimuler les glandes de la peau. Un pelage mi-long doit être brossé deux fois par semaine avec une brosse dure, puis peigné avec un peigne à grosses dents. Les chats à poil long ont besoin de ce toilettage tous les jours. Les nœuds se forment surtout derrière les oreilles, à la base des pattes postérieures ou sous la queue. Défaites-les en utilisant du talc ou de la farine de maïs, puis brossez et pour finir peignez les poils. Soyez très, très prudent si vous devez couper des nœuds avec des ciseaux. La peau du chat est très mince ; je recouds des chats coupés par inadvertance plusieurs fois par an.

Laver votre chat

Un chat a besoin d'un bain uniquement si son pelage a été contaminé et ne peut pas être nettoyé avec un shampoing sec. C'est rare qu'un chat accepte un bain, mais s'il est nécessaire, brossez-le d'abord pour enlever les nœuds et utilisez un tapis anti-glisse en caoutchouc dans la baignoire pour prévenir les accidents. L'eau ne doit pas être trop chaude. Évitez les yeux en appliquant le shampoing. Beaucoup de shampoings thérapeutiques doivent rester sur les poils et la peau pendant cinq très longues minutes. Rincez-le soit en utilisant la douche tenue à la main, soit avec des récipients d'eau tiède. Séchez-le dans une serviette ou, s'il n'a pas peur du bruit, avec un sèche-cheveux réglé sur frais à modéré, jamais sur chaud. Récompensez-le généreusement – même s'il le refusera !

Astuce de Bruce : sacs anaux

Les chats d'intérieur sont plus susceptibles de développer un blocage des sacs anaux que ceux qui peuvent sortir. Ils tentent de les vider en se léchant vigoureusement et constamment l'anus. Si vous devez l'aider, demandez à une autre personne de maintenir le chat et mettez des gants jetables. Levez sa queue d'une main et placez le pouce et l'index de votre autre main de part et d'autre de l'anus, à 4 et 8 heures. Compressez fermement mais en douceur, vers le haut et vers vous, avec vos doigts finissant à 3 et 9 heures. Visez soigneusement : ce qui sort est dégoûtant.

Peu probable que vous ayez autant de chance avec votre chat : une boule remuante de fureur est bien plus commune. Heureusement, le bain est rare dans la vie d'un chat.

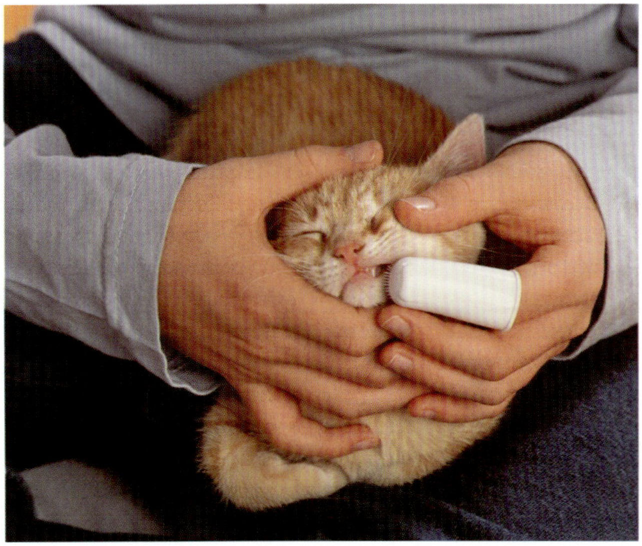

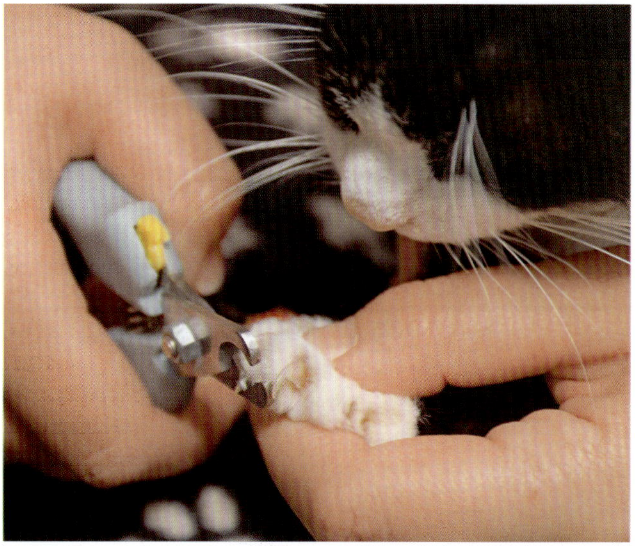

Soins des dents et des gencives

Une mauvaise haleine signale d'habitude une affection gingivale. Chez les jeunes chats, elle peut être associée à une infection virale précédente (voir pages 158 et 159), mais chez tous les chats, jeunes et âgés, elle est le plus souvent le résultat d'une inflammation des gencives (gingivite) et d'une infection due à une mauvaise hygiène buccale.

Surveillez l'haleine de votre chat ou la présence de matières étrangères ou de tartre dans sa bouche. Les gencives doivent être d'un rose uniforme, sans rougeur au niveau de l'implantation des dents. Les dents doivent être blanches, sans plaque ou gencives visiblement rouges débordant sur elles.

La plus facile manière d'entretenir l'hygiène dentaire et gingivale d'un chat est de le laisser s'en occuper tout seul en mâchant des os. L'alternative est de lui brosser les dents, ce qui est possible si vous l'habituez dès son jeune âge en utilisant une petite brosse à dents à poils doux. Une autre possibilité est l'application quotidienne d'un gel antiseptique formulé spécialement pour les chats, en utilisant un doigtier qui massera aussi les gencives.

Inspectez yeux, oreilles et nez

Chez les races au visage très long, comme les Siamois, le mucus tend à s'accumuler aux coins des yeux, tandis que les races à visage plat ont tendance au débordement lacrymal. Nettoyez leurs yeux avec un coton humidifié. Vérifiez les oreilles pour la présence de cérumen ou de débris. Un excès de cérumen clair, incolore, est assez habituel chez les chats d'intérieur et peut être retiré avec un coton-tige. Attention, mal utilisé celui-ci risque d'agir comme un piston, poussant loin un bouchon de cérumen dans l'oreille. Les mites d'oreille, communes chez les chatons, produisent des débris grumeleux. Le vétérinaire prescrira un traitement efficace.

Coupez légèrement les griffes

La plupart des chats n'ont pas besoin de se faire soigner les griffes avant un âge avancé, car ils les entretiennent naturellement. Ils retirent la matière usée en se faisant les griffes ou simplement en les mordillant. Si vous voulez maintenir émoussées les griffes de votre chat pour protéger vos meubles, vous aurez à les couper toutes les deux semaines.

Appuyez doucement derrière chaque griffe pour la faire sortir. Positionnez des coupe-griffes de type guillotine à angle droit par rapport à la griffe, devant son « vif » rose visible, et comprimez fermement, coupant à travers. C'est indolore ; cela fera mal uniquement si vous coupez dans le vif. Je suggère de remplacer les coupe-griffes tous les six à neuf mois.

Si les griffes ne sont pas soignées, surtout les ergots, poussent dans les coussinets et causent des abcès douloureux. Si le chat ne vous laisse pas couper ses griffes dans une pièce, essayez un autre endroit. Il objectera moins dans un environnement connu.

À gauche. *Un doigtier est souvent l'option la plus facile pour brosser les dents d'un chat, car vous sentirez mieux ce que vous faites.*

À droite. *Si vous n'êtes pas à l'aise avec l'idée de couper les griffes, demandez au vétérinaire de vous montrer. Avec le temps et beaucoup de friandises, la plupart des chats l'acceptent, spécialement si vous les habituez dès leur jeune âge.*

Astuce : langage corporel

Les séances de toilettage doivent être brèves, en surveillant le langage corporel du chat. Si la queue se met à fouetter, arrêtez, même si vous n'avez pas fini. Une fois le chat habitué aux séances brèves, prolongez-les peu à peu, le récompensant toujours de la même manière.

Voyager et déménager

À l'exception des extravertis et de ceux habitués à voyager dès leur jeune âge, la plupart des chats préfèrent rester à la maison quand vous et votre famille partez en vacances. Le déménagement est autre chose. C'est une époque difficile, pendant laquelle les chats d'intérieur ont envie de s'éloigner du vacarme et les chats qui sortent risquent de s'égarer dans leur nouveau territoire. Planifiez bien vos mouvements pour diminuer les risques.

La plupart des chats préfèrent leur chez-soi

Si vous partez en vacances, vous pouvez laisser votre chat dans une pension de bonne réputation ou, comme la plupart des chats le préfèrent, prendre des dispositions pour qu'ils restent à la maison et qu'une personne vienne une ou deux fois par jour s'occuper de la litière, remplir les bols d'eau et de nourriture et jouer avec lui. Seuls à la maison, les chats grégaires ont besoin de plus d'amusement. Le vétérinaire peut aider à trouver un hébergement temporaire pour votre chat.

Déménagement

Le déménagement est différent. En parlant d'expérience, mieux vaut votre chat placer dans une pension les quelques jours précédant et suivant le déménagement. Vous aurez ainsi le temps de disposer les meubles et de décider exactement où placer les affaires de votre chat. De cette manière, le risque de fuite ou de perte sera moindre.

Si ce n'est pas possible, sortez son panier de chaton ou choisissez une petite pièce de la maison (déjà vidée de son contenu, pour que les déménageurs n'y entrent pas), et arrangez le tout comme lors de son arrivée, bac à litière, bols d'eau et de nourriture, couche et jouets.

Le jour et le lendemain du déménagement

Avant l'arrivée des déménageurs, assurez-vous que le chat est en sécurité. Votre chat doit vous

Documents de voyage d'un animal de compagnie

Généralement, un certificat de vaccination à jour et une attestation de traitement antiparasitaire suffisent pour séjourner dans une pension pour chats. Si vous voulez vous rendre ou vous installer dans des régions où la rage a été éradiquée, comme Hawaï, Australie, Nouvelle-Zélande, Suède, Grande-Bretagne, Irlande, des documents plus complexes et chers sont nécessaires. Les règlements de santé changent de temps à autre ; vérifiez avant un voyage. Un chat doit être généralement identifié par une micropuce, être vacciné contre la rage et passer des analyses de sang quelques semaines plus tard pour confirmer qu'il est protégé. Une quarantaine est obligatoire avant que le chat puisse visiter la région : quatre mois pour Hawaï, six mois pour nombre d'autres pays. Vérifiez les détails des lois de la région concernée. Par exemple, Hawaï interdit l'import de Bengalis, que ce soit pour une brève visite ou pour la résidence permanente !

Le passeport d'un animal de compagnie évite le stress de la quarantaine, mais l'obtenir exige une certaine organisation – plus que votre propre passeport.

Un déménagement est stressant pour tous, mais au moins vous savez où vous allez et pourquoi. Dans une pension pour chats, votre chat sera préservé du chaos et de l'agitation.

accompagner, pas partir avec les déménageurs ! Cela paraît évident, mais certains de mes clients par ailleurs intelligents ont envoyé leurs chats dans un panier avec le camion de déménagement. Le panier à chat utilisé pour le conduire chez le vétérinaire est parfait. Donnez-lui un repas léger, ou ne lui donnez rien si vous savez qu'il supporte mal les voyages. Dans ce cas, votre vétérinaire peut vous fournir quelque chose, depuis les remèdes contre le mal des transports au spray de phéromone synthétique à utiliser dans le panier de transport.

Lorsque votre chat arrive dans votre nouvelle maison, soit avec vous, soit depuis la pension après votre installation, limitez-le à une seule pièce jusqu'à ce qu'il ait envie d'explorer le reste. Certains chats mettent des semaines à s'y habituer, d'autres veulent explorer sur-le-champ le monde extérieur – prudence. Il y a des dangers inconnus et inattendus dehors. Éparpillez un peu de la litière souillée d'urine de votre chat près de la nouvelle maison, la marquant ainsi, et accompagnez-le lors de ses premières sorties. Il lui faudra quelques semaines avant de bien connaître tous son nouveau domaine.

Astuce : identité à jour

Un déménagement est un moment où votre chat risque le plus de se perdre, soit parce qu'il sait que quelque chose se passe et se cache, soit parce qu'il oublie comment retourner à sa nouvelle maison lorsqu'il explore le territoire environnant. Dans les deux cas, la micropuce permettra de le retrouver – mais souvent, elle signale l'ancienne adresse. Mettez-la à jour rapidement et assurez-vous que les propriétaires de votre ancienne maison ont votre numéro de téléphone – si vous n'avez pas déménagé loin, votre chat peut rentrer à la « maison ».

Vous devez savoir précisément où se trouve votre chat à tout moment durant un déménagement et au cours des quelques jours suivants, jusqu'à ce qu'il accepte que sa nouvelle maison est réellement maintenant son foyer.

Chapitre 3
Éduquer un chat

Culture féline

Certes, les ancêtres de votre chat étaient des chasseurs solitaires, mais votre chat est différent. Qu'il soit un haret ou qu'il ait été élevé avec des hommes, le chat moderne est bien plus sociable que le chat sauvage. Sa sociabilité accrue le rend relativement facile à éduquer à « obéir » : on peut l'habituer à venir quand on l'appelle, à s'asseoir ou à donner la patte. Les chats réagissent aux récompenses, mais ne vous attendez pas à ce que votre chat accepte de faire un parcours d'obstacles comme un chien. Les émotions et l'intelligence d'un chat sont différentes de celles d'espèces plus grégaires, comme les chiens. Il est assez facile d'éduquer un chat, cependant le succès tient à la compréhension de ses sentiments et de ses émotions.

Chatons perpétuels

Je l'ai déjà dit, mais je le répète : votre chat est vraiment un chaton, un Peter Pan resté à jamais dans l'enfance féline. Ce que nous aimons le plus chez nos chats – leur espièglerie avec nous, leur dépendance de nous, leur gentillesse envers leur famille humaine (et canine) et leur air mignon – sont des comportements juvéniles que nous avons perpétués par une reproduction sélective et une éducation précoce. En dessous, toutefois, les émotions de nos chats ne sont pas très différentes de celles de leurs ancêtres sauvages d'Afrique. Les réactions du chat à ces émotions sont modifiées par domestication et l'éducation.

À mesure que les chatons sauvages grandissent, ils partent et défendent des territoires distincts. Nos chats ont des territoires plus réduits et peuvent défendre uniquement une place préférée au soleil.

Savoir quand patrouiller le voisinage, quelle est la position la plus avantageuse et comment s'y installer (et y rester) sont des formes typiques d'intelligence féline.

Qu'est-ce que l'intelligence ?

Mes clients me disent souvent à quel point leurs chats sont intelligents (ou bêtes), mais qu'entendent-ils par ce genre de termes ?

Les comportementalistes sont plus précis, décrivant les différentes formes d'intelligence. Chaque espèce (et individu) présente plus, moins ou rien du tout de chaque type. Par exemple, les hommes sont tenus pour présenter huit types distincts d'intelligence :

- Linguistique
- Logique ou mathématique
- Musicale
- Spatiale
- Corporelle
- Naturaliste
- Interpersonnelle
- Intrapersonnelle

Pour moi, quand des gens emploient le terme « intelligent » dans le contexte de leur chat, ils entendent soit qu'il peut être « formé », autrement dit qu'il a été facile à éduquer ou qu'il a éduqué efficacement et rapidement ses maîtres, soit « raisonnable », autrement dit, il ne fait pas de bêtises.

Pour moi, le seul moyen approprié de comparer l'intelligence de deux chats est d'examiner leurs capacités dans différentes catégories d'intelligence féline, comme les cinq ci-après.

- **Intelligence spatiale :** la capacité de cartographier mentalement des territoires de chasse relativement étendus.
- **Intelligence corporelle :** la compréhension du mouvement, des forces et des processus, comme le degré de propulsion nécessaire pour sauter sur une palissade.
- **Intelligence naturaliste :** la capacité de choisir le meilleur endroit pour la sécurité et la reproduction ; la compréhension profonde de ce qui est

LES CHATS ONT DU CHAGRIN

Lorsqu'un autre chat, un chien ou une personne ne sont plus là – décédés ou partis – son absence rend certains chats tristes. Les changements résultant de leur routine causent frustration ou inquiétude chez d'autres. Parfois, la disparition d'une relation suscite ce que je nommerais carrément du chagrin. Le chagrin d'un chat est une combinaison de perte, de frustration, d'inquiétude et de confusion. Quel que soit le sentiment spécifique, le chat triste se retire en lui-même ou, au contraire, s'attache excessivement, vous suivant de pièce en pièce en miaulant et en demandant votre attention. Ce n'est pas le chagrin en termes humains, mais c'est toujours de l'affliction face à une perte.

Les différences innées de tempérament signifient que certaines races ou certains individus sont réellement plus timides ou plus amicaux que d'autres, mais beaucoup vient de l'éducation reçue au jeune âge.

LES CHATS NE SONT PAS EMBARRASSÉS

Si un chat tente de sauter sur un support et échoue ou tombe accidentellement, il continuera d'habitude sa vie, soit en essayant de nouveau, soit en passant à autre chose. Certains s'asseyent et se lèchent après une erreur. J'ai entendu dire que c'est ainsi qu'ils montrent leur gêne, mais c'est faux. Se toiletter après un accident tel qu'une chute n'est que le langage corporel disant à d'autres chats ou à des prédateurs potentiels que le monde continue à tourner et que rien n'a changé.

dangereux, des actions d'autodéfense et de la prudence, ainsi que la faculté de se souvenir de ce qui est bon ou non à manger.

- **Intelligence interpersonnelle :** la compréhension innée du comportement des autres animaux, dont la capacité de prédire leur comportement probable à partir de leurs actions initiales, la tendance instinctive à patrouiller, inspecter et marquer un territoire et la reconnaissance du rôle et de l'importance de la parenté, surtout de la relation maternelle.
- **Intelligence intrapersonnelle :** la capacité à entretenir son hygiène personnelle.

Instincts

L'intelligence féline est un composé de toutes ces capacités, et l'exploiter – habituer votre chat à venir quand on l'appelle, à marcher en laisse ou à ne pas attaquer les chevilles qui passent – dépend du degré auquel vous la comprenez, mais aussi de ses sentiments et émotions.

C'est là qu'on fait inévitablement des erreurs, car on ne peut pas s'empêcher de projeter des motivations humaines sur les comportements félins. Pratiquement tous les jours, un maître me dit que son chat a fait quelque chose – uriné sur la couche ou refusé les caresses à son retour des vacances – « pour rendre la pareille ». Eh bien, c'est faux ! Et pour expliquer pourquoi c'est faux, on doit comprendre les émotions de base du chat.

Comportements de base

Les comportements, sentiments et émotions du chat sont tant instinctifs qu'appris. L'apprentissage est surtout passif, absorbé des expériences quotidiennes du chat. Par exemple, la réaction instinctive d'un chat face à un chien le chargeant, ou au bruit brusque de l'aspirateur, est de se sauver. Mais s'il a appris, chaton, que le chien voulait seulement jouer ou que l'aspirateur ne rugissait pas avant de le manger, le chat contrôle son réflexe naturel de fuite sans aucune intervention humaine. Bien entendu, l'apprentissage peut aussi être actif, comme lorsqu'on présente un nouveau chat à un chat résident ou au chien de la famille (voir pages 67 et 68). Les comportements de base de votre chat

À gauche. *Lorsque votre chat se frotte contre vos jambes, il ne fait pas que vous marquer de son odeur ; il est heureux que vous soyez là pour être marqué, appréciant sa connexion émotionnelle avec vous.*

Ci-dessous. *Même le toilettage est une source de plaisir s'il rappelle des sensations des soins maternels.*

– le choix de se battre ou de se sauver, la pulsion de manger et de se reproduire – sont ses instincts de base. Des variations individuelles colorent les instincts de chaque chat en fonction de ce que je tiens pour neuf sensations ou émotions de base :

- Contentement, bonheur, plaisir ou satisfaction
- Allégresse ou euphorie
- Peur, agitation ou inquiétude
- Colère ou fureur
- Frustration
- Jalousie
- Désir sexuel
- Tristesse ou dépression
- Dégoût

Le fait que nous ayons les mêmes émotions ou sentiments ne signifie pas qu'ils sont identiques – ils sont bien plus rudimentaires chez le chat que chez l'homme.

Contentement ou bonheur

Appelez-les ce que vous voulez, ces sentiments sont associés à la sécrétion d'ocytocine et de dopamine, les euphorisants cérébraux. Manger, tout comme être caressé, se prélasser au soleil, s'amuser avec un jouet ou s'endormir sur vos genoux rend un chat content.

Les chats heureux et contents montrent leur affection en jouant avec nous et en nous permettant de les toiletter. J'utilise bien le mot « amour » pour décrire l'attachement de certains chats à leur maître (rappelez-vous que j'ai dit que les émotions ne sont pas identiques chez les deux espèces). L'amour est un type d'attachement qui améliore les chances de survie ; la science a montré qu'on est en meilleure santé en présence d'une relation affectueuse.

Allégresse ou euphorie

On utilise différents termes pour décrire l'allégresse, par exemple « l'allure folle » ou « le mur de la mort ». Une de mes chattes part comme une flèche dans le couloir, touche le tapis de bain, glisse dans la baignoire, puis revient dans le séjour en arborant une expression innocente : « Salut ! Quoi de neuf ? ». Certains montrent une frénésie d'activité euphorique après avoir utilisé le bac à litière. « Oui ! Je l'ai fait ! Je me sens super ! »

Quand des félins étrangers ou rivaux se rencontrent, leurs approches vont d'habitude de prudente à tendue. Et les postures agressives n'annoncent pas qu'une bagarre est inévitable.

Ces brefs épisodes d'activité sont peut-être de simples manifestations physiques de plaisir ou de bonheur, mais selon moi ils représentent la libération d'émotions refoulées ; ils sont souvent provoqués par l'absence de débouchés plus naturels.

Peur, agitation ou inquiétude

Je le vois plusieurs fois par jour chez des chats, qui refusent de quitter leur panier. Cela laisse au chat le temps d'évaluer la réalité du danger potentiel. La plupart décident en une minute que leur peur est injustifiée et sortent inspecter la salle d'examen.

Colère ou fureur

La colère est différente de la peur. Certains chats ont peur d'être manipulés, d'autres se mettent en colère. La mauvaise humeur du chat subsistera même après la disparition de la raison qui a provoqué sa colère. Je connais un chat qui, une minute après mon examen, revient et me tape la jambe de sa patte.

La fureur peut sembler une simple colère accrue. Les neurologues ont découvert qu'elle est étroitement liée au centre du plaisir du cerveau félin, si bien qu'un excès de sensations agréables peut déclencher une réaction de fureur. Un exemple typique est le chat qui vous griffe quand il est caressé, comportement qui n'a rien à voir avec la peur.

Frustration

La frustration est légèrement différente. Selon mon expérience, l'un des signes les plus habituels de frustration chez le chat est le claquement des dents lorsqu'il observe une proie potentielle à travers la fenêtre. Dans d'autres circonstances, un chat évacuera sa frustration à travers l'agressivité. Certains, ayant perdu une bagarre avec un autre chat (ou le vétérinaire) rentreront et attaqueront l'autre chat de la maison ou leur maître. Juste comme les chats furieux, les chats frustrés ont besoin de temps pour se calmer, ainsi que d'un environnement stimulant qui préviendra la frustration.

Jalousie

Les chercheurs disent que même les pigeons sont jaloux, donc pas surprenant qu'on a trouvé cette émotion chez le chat. La bouderie en est une variante. La jalousie est plus rare chez les chats que chez les chiens, mais elle est subtile. Un chat jaloux intimidera un autre chat ou une personne qui a fait l'objet de l'attention de son maître.

Instinct sexuel

La pulsion de s'accoupler (moins techniquement appelé chaleur) est

La peur et la colère extrêmes sont jointes dans le réflexe de « lutte ou fuite ». La réaction est instinctive : ce qui la provoque est dans une certaine mesure appris.

L'attachement mutuel des chats et leur attachement à l'homme sont réels et profonds. Séparés par la distance ou la mort, les chats se languissent des manières que nous reconnaissons.

déclenchée chez les chats par les phéromones, spécialement celles captées par l'organe vomeronasal situé sur le palais (voir page 56). Elle est aussi déclenchée par le langage corporel – impossible de se tromper sur l'état de la femelle en chaleur se traînant sur le sol, en gémissant, l'arrière-train levé en anticipation.

La plupart des chats d'intérieur sont stérilisés, si bien qu'on voit rarement de tels comportements, même si la réaction d'un chat à l'herbe-à-chat – se roulant sur le sol et agissant bizarrement – l'évoque parfois.

Tristesse ou dépression

La tristesse est un sentiment que je vois chez nombre de chats séparés de leur environnement familier. Ce chat ne montrera pas de peur, d'agitation ou d'inquiétude particulière, mais il ne mangera pas normalement et ne réagira pas aux jeux proposés. Quand un tel chat rentre à la maison, sa tristesse se dissipe, son appétit et son degré d'activité reviennent immédiatement à la normale.

La dépression, plus rare, submerge les instincts de survie les plus essentiels du chat. Le chat déprimé se retire totalement, ne mange et ne boit plus, semble avoir perdu son envie de vivre. Ces chats peuvent sortir de cet état en étant réunis avec leurs maîtres.

Dégoût

Si vous avez donné à votre chat de la nourriture qui n'était pas parfaitement fraîche, vous avez probablement assisté à l'expression du dégoût félin, comportement de survie, car le foie du chat n'est pas capable de traiter et d'éliminer nombre de toxines naturelles présentes dans la nourriture avariée.

Malheureusement, le dégoût peut être surpassé par de plaisir, si bien que le chat risque de manger quelque chose de dangereux, dont il s'éloignerait normalement. Par exemple, un chat qui aime l'eau courante peut absorber l'antigel présent dans l'eau d'une fontaine en hiver.

Chats heureux, chats tristes et chats clowns

Le sourire permanent de certains chats n'est pas un simple accident anatomique, c'est une émotion que nous pensons voir dans la forme de son museau, tout comme la mine renfrognée de certains Persans. D'autre part, tous ceux qui connaissent les chats connaissent la différence entre « visage heureux » et « visage triste ». Certains chats sont plus souvent heureux que tristes, et nous les tenons pour des clowns ayant un sens de l'humour. C'est notre interprétation du comportement du chat qui imprègne d'humour nombre de ses activités. Des maîtres me disent que leurs chats ont un sens de l'humour parce qu'ils se mettent en embuscade et attaquent par surprise leurs chevilles. C'est là un jeu. D'autres me disent que leurs chats font le clown quand ils ont faim, mais c'est là un réflexe conditionné, résultat d'une action précédemment efficace. L'activité du chat peut certes être drôle et faire rire. Certains chats voient toujours le bon côté de la vie, mais j'ai un peu de mal à appeler cela vrai sens de l'humour.

L'éducation est logique

Vous avez pu noter que le chat comprend la relation entre cause et effet et trotte, ou même s'élance, vers la cuisine au bruit de l'ouverture de la boîte de sa nourriture. Il s'y est habitué tout seul. Laissez-moi répéter là un fait essentiel : un chat est un chat, pas un chien qui ronronne ! Alors que les chiens réagissent à la discipline verbale, les chats confiants réagissent uniquement aux récompenses, surtout alimentaires, mais aussi jouets ou accès au plaisir. Un chat timide sera extrêmement difficile à éduquer à obéir ou à jouer.

Commencer

Comme les jeunes enfants, les chatons sont plus ouverts à l'apprentissage. Les chats adultes peuvent certes être éduqués, mais il vaut mieux comprendre les émotions et les sentiments décrits aux pages précédentes. Les chats plus âgés ont aussi parfois besoin de *dés*apprendre certaines habitudes avant d'apprendre ce que vous voulez leur enseigner. Débutez l'éducation dès que le nouveau chat rejoint votre maisonnée. Faites-le dans une petite pièce tranquille, juste avant les repas ou juste après une sieste, sans autres animaux

Les chats sont différents des chiens, mais certaines des méthodes d'éducation conviennent aux deux. La nourriture, les jouets et l'attention en récompense sont de puissants motivateurs.

Une aspersion inattendue d'eau décourage le mauvais comportement. Les pistolets à eau à longue portée vous permettent de vous tenir plus loin, et votre chat risque moins de s'apercevoir que c'est vous la source.

présents. Les séances doivent être brèves, pas plus de deux à trois minutes à la fois.

Motivateurs

La plupart des chatons sont motivés par les friandises, mais trouver quelque chose d'assez fort pour les chats plus âgés s'avère parfois compliqué. Essayez diverses friandises, mais avec modération. Si vous employez les croquettes habituelles de votre chat, n'oubliez pas d'en tenir compte en mesurant ses rations quotidiennes. C'est dur, mais si les friandises ne motivent pas le chat, sautez ses repas pour une journée. Tant qu'il boit, un chat en bonne santé n'aura pas de problème s'il ne mange pas pendant 24 à 48 heures. Si la nourriture ne marche pas, trouvez le jouet qui suscite son intérêt : souris pour certains, jouets renfermant de l'herbe-à-chat pour d'autres.

Punition et intervention divine

La punition n'a pas de sens lors de l'éducation du chat. Secouer le chat si vous l'attrapez en train de mâchouiller vos plantes d'intérieur ou de sauter sur la surface de travail de la cuisine peut satisfaire votre besoin de décharger votre colère, mais lui s'inquiétera davantage de ce que vous planifiez de faire quand vous le touchez. Lui crier après aura le même effet. Plus vous utilisez la punition, plus votre chat vous verra probablement comme un cinglé et il évitera votre toucher, même votre présence.

L'« intervention divine » est différente. Elle ne vient manifestement pas de vous, mais est le résultat direct de ce que le chat vient de faire. Par exemple, un chat saute sur la surface de travail de la cuisine, atterrit sur de l'adhésif à double face, n'aime pas la sensation et s'en va immédiatement. Un chat saute sur le lit, traversant le rayon à infrarouges d'une minuscule antivol, n'aime pas le bruit et s'enfuit. Un chat est sur le point de se faire les griffes sur le canapé et reçoit – silencieusement – en plein visage un jet d'eau.

Du point de vue du chat, tous ces incidents sont des « actes divins », ne venant donc pas de vous. En associant une action du chat à quelque chose de légèrement désagréable, vous l'habituerez naturellement à l'éviter. Tous les chats sauvages apprennent par l'expérience à éviter les dangers. En faisant appel à l'intervention divine, soyez créatif, mais toujours gentil. Votre but est d'habituer votre chat à abandonner ce qu'il veut

ASTUCE DE BRUCE : DISTRACTION

Je trouve qu'un bref sifflement aigu est une manière facile d'arrêter un chat assez longtemps pour qu'il abandonne ce qu'il pensait faire. Il a aperçu un oiseau dans l'herbe ? Un sifflement aigu ou tout autre bruit similaire le distraira assez longtemps pour que l'oiseau s'envole ou pour que vous attrapiez le chat. Le sifflement fait partie du répertoire verbal naturel du chat. Utilisez-le avec parcimonie, sinon votre chat apprendra qu'il ne signifie rien.

Si votre chat voit son panier comme une couche ou une cachette de chaque jour, il ne refusera probablement pas d'y entrer pour un voyage chez le vétérinaire.

ASTUCE DE BRUCE : RÉCOMPENSES

Alors que les chiens réagissent bien à la nourriture, puis aux récompenses verbales, les chats sont différents. Difficile de soudoyer un chat. Réfléchissez à ce que votre chat apprécie le plus : être caressé, recevoir des crevettes fraîches, chasser une plume ou une ficelle ou simplement de prélasser dans un endroit chaud ? Utilisez les récompenses les plus motivantes pour éduquer votre chat.

faire à cause du désagrément inattendu, jamais parce que c'est douloureux.

La logique féline n'est pas la vôtre

Vous saisissez le peigne et votre chat disparaît. Vous sortez le panier à chat et votre chat disparaît. Vous tendez la main vers un aérosol antipuces et votre chat disparaît. Les chats apprennent en permanence, et nous sommes parfois très lents à le remarquer. Si le démêlage de son pelage lui a fait mal la dernière fois, c'est naturel que votre chat veuille l'éviter. Si votre chat a été effrayé par un voyage en voiture, une visite chez un étranger méchant qui l'a dévisagé, lui a pincé le ventre et a tapoté les articulations, puis, comme cela arrive souvent, lui a piqué le dos, il voudra aussi éviter cela. Et si un cylindre bizarre s'est approché de lui, a sifflé comme un chat très grand et méchant, votre chat voudra s'en éloigner dès qu'il le verra.

N'essayez pas de raisonner avec votre chat. Je n'ai jamais rencontré de chat qui comprenne les phrases au conditionnel. Essayez plutôt d'associer des objets désagréables à des phrases positives. Laissez le panier à chat toujours ouvert, avec des coussins confortables, peut-être même quelques friandises. Toilettez votre chat à différents endroits et donnez-lui de bonnes récompenses avant, durant et après. Évitez si possible les aérosols antipuces ; les produits à action rapide sont plus pratiques.

Les chats nerveux sont difficiles

Les chats qui n'ont pas été habitués à interagir avec l'homme dans leur enfance ont du mal à distinguer les situations menaçantes et les activités inoffensives. Ces chats timorés trouvent les nouvelles expériences effrayantes. Et ce ne sont pas seulement les chats qui n'ont pas eu beaucoup de contacts avec l'homme avant l'âge de sept semaines ou les chats élevés par des mères inexpérimentées qui forment la nouvelle génération d'individus nerveux. J'ai connu des

ASTUCE DE BRUCE : ATTENTES RÉALISTES DE L'ÉDUCATION

- Progressez pas à pas et fixez-vous des objectifs clairs d'éducation de votre chat.
- Si vous utilisez un cliqueur, demandez qu'on vous montre précisément comment associer le clic à la récompense. Le bon moment est vital pour ce genre d'éducation.
- Si vous sentez que le chat est agité ou n'apprécie pas, arrêtez et réessayez plus tard.
- Si votre chat est effrayé, n'essayez même pas avant que sa peur se soit atténuée au point qu'il accepte de manger quand vous êtes à côté de son bol.

Les cliqueurs sont simples et bon marché. Si vous les utilisez, achetez-en plusieurs pour avoir toujours un à portée de main dans la maison ou dans la poche.

Éducation au cliqueur

Cette éducation implique l'emploi d'un petit cliqueur en plastique qui fait un clic quand on appuie dessus. Ce clic agit comme un « pont » entre votre commande et la récompense. Le clic est associé à une récompense, si bien que le chat finit par prendre plaisir à ce son. Le cliqueur accélère l'apprentissage si vous effectuez bien cette éducation. Donnez-lui une friandise et, quand il la prend, faites sonner le cliqueur. Rapidement, le son devient presque aussi important que la récompense. J'avais l'habitude de prononcer le nom de ma chatte en lui donnant une friandise. Bientôt, il suffisait de dire son nom pour qu'elle devienne attentive. Sollicitez l'aide d'une personne expérimentée ou regardez une démonstration sur Internet de Karen Pryor, l'une des fondatrices de ce type d'éducation.

chatons nés de mères compétentes et élevés dans des familles humaines affectueuses, devenus quand même des adultes nerveux. Quelle que soit la raison de leur nervosité, ces chats inquiets passent leur vie à éviter les problèmes. Pour eux, vos tentatives de les éduquer ne sont qu'un autre problème.

L'éducation exige grande patience

Confronté à un nouveau défi, le chat introverti, nerveux ou craintif fera l'une des deux choses. Il s'accroupira, restant immobile, comme s'il enfouissait sa tête dans le sable. Il prétend que rien ne se passe et espère que s'il ne bouge pas, le problème – vous, qui lui demandez de faire quelque chose – disparaîtra. Ou il s'empressera de se cacher. La plupart des maîtres réagissent comme pour un enfant, avec des câlins pour le rassurer. Mais cela marche rarement.

Un chat anxieux veut être laissé tranquille, dans son coin ou sous un meuble. Placez à proximité quelques-unes de ses friandises préférées et quittez la pièce, car votre présence sera un défi permanent, surtout si vous fixez le chat effrayé. Oubliez toute éducation tant qu'il n'est pas assez détendu pour vous permettre d'être dans la même pièce quand il mange, puis plus près de son bol et, si vous êtes réellement chanceux, près de lui quand il se nourrit (voir pages 120 et 121).

Vous ne pouvez pas éduquer un chat effrayé. La première chose qu'il doit apprendre est à se calmer, puis à rester détendu et heureux en votre présence.

Éducation de base

Venir quand il est appelé est la première commande que vous devez enseigner à votre chat, sur laquelle repose toute autre éducation envisagée. Je l'appelle une commande, terme typique de l'éducation canine, mais avec les chats nous formulons plutôt des requêtes. Dans une maisonnée féline typique, venir à l'appel est tout ce que nous voulons de nos chats. S'ils répondent à ces requêtes, nous avons accru tant leur sécurité que notre propre paix de l'esprit.

Tous les chats doivent être éduqués

Votre chat ne dépend pas de vous juste pour le gîte, le couvert et les soins de santé. Les chats confinés dans la maison dépendent aussi de vous pour leur éducation – directives quant à la manière de vivre agréablement avec nous. Même si les chats sont des animaux de compagnie qui demandent peu en matière d'entretien en comparaison des chiens, il leur faut quand même des règles de base. Répétons-le : éduquez votre chat quand il est alerte en affamé, par exemple juste après qu'il s'est réveillé d'une sieste et avant un repas. Une fois que vous avez réussi à lui apprendre à venir à l'appel, l'éducation vous paraîtra plus facile et bien plus drôle. Je présente ici quelques idées de diverses activités auxquelles vous pouvez habituer votre chat. En plus du plaisir que vous procurera la réussite, votre chat aura un débouché pour son énergie.

Commencez par une cible

C'est simple et c'est drôle. Vous habituez votre chat à suivre une cible – votre main, un bâtonnet, un jouet. Il suffit de montrer au chat une friandise que vous tenez dans la main et, quand il la touche de son nez, l'encourager sur-le-champ avec des mots affectueux et la lui donner.

Une fois que votre chat comprend qu'il doit toucher la friandise de son nez – certains l'apprennent très vite, d'autres bien plus lentement – continuez à l'encourager de la voix, mais retardez peu à peu la récompense, friandise ou jouet. Bientôt, les mots d'encouragement seuls suffiront. Je conseille d'utiliser deux types distincts de cible : votre main tendue et un objet, par exemple un bâton de 30 cm portant au bout une friandise.

Lorsque vous utilisez votre main comme cible, présentez la friandise avec

Astuce de Bruce : les sons

Choisissez un signal pour attirer l'attention de votre chat – appeler son nom, claquer des doigts, utiliser un sifflet ou une combinaison de son nom et un autre signal. Ne vous reposez pas uniquement sur une clochette ou un flacon à pilules ; vous ne l'aurez pas toujours sous la main. Utilisez un signal que vous pourrez toujours faire où que vous soyez, dans la maison ou au grand air. Un objet produisant un son convient comme signal secondaire, qui souligne mots, claquement des doigts ou sifflet. Par exemple, j'ai appelé ma chatte par son nom, Milly, et j'ai combiné cela au son obtenu en secouant le flacon de vitamines qu'elle aime. Le soir, quand je veux qu'elle revienne à la maison, je n'ai pas à crier son nom et à déranger le voisinage ; il me suffit de secouer le flacon.

Certains vous diront que la voie vers le cœur d'un chat passe par son estomac, mais c'est aussi une excellente route vers le cerveau.

les doigts en dessous et le pouce au-dessus, pour éviter de vous faire mordre les doigts. Si vous pensez qu'il y a un risque, utilisez le bâton.

Apprendre au chat à venir

Quand le chat montre un intérêt constant pour une friandise, soit présentée dans votre main, soit sur un bâton, vous pouvez commencer son éducation active. Montrez-lui la friandise et louez-le pour lui avoir prêté attention. Lorsqu'il touche de son nez la cible, tirez la main vers vous, en l'appelant. À mesure que le chat s'approche, encouragez-le de la voix et donnez-lui sa récompense quand il est près. Si vous vous servez d'un cliqueur (voir page 99), faites un clic quand le chat flaire la première fois la friandise, puis de nouveau quand il atteint votre main et reçoit sa récompense. Il associera assez vite le mot « viens » ou le clic avec l'approche et la friandise.

Si votre chat vient toujours quand il est appelé, récompensez-le moins fréquemment. Pour une éducation fiable, les récompenses intermittentes sont meilleures que celles données en permanence. Si votre chat n'a pas l'air de s'intéresser à votre commande, commencez par le récompenser à chaque fois jusqu'à ce qu'il arrive toujours à l'appel, puis rendez plus rares les récompenses.

Au début, appelez le chat seulement de près, disons 10 cm, puis augmentez peu à peu la distance, en reculant à chaque fois davantage. Votre chat verra cela et le prendra pour une indication visuelle de ce qu'il doit faire. Après quelques séances, votre chat traversera la pièce lorsqu'il est appelé. Effectuez quelques brèves séances par jour et, en moins d'une semaine, il devrait venir d'une autre pièce ou de tout endroit de la maison d'où il entend son nom et votre appel.

Apprenez à votre chat à porter des messages

Les chats extravertis aiment les activités interactives. Une fois que votre chat vint quand il est appelé, demandez aux deux maîtres de se placer dans les coins opposés de la pièce. Bruce (moi !) appelle le chat et le récompense pour avoir obéi. Il lui dit « trouve Julia » et Julia dit à son tour « Milly, viens » et la récompense quand elle arrive. Julia dit ensuite « Trouve Bruce » et dès qu'elle a fini de parler je dis « Milly, viens » et je l'encourage de la voix quand elle le fait. Milly apprend ainsi que chaque fois qu'on lui dit de trouver quelqu'un, cette personne-là l'appelle. En d'autres mots, elle apprend le nom de celle-ci. Une fois qu'elle réagit bien dans une pièce, on peut l'habituer à venir d'une autre pièce. Quand elle l'a appris, si on lui dit « Trouve Julia », elle la cherchera jusqu'à ce qu'elle la trouve. Dans ce cas, vous pouvez attacher des messages à son collier.

Apprenez-lui à venir quand vous l'appelez

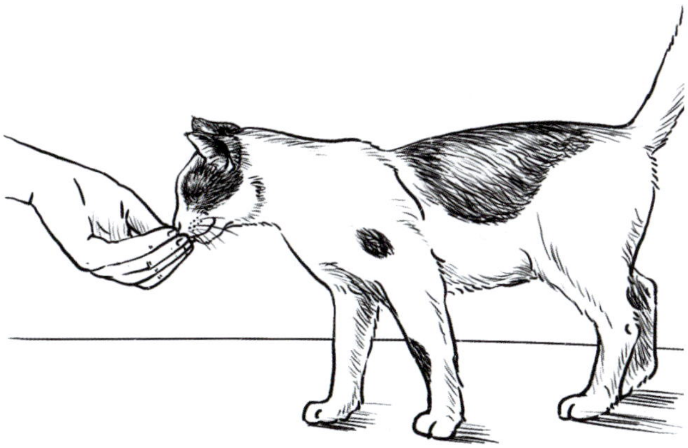

1 Une fois votre chat habitué à toucher une friandise pour l'obtenir, éloignez lentement celle-ci après qu'il l'ait touchée et appelez-le : « Viens ». Presque tout chat suivra naturellement la friandise.

2 Ne soyez pas trop ambitieux – partez de quelques pas. Donnez-lui ensuite la friandise et encouragez-le de la voix : « C'est bien ». Augmentez peu à peu la distance.

Apprenez-lui à s'asseoir

1 Commencez comme précédemment, tenant la friandise sur vos doigts et attirant l'intérêt de votre chat. Commencez toujours avec la friandise à la hauteur habituelle du nez du chat.

2 Élevez doucement la friandise (sans gestes brusques) afin que le chat continue à la suivre. À mesure que la tête monte et l'arrière-train descend, dites « Assis », la lui donnant dès qu'il est assis.

Parler quand on lui parle

Les chats peu familiarisés au grand air sont effrayés et se cachent s'ils s'aventurent à l'extérieur de la maison. D'autres grimpent dans les arbres et, une fois là-haut, sont incapables de descendre. D'autres encore se faufilent dans des lieux fermés dont ils ne peuvent plus sortir. Il est plus facile de localiser un chat s'il a appris à miauler en entendant son nom. Si votre chat est un bavard de nature, cette éducation est assez facile, car vous canalisez un comportement naturel. L'éducation sera bien plus difficile si votre chat n'est pas naturellement disert.

Ayez une friandise à portée de main et, quand votre chat miaule sans que vous le lui demandiez, dites « Milly parle » et donnez-la lui. Continuez ainsi, le récompensant par intermittence et, dans quelques jours, le chat « parlera » quand il entendra votre commande « parle ». Prudence si votre chat est déjà bavard. S'il miaule sans cesse (trait typique des Siamois) et si cela vous tape sur les nerfs, apprenez-lui à rester silencieux. Rappelez-vous, tout comportement que vous récompensez, y compris les miaulements, s'accentuera s'il est récompensé.

Une fois le chat habitué à miauler sur commande, vous pouvez l'éduquer à être silencieux en rédirigeant son attention sur un jouet que vous lui lancez. Quand votre chat s'intéresse à la distraction, donnez-lui des friandises ou encouragez-le de la voix.

Un chat dans un arbre

Si votre chat a grimpé dans un arbre et n'a pas l'air de pouvoir descendre, restez calme. La plupart finissent par descendre tout seuls. D'autre part, si une personne que le chat ne connaît pas monte sur une échelle et tente de l'attraper, il grimpera probablement encore plus haut. Laissez-lui du temps. Ne le stressez pas. À l'heure de son repas, demandez-lui de « venir » en lui montrant ses friandises préférées.

Autres points de base d'éducation

Lorsque vous aurez compris à quel point il est facile d'habituer votre chat à venir à votre appel et à parler quand vous le lui demandez, continuer son éducation devient une expérience agréable pour vous deux.

S'asseoir à la demande

Tenez la friandise dans la main à hauteur du nez du chat et élevez-la vers l'arrière

Astuce de Bruce : la leçon

Utilisez des mots distinctifs, comme « école » et « fin », pour faire savoir au chat qu'il suit une séance d'éducation. Les chats appendront rapidement que ces mots signifient « fais attention et tu auras des friandises » et « fini les friandises ». Rappelez-vous, le timing est critique pour les récompenses. Encouragez-le et récompensez-le au moment où il répond aux commandes, pas avant ni après.

Apprenez-lui à rester allongé

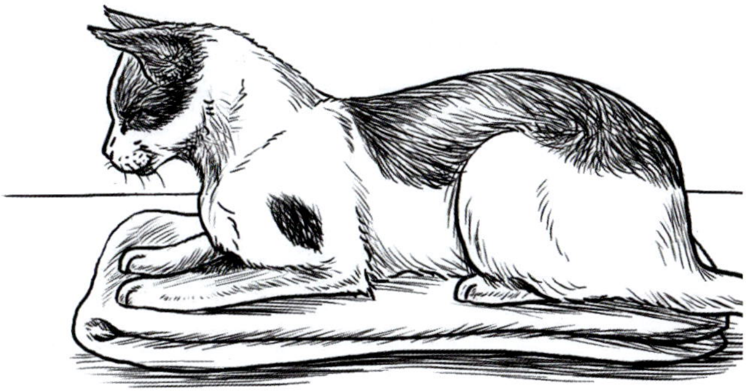

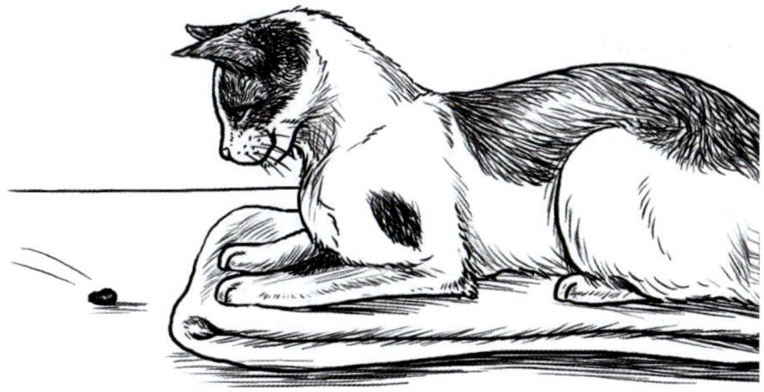

1 Faites asseoir votre chat, mais au lieu de lui donner sur-le-champ la friandise attendue, dites « Reste », puis offrez-lui la friandise. Montrez-lui une autre friandise, répétez « Reste » et attendez un quelques secondes avant de la lui donner.

2 Augmentez peu à peu la durée de la commande. Comme pour toute éducation, une fois que votre chat réagit bien, vous pouvez lui donner des friandises par intermittence au lieu de le récompenser à chaque fois.

au-dessus de sa tête en allant en arrière. Lorsque sa tête recule pour garder son nez au niveau de votre main, le chat s'assoit naturellement. Lorsqu'il le fait, dites « Assis » et donnez-lui la friandise. Si le chat se lève sur ses pattes arrière pour atteindre votre main, vous tenez la friandise trop haut. Passez juste la main à 2 ou 3 cm au-dessus de sa tête. S'il recule pour maintenir le nez près de votre main, pratiquez cette séance dans un coin de la pièce où il ne pourra pas le faire.

Rester

Quand il a bien appris les commandes « assis » ou « allongé », l'habituer à « rester » suit naturellement. Vous pouvez partir directement d'« assis ». Au lieu de le récompenser dès qu'il répond à la commande « assis », dites « reste » et donnez-lui la friandise attendue. Tenez une autre friandise dans la main devant son nez, répétez « reste ».

Attendez cette fois-ci deux secondes avant de la lui donner. Augmentez peu à peu l'intervalle entre commande et récompense, quelques secondes à la fois. Si le chat ne veut pas garder la position, revenez à la commande « assis » : lorsqu'il obéit, mettez fin à la séance et réessayez quand il semble de nouveau d'humeur à le faire. À la fin, vous devriez arriver à ce que le chat rester assis ou allongé pendant plus d'une minute.

Un chat peut ne pas « rester »

Le chat trouve les corrections constantes ennuyeuses ; évitez de le soulever souvent et le reposer là où vous voulez qu'il soit. Patience. Reculez d'une étape si nécessaire, ou après un bref « reste » demandez au chat de « venir » avant qu'il décide de bouger. Certains apprennent plus vite à « rester » sur des surfaces élevées que sur le plancher.

Allongé

Commencez par la commande « assis » et laissez le chat flairer la friandise, mais au lieu de la lui donner, abaissez la main sur le sol, entre ses pattes. À mesure que son nez la suit, glissez la main vers vous Le chat avancera une patte, puis l'autre ; à mesure qu'il s'abaisse naturellement vers le plancher, dites « allongé » puis donnez-lui sa récompense.

Astuce de Bruce : réprimande

Une réprimande n'a aucun sens pour un chat, à la différence d'un chien. Les chiens ne sont pas rancuniers, alors que les chats le sont, à leur propre manière. Menacez un chat d'une voix forte, et il s'en souviendra. Réprimandez-le trop souvent et non seulement votre chat « n'apprendra pas la leçon », mais il l'évitera à l'avenir – ou même fera ses bagages et s'en ira pour de bon.

Apprenez-lui à se rouler sur le dos

1 Commencez en faisant s'asseoir votre chat, la friandise tenue devant son nez. Faites-la descendre peu à peu vers vous, lentement et doucement.

2 À mesure que le chat suit la friandise et glisse ses pattes de devant sur le plancher, ses épaules descendent. S'il y a un obstacle devant lui, à hauteur de sa tête, il s'abaissera encore plus pour se glisser en dessous.

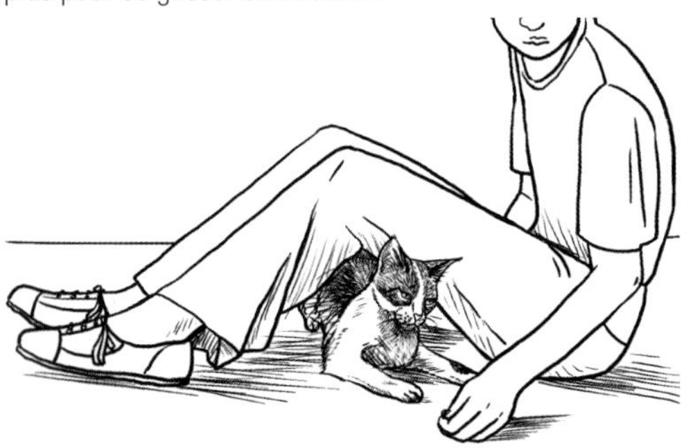

3 À mesure que le ventre du chat s'abaisse vers le plancher, dites « allongé » et donnez-lui la friandise. Une fois qu'il a bien appris cette commande, dites-lui « reste », pour qu'il garde cette position.

1 Quand votre chat s'allonge, la friandise est devant lui. Déplacez la friandise en avant, vers un côté de son corps. Normalement, il roulera sur l'autre côté pour la suivre.

2 Continuez à faire descendre la friandise vers sa queue et à travers son ventre, en direction de la hanche la plus haute. Le chat lèvera la tête et suivra la friandise des yeux, du nez et peut-être des pattes.

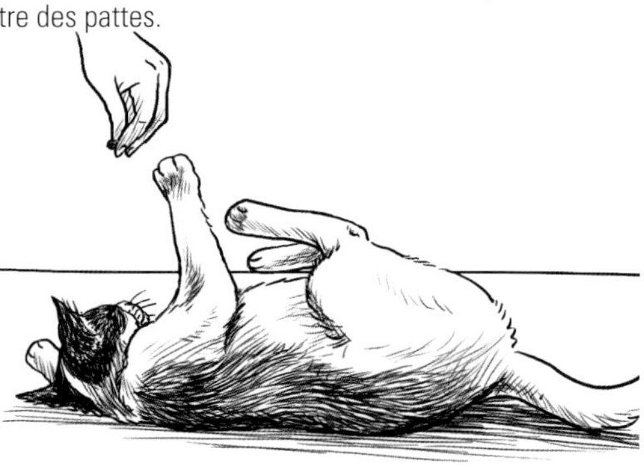

3 Passez la friandise sur son corps et votre chat se roulera sur le dos. Dites « c'est bien » et donnez-la lui. Si votre chat ne fait que tourner les épaules, la friandise est trop haute par rapport à son corps : abaissez-la davantage la fois suivante.

Lier stimulus et récompense dans l'esprit du chat

Nous réagissons tous aux récompenses, et l'éducation du chat ne fait que lui apprendre à réagir d'une manière spécifique à un stimulus afin d'obtenir une récompense. L'apprentissage peut être accéléré en utilisant un « pont » entre le stimulus et la récompense, par exemple un cliqueur. La nourriture tenue dans votre main est le stimulus et finalement la récompense. Les encouragements verbaux comme « c'est bien » sont un pont entre la réponse au stimulus et son obtention en récompense, juste comme le cliqueur. Dits au bon moment, vos mots (ou le clic) annoncent au chat que vous êtes content de sa réaction.

Apprenez-lui à sauter

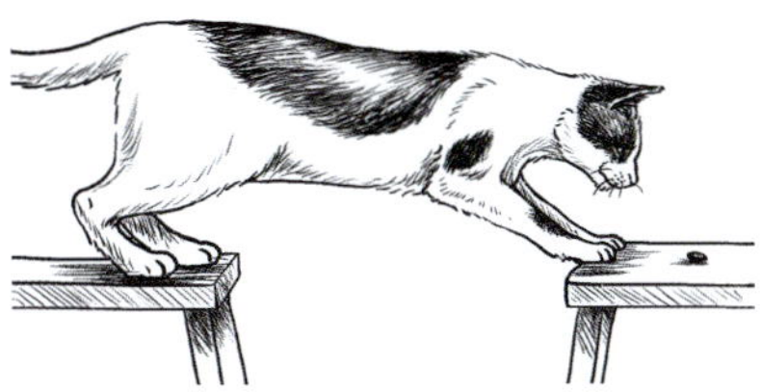

1 Commencez sans faire sauter le chat : incitez-le seulement à passer d'une chaise à une autre en suivant une friandise.

2 Une fois qu'il a compris, écartez les chaises l'une de l'autre. Dites « saute » quand le chat bondira de l'une à l'autre.

3 Dès que votre chat a atterri sur la chaise visée, donnez-lui la friandise. Une friandise de plus ne fera pas de mal ici : en plus de récompenser votre chat pour ses mouvements natures résultants du suivi d'une friandise, mais aussi pour une action positive.

Essayez de pratiquer cette commande devant une barre trop basse pour que le chat passe dessous, comme le barreau joignant les pieds d'une chaise. Laissez-le flairer la friandise, puis retirez votre main sous le barreau de la chaise, de sorte que votre chat doive abaisser sa tête et son corps pour la suivre. Une fois sa tête sous le barreau, laissez-le flairer la friandise, puis donnez-la lui.

Roule

C'est une bonne astuce pour les chats détendus, faciles à vivre, genre Garfield, qui aiment dormir sur le dos ou exposer leur ventre à leur famille humaine. Elle est plus difficile pour les chats hyperactifs.

Partez d'une commande « allongé », puis « reste ». En vous servant de friandises, habituez le chat à s'allonger sur le côté. Parfois, un peu d'aide physique de votre part s'avère utile. Quand le chat est allongé ainsi, déplacez la friandise vers sa hanche la plus haute et, à mesure que ses yeux la suivent, encouragez-le et donnez-la lui. Quand il le fait, incitez-le à tourner un peu son corps en suivant la friandise, encouragez-le et donnez-la lui. Passez ensuite la friandise sur son corps et, à mesure qu'il se roule sur le dos pour la suivre, dites « c'est bien » et donnez-la lui. Une fois qu'il a appris à se rouler sur le dos, donnez-lui une autre commande qu'il connaît déjà, comme « assis », pour lui faire quitter cette position, le récompensant d'un « c'est bien » et d'une friandise.

Astuce de Bruce : timing

Donnez une commande, mais assurez-vous que son timing est précis – quand votre chat commence à se rouler sur le dos.

Certains chats peuvent être habitués à se rouler sur le dos juste pour se faire caresser le ventre, mais une friandise aide.

Saute

Comme le chat aime grimper et sauter, il apprendra facilement.

Éloignez deux chaises de 25 cm et placez le chat sur l'une d'entre elles. Montrez-lui la friandise, puis retirez votre main jusqu'à ce qu'elle soit au-dessus de l'autre chaise. Le chat la suivra sans sauter – quand il la flaire, donnez-la lui. Répétez en écartant un peu plus les chaises, jusqu'à ce qu'elles soient assez loin pour imposer un saut. Quand le chat saute, dites « saute », puis donnez-lui une friandise, même deux.

Marcher en laisse

Si l'on juge d'après ce que les gens disent en amenant leur chat à la clinique, il est assez normal qu'ils se sentent coupables de ne pas laisser sortir leur animal, mais cette culpabilité est injustifiée. Beaucoup de chats sont parfaitement à l'aise avec une vie confinée à la maison. Si vous voulez donner au vôtre l'occasion de sortir, et s'il est trop dangereux qu'il le fasse tout seul, vous pouvez l'habituer à marcher en laisse.

Un chat portant un harnais n'est pas inhabituel, mais il n'en aura pas besoin s'il est habitué dès son jeune âge à sortir dans des endroits où il ne craint rien.

Choisissez une laisse confortable

Vous pouvez utiliser tout type de laisse, la meilleure étant simplement la plus confortable, ainsi que celle dont il ne pourra pas se débarrasser : harnais avec une lanière passant sur sa poitrine et s'attachant à angles droits à une lanière simple ou double passant sur le corps derrière les pattes antérieures. Un autre type est la laisse en forme de huit, chaque boucle passant autour d'une patte antérieure, la lanière s'attachant sur le dos où les deux boucles se rencontrent et serrent le harnais sur le dos. Vous devez pouvoir passer un doigt sous le harnais. S'il est trop serré, il sera inconfortable, s'il est trop lâche, le chat arrivera à en sortir.

Quel que soit le modèle choisi, habituez le chat à le porter dans la maison. Mettez-lui le harnais juste avant un repas, laissez-le manger, puis retirez le harnais. Prolongez peu à peu le temps la durée de cet exercice, jusqu'à ce qu'il l'accepte comme il accepte son collier. Attachez ensuite une courte laisse en nylon au harnais et laissez le chat la traîner partout, en vous assurant qu'elle ne se prend pas dans les meubles. Et si votre chat décide que c'est un super jouet de chasse, passez immédiatement à l'étape suivante, marcher en laisse.

Laisser le chat marcher en laisse

Commencez l'éducation sans distractions, par exemple dans un couloir vide. La laisse traînant derrière, marchez devant votre chat et appelez-le. Lorsqu'il vient, encouragez-le de la voix tout en lui donnant une friandise.

Si votre objectif est de faire sortir le chat et le laisser aller où il a envie, sa sécurité assurée par la laisse, passez à l'étape finale. Tenez la laisse et laissez votre chat avancer, récompensant tout mouvement d'une friandise. Une fois que votre chat accepte toute tension venant de la laisse sans s'y opposer, conduisez-le dans une zone où il se sentira en sécurité et, jour après jour, passez-y de plus en plus de temps.

Mener votre chat en laisse

Si vous voulez que le chat marche avec vous, vous devez faire davantage.

Une fois qu'il est content de venir à vous en portant son harnais et sa laisse, appelez-le, puis faites-le s'asseoir, et récompensez-le à chaque fois. Le chat à côté de vous, tenez une friandise loin de la jambe auprès de laquelle il se trouve.

Avancez avec cette jambe, disant en même temps « marche » et incitant le chat à suivre la friandise. Lorsqu'il fait un pas en avant, donnez-lui la récompense, en l'encourageant de la voix. Augmentez peu à peu le nombre de pas qu'il fait avant d'être récompensé. Une fois qu'il a compris et s'avance à côté de vous, donnez-lui la commande « assis » lorsque vous vous arrêtez. Les multiples commandes retiennent l'attention du chat.

La laisse et le harnais sont un compromis confortable pour ceux qui pensent que le monde extérieur est dangereux pour leur chat, mais ne veulent pas le confiner entièrement dans la maison.

Astuce de Bruce : habitude de la laisse

- Habituer un chat à marcher en laisse exige de la patience et ne convient qu'aux chats confiants qui ne sont pas effrayés par le monde extérieur.
- Ne commencez pas à sortir votre chat si vous ne pensez pas continuer à le faire. Il est injuste de l'exposer aux frissons de ce genre de vie, puis le confiner dans la maison.
- N'imposez jamais une tension à la laisse. Elle ne dirige pas votre chat là où vous voulez qu'il aille, mais est portée uniquement pour sa sécurité.
- Évitez les parcs avec des chiens ou du bruit, qui sont des endroits effrayants. Une zone fermée, tranquille, convient mieux.
- Ne laissez pas votre chat s'ennuyer durant une séance d'éducation. S'il tire sur la laisse, désireux d'aller quelque part, laissez-le faire, sinon vous le transformez en un bloc soyeux d'immobilité.
- Si vous ne voulez pas aller là où le chat vous entraîne, prenez-le dans vos bras, changez d'endroit et recommencez à le faire marcher en laisse.

Pour lui, marcher en laisse dehors est une expérience totalement différente de celle dans la maison. Les distractions et les menaces potentielles sont si nombreuses qu'au début il ne sera probablement pas intéressé par les friandises ou vos idées d'éducation. Laissez-le s'habituer aux images, aux sons, aux odeurs. Vous ferez plusieurs sorties avant de commencer une véritable éducation dans ce nouvel environnement. N'oubliez pas, le chat ne fera jamais quelque chose pour vous plaire, à la différence d'un chien. Quoi qu'il fait, il le fait pour lui, soit parce que c'est agréable, soit parce qu'il sait qu'il recevra une récompense. Assurez-vous que toute éducation amuse le chat.

Éducation corrective

La plupart des maîtres n'éduquent jamais activement leur chat. Nous tenons le bon comportement félin – utiliser la litière, accepter notre affection et nos caresses sans rechigner – pour normal. Puis, quand le chat fait quelque chose qui nous déplaît – abîme les meubles, urine sur la porte d'entrée, attaque une cheville qui passe – on le gronde, on le punit même, utilisant sans le savoir une éducation reposant sur la punition au lieu d'avoir une approche positive basée sur la récompense. Êtes-vous surpris qu'elle ne fonctionne que rarement ?

Entrez dans l'esprit de votre chat

Les yeux de votre chat lancent peut-être des éclairs, mais il n'est pas Einstein. Si vous le grondez quand il fait quelque chose que vous ne voulez pas qu'il fasse, il associera la punition avec *vous*, pas avec ce que vous tenez pour incartade. Non seulement votre tentative d'éducation échoue, mais votre chat commence à vous craindre. Il continue ses activités, puis il s'enfuit ensuite aussi vite qu'il le peut, au point que vous n'arrivez pas à l'attraper ! Attitude tout aussi répandue, il réserve ses activités déplaisantes pour les moments de votre absence. Si vous pensez que votre chat vous rend la pareille, vous vous trompez ! Sans le savoir, vous l'avez simplement habitué à faire ce qu'il fait en votre absence.

Essayez de voir les choses du point de vue de votre chat. Quoi qu'il fasse, depuis asperger d'urine les meubles ou les griffer jusqu'à vous mordre quand vous le caressez, c'est là un comportement félin normal, même s'il nous déplaît. Je n'ai pas apprécié quand Milly s'est mise à me tapoter le visage à cinq heures du matin, mais les chats sont des créatures nocturnes, mentalement et physiquement actives juste avant l'aube. Elle voulait que je le sois aussi, pour lui donner son petit-déjeuner.

Parfois, les chats ont besoin d'évacuer leur trop-plein d'énergie. Ils ont besoin d'un débouché pour leurs instincts

Se faire les griffes est nécessaire, et se servir pour cela de l'objet le plus proéminent de la pièce est malheureusement naturel. C'est à vous de fournir une alternative assez attirante.

naturels de chasseur, leur pulsion de traquer et d'attaquer. Ils ont besoin de moments où relâcher la pression. Votre rôle n'est pas d'éliminer ces activités ; c'est impossible. L'éducation les canalise, de sorte que votre chat comprenne quand, où et avec quoi il peut faire ce qu'il veut.

La plupart des comportements à problèmes appartiennent à quelques catégories simples : faire leurs besoins dans des endroits qui ne vous conviennent pas, se montrer agressifs envers des gens ou d'autres animaux de compagnie, détruire des choses et aller à des endroits où vous ne voulez pas qu'il aille. Ces comportements augmentent en proportion presque directe avec le nombre de chats partageant une maison. La rééducation implique presque toujours une combinaison d'« intervention divine » (voir page 97) quand le chat fait quelque chose que vous ne voulez pas qu'il fasse, et un peu d'éducation reposant sur la récompense quand il fait ce que vous voulez – par exemple, se faire les griffes à l'endroit de votre choix.

Ne mettez pas le nez du chat dans son urine

Je ne sais pas d'où vient ce mythe ni pourquoi il a la vie si dure, mais mettre le nez d'un chat dans son urine ne fera rien – sauf que le chat vous craindra, car il ne comprend pas pourquoi vous le traitez ainsi.

Le problème est-il médical ?

Si votre chat se comporte autrement que la normale (par exemple, il urine ailleurs que dans son bac à litière ou vous mord quand vous le soulevez), le problème pourrait être médical. Un chat souffrant d'une infection de la vessie peut associer la douleur à la miction au bac à litière et arrêter de l'utiliser. Un chat présentant une articulation arthritique vous mordra quand vous le prenez parce cela lui fait mal. Vérifiez toujours auprès du vétérinaire qu'un tel changement n'a pas été déclenché par un problème médical. Si ce n'est pas le cas, vous pouvez vous concentrer sur le comportement. En comprenant sa raison, vous pouvez rééduquer le chat pour qu'il agisse comme vous le voulez.

Les chats salissent rarement leur maison sans une raison concrète, physique ou psychologique ; trouver celle-ci permet de mettre fin à ce comportement.

Problèmes de cystite

Une forme de cystite liée aux neurotransmetteurs chimiques du cerveau pousse certains chats à uriner plus fréquemment, souvent dans des endroits bizarres comme la baignoire, l'évier ou même une casserole. Cette affection est très commune et peut apparaître chez n'importe quel chat. Comme d'autres problèmes urinaires, il faut un traitement médical et un régime alimentaire spécifique.

Élimination inappropriée

La dernière chose qu'un chat veut faire est de salir sa propre maison. Les chats creusent instinctivement des trous dans le sol ou le sable pour leurs besoins, qu'ils recouvrent ensuite. L'odeur du site utilisé les fait revenir maintes fois. Les chats arrivent dans la maison programmés à utiliser le bac à litière, à se comporter comme nous désirons que des animaux vivant à l'intérieur le fassent.

Pour soutenir les habitudes inhérentes de propreté d'un chat, il suffit de nettoyer sa litière tous les deux jours, en fonction du type de bac et de la fréquence d'utilisation. Mais ce n'est pas toujours aussi simple.

La raison la plus habituelle de consulter un comportementaliste est l'« élimination inappropriée », car si le comportement du chat peut être « inapproprié » pour nous, ses raisons sont logiques et sensées.

Le refus d'utiliser un bac à litière

Les chats font naturellement leurs besoins sur des surfaces qu'ils peuvent gratter et creuser. Ils apprennent de leur mère comment se servir d'un bac à litière mais aussi ses techniques d'excavation dans la litière. Les mères douées en mécanique ont des chatons doués en mécanique, qui creusent avec énergie et recouvrent leurs excréments. Parfois, pour des raisons inconnues (et heureusement rares), la mère n'éduque pas ses chatons à la propreté (le plus souvent, les Persans). Utiliser un enclos d'éducation pendant quelques semaines apprendra presque toujours à ce genre de chaton à utiliser comme toilette le bac de préférence aux tapis.

Arrêt de l'utilisation du bac à litière

Plus commun, un chat très propre arrête d'utiliser son bac à litière et choisit un autre endroit : derrière le canapé, une autre pièce ou à côté du bac, mais pas dedans.

Un déplacement du bac à litière, un changement du type de litière ou le manque d'intimité sont les déclencheurs les plus habituels de ce comportement. Certains arrêtent d'utiliser le bac s'il est trop sale, d'autres, si vous le nettoyez trop méticuleusement.

Les chats détestent de voir leur bac à litière près de leur nourriture. Un tel rapprochement peut inciter un chat à ne plus l'utiliser.

Le changement du type de litière est une cause répandue. La texture sous les pattes et l'odeur de la litière sont de puissantes raisons incitant le chat à préférer une litière spécifique. Une modification peut entraîner un arrêt brutal d'utilisation du bac.

Dans ces deux cas, il faut revenir aux dispositions précédentes. Le besoin d'intimité et de bac à litière personnel (s'il y a plusieurs chats dans la maison) que ressentent les chats est traité aux pages 127 à 131.

Il est plus probable qu'un chat arrête d'uriner ou de déféquer dans le bac, mais pas les deux. Le cas échéant, la raison est assurément médicale. Le chat associe au bac la douleur ou la gêne qu'il subit en urinant (due à une infection de la vessie ou de l'urètre). En tentant d'éviter la douleur, il urine à côté. Pareillement, dans l'esprit du chat la douleur des glandes caudales bloquées ou de la constipation est associée au bac, si bien qu'il défèque à côté.

Aspersion d'urine

L'aspersion d'urine est totalement différente. Un chat marque naturellement son territoire. Alors que les mâles sont plus susceptibles d'agir ainsi, les deux sexes peuvent le faire, même s'ils sont stérilisés. Ce marquage est une activité féline normale, mais peut être déclenché de façon inattendue par le stress, par exemple quand le chat se sent menacé par un nouveau venu dans sa maison, personne ou animal, ou même par un changement dans la disposition des meubles. Un autre chat sur le territoire du vôtre est un stress classique, mais parfois il est extrêmement difficile de savoir pourquoi un chat commence

La litière et le bac à litière sont importants

Trouver le type de litière que préfère votre chat passe par des essais. En règle générale, les chats préfèrent la texture de la terre ou du sable sous leurs pattes. La litière qui s'agglomère est plus facile à nettoyer, mais peut s'accrocher aux poils des pattes postérieures des chats à poil long. Les bacs à litière couverts offrent intimité, et certains sont munis au sommet de filtres absorbeurs d'odeur. La litière lavable et réutilisable marche aussi pour la plupart des chats.

à laisser ses marques. Quelle que soit la cause, un aérosol à phéromones antistress peut aider. Je préfère le type qui relâche automatiquement des doses toute la journée ; placez-le dans la pièce où se trouve le bac à litière et suivez les instructions du produit (voir aussi maisonnée à plusieurs chats, pages 121 à 125).

Rééducation en utilisant un enclos dans la maison

Ce genre d'enclos (large de 75x75 cm et haut de 65 cm) est une zone juste assez grande pour la corbeille de votre chat à un bout et sa litière à l'autre. Il en existe de pliables, aussi utiles pour transporter le chat.

Là, votre chat n'a que deux options : salir sa couche ou utiliser la litière fournie. Comme les chats sont naturellement propres et détestent salir leur propre espace de vie, presque tous utiliseront la litière. En recourant à cet enclos, respectez les étapes suivantes.

1. Après que le vétérinaire ait écarté toute raison médicale du refus du bac à litière, placez l'enclos dans un endroit tranquille, où votre chat peut utiliser sa litière dans l'intimité, mais d'où il peut aussi voir l'activité normale de la maisonnée.

2. L'urine du chat a une forte odeur, même si vous ne la sentez pas. Votre chat reviendra aux endroits qu'il a salis, sauf si vous les nettoyez avec un détergent bio, puis avec de l'alcool. Évitez les nettoyants à base d'ammoniac, dont l'odeur incitera le chat à uriner de nouveau là.

3. Si vous éduquez votre chat à utiliser un type spécifique de bac à litière ou un certain type de litière, installez-le de manière à ce qu'il soit obligé à l'utiliser pour éviter de salir sa couche.

4. Observez le comportement du chat dans l'enclos. Quand vous le voyez utiliser le bac à litière, encouragez-le et donnez-lui une récompense.

5. Sortez-le de l'enclos uniquement quand vous pouvez lui accorder toute votre attention, pour les repas ou pour jouer avec lui, puis remettez-le dedans.

Dans presque tous les cas, vous aurez à utiliser cet enclos pendant une ou deux semaines.

Circonstances atténuantes

Rappelez-vous, votre chat ne salit pas la maison pour vous rendre la pareille quant à quelque chose : il y a toujours une raison féline logique. Parmi les circonstances atténuantes de la non-utilisation du bac à litière, on trouve :

- Inflammation de la vessie et urgent besoin d'uriner
- Diarrhée empêchant le chat d'arriver jusqu'au bac à litière
- Peur d'utiliser des toilettes extérieures et aucune à l'intérieur
- Il fait froid ou humide dehors et il n'y a pas de bac à litière à l'intérieur
- Le jardin a été redessiné et les toilettes extérieures transformées en autre chose
- Pas d'intimité – le chiot regarde !
- Le bac a la bonne taille pour un chaton mais est trop petit pour un adulte
- La nouvelle litière n'a pas la bonne texture ou odeur
- Le bac est placé près de quelque chose de bruyant par à-coups, comme un lave-linge
- Le bac est près des bols de nourriture
- Le bac n'est pas propre ou trop propre
- Le chat est âgé et s'en fiche

Astuce de Bruce : progrès

Une fois que votre chat a bien repris ses habitudes de propreté, laissez-le dans une pièce, avec le bac à litière juste à côté de l'enclos. S'il a fait précédemment ses besoins dans cette pièce, laissez un bol de nourriture sur l'endroit sali, soigneusement nettoyé. Cela inhibera son envie de salir de nouveau cet endroit-là. Une fois que votre chat réutilise normalement le bac à litière, déplacez-le peu à peu jusqu'à sa place définitive dans la pièce. Puis, pièce par pièce, laissez le chat accéder au reste de la maison.

Habituez-le à utiliser vos toilettes

Je préfère que chacun utilise ses propres toilettes, mais si vous voulez réellement partager les vôtres avec votre chat, commencez par placer son bac à litière à côté et recouvrez-le d'un siège similaire. Au fil de quelques semaines, placez de plus en plus haut le bac à litière, récompensant toujours votre chat quand il l'utilise. Une fois le bac à litière et vos toilettes à la même hauteur, votre chat traversera naturellement et utilisera celles-ci. Sinon, achetez un bac spécial s'adaptant sous le siège de vos toilettes. Cela permettra d'y placer de la litière pour que le chat puisse couvrir ses excréments. Il y a des vidéos sur Internet les montrant. Mieux vaut vous charger de tirer la chasse – ou équipez-vous d'un déclencheur automatique à infrarouge.

Certains trouvent cela simple et hygiénique, d'autres, rebutant. C'est vraiment votre choix, car presque tout chat peut le faire ; quelques rares chats apprendront même à appuyer sur le levier de la chasse d'eau.

Un certain degré d'agressivité est un comportement félin normal : les animaux qui ont évolué en tant que chasseurs n'arrêteront pas juste parce que leur nourriture arrive maintenant dans un bol.

Les chats sont naturellement agressifs

Un chat peut se montrer agressif envers vous, le chien de la famille, d'autres chats ou des proies potentielles comme oiseaux, petits mammifères et reptiles. Gérer un chat agressif peut être intimidant. Par « gérer » j'entends canaliser ses envies agressives et à inhiber son agressivité naturelle. La réussite de l'une ou de l'autre dépend de la compréhension de la cause et du type d'agressivité qu'un chat exhibe. Comme toujours, la prévention est plus facile, moins coûteuse et plus rapide que la tentative de gérer l'agressivité une fois qu'elle est là.

Différents types d'agressivité

Le chat surveille, chasse et tue : agressivité de prédateur. S'il n'y a pas de proie naturelle à chasser et si vous ne lui offrez pas de jouets pouvant la remplacer, votre chat vous utilisera comme l'unique chose en mouvement à attaquer. L'agressivité en jouant avec vous peut émerger des mêmes sources que l'agressivité de prédateur.

L'agressivité territoriale se développe quand un chat défend son territoire contre un rival, soit dans la maison où il y en a plusieurs (voir pages 127 à 131), soit dans le voisinage.

Enfin, les chats se montrent agressifs avec vous ou d'autres personnes soit parce qu'ils sont dominants et assurés, soit juste le contraire, craintifs et peureux. La douleur des blessures ou de la maladie peut aussi déclencher l'agressivité.

Morsures d'amour

Étonnamment communes, les comportementalistes les appellent « agressivité de caresse ». Votre chat est détendu, à côté de vous ou sur vos genoux, appréciant vos caresses, puis *boum* ! Il vous mord.

Si vous pensez que la morsure n'avait aucune raison, vous vous trompez ; votre chat lançait probablement des signaux disant qu'il en avait assez d'être touché. Les caresses déclenchent des émotions hétéroclites. La caresse déclenche le souvenir distant de la mère qui les léchait, mais elle les inquiète aussi, car les chats adultes n'entrent en contact physique que pour se battre ou s'accoupler.

Certains se lèvent et s'en vont quand ils en ont assez des caresses. Mais quand un chat émotionnellement perturbé fouettera sa queue, se retournera et regardera votre main, même aplatira ses oreilles, attention à ces signaux ; si vous les ignorez, vous risquez une morsure. Si votre chat vous mord, jouez la comédie même si vous n'avez pas très mal. Votre chat associera vos cris à sa morsure, et cette légère diversion le dissuadera de tenter la même expérience. Il reviendra pour un contact réconfortant. Caressez-le, mais laissez-le initier le contact physique et évitez de caresser son ventre, sauf s'il le demande. Observez son langage corporel : si ses moustaches tournent en avant, arrêtez immédiatement.

Agressivité de prédateur

Les chats chassent instinctivement pour l'excitation de la chasse. Si votre chat vit à l'intérieur et votre maison n'est pas envahie par les rongeurs, vous (et votre chien si vous en avez un) êtes la seule proie disponible. Attaquer les chevilles ou les bras est une activité naturelle, bien que comportant parfois un élément sexuel, même chez les chats stérilisés. Les mâles tendent des embuscades aux chevilles plus que les femelles.

Pour éviter tout cela, jouez deux fois par jour avec le chat. Choisissez des jouets évitant le contact direct entre vous, et utilisez-les non seulement pour qu'il élimine son surplus d'énergie, mais aussi pour qu'il pratique ses talents de chasseur.

Par exemple, agitez devant lui des plumes ou des jouets doux sur une ficelle accrochée au mur. Ou tirez un jouet devant le chat pour l'inciter à bondir. Entourez de laine une balle de ping-pong et faites-la rouler sur le plancher. Vos mouvements inattendus, comme ceux d'une proie doivent l'être.

Si votre chat s'excite trop à ce jeu, arrêtez-le avec un « Non ! » ferme. Reprenez une fois que votre chat est peu plus détendu. Si vous pensez jouer avec votre chat comme avec votre chien, ne le faites pas, car il deviendra agressif, spécialement si vous utilisez votre main pour l'agacer.

Pour finir, anticipez les problèmes. Si votre chat est toujours en embuscade au même endroit, soyez préparé. Prenez son jouet préféré et jetez-le devant vous pour qu'il devienne sa cible à la place de vos chevilles.

Prévenir l'agressivité

Il y a des moyens simples de diminuer les risques de divers types d'agressivité.

- Faites stériliser votre chat avant l'âge de 6 mois. Les hormones sexuelles, en plus de produire une urine à odeur très forte, déclenchent aussi l'agressivité territoriale chez les mâles et le développement d'une personnalité plus recluse chez les femelles, qui les fera refuser d'être manipulées.
- Socialisez votre chat aussi tôt que possible et exposez-le à une diversité de stimuli qu'il rencontrera à l'âge adulte.
- Surveillez votre chat avec d'autres animaux et de petits enfants. Gardez-les à part en votre absence, si nécessaire.
- Évitez les expériences traumatisantes comme les bruits inattendus ou les inconnus tentant de toucher ou de tenir votre chat. Restez calme et continuez.
- Faites faire à votre chat de l'exercice tous les jours pour mieux le familiariser avec son environnement.
- N'encouragez pas les morsures par jeu.

Bengalis bagarreurs

Je vois beaucoup de Bengalis à la clinique, d'une beauté exquise, mais aussi les plus à même de montrer de l'agressivité à un âge tendre et une agressivité dominante, assurée, avec leurs maîtres.

Les Bengalis et d'autres races hybrides récentes sont naturellement plus proches des chats sauvages que les minets ordinaires – et plus proches de tout chat s'étant domestiqué lui-même.

Prévenir la chasse

Les chats sont parmi les plus subtils prédateurs terrestres. Leurs dents ont la forme parfaite pour immobiliser les rongeurs d'une seule morsure, glissant entre les os du cou et tranchant la moelle épinière. Mas ce n'est pas ce que la plupart des chats de compagnie font. Ils capturent et torturent leur proie ou vous l'apportent – vous êtes la mère – pour vous montrer leur succès.

Si vous avez un problème avec les oiseaux et rongeurs morts qu'il vous apporte à l'aube, essayez ce qui suit.

- Créez des jeux dans la maison qui permettent à votre chat de traquer, attraper et mordre des jouets à la texture appropriée (cela ne fera pas de votre chat un chasseur plus efficace !).

- Confinez votre chat dans la maison la nuit, mais s'il chasse dans la journée les oiseaux du jardin, gardez-le dans la maison pendant leurs heures diurnes.
- Si votre chat sort à sa guise, installez un appareil à ultrasons qui éloignera les oiseaux de votre jardin et retirez les mangeoires.
- Attachez plusieurs clochettes au collier de votre chat. La plupart des chats apprennent vite comment empêcher d'en faire tinter une seule.
- Ajoutez un appareil activé par ultrasons au collier de votre chat.

Agressivité dominante, assurée

La plupart des chats n'utilisent que le langage corporel subtil – par exemple, ils vous dévisagent fixement – pour asseoir leur domination dans la maison, mais certains chats colériques exercent de la violence physique pour asseoir leur position. Le chat de ma sœur a appris à lui frapper le visage quand elle dormait et ses chevilles quand elle était éveillée, s'il voulait manger. Certains chats vont plus loin, attaquant par exemple le nouveau petit ami qui s'est installé à la maison.

Les premières impressions sont durables, et si la personne attaquée se comporte d'une manière que le chat voit comme soumise, l'attaque suit inévitablement. Restez ferme, bien que ce type de comportement puisse faire peur. Pour les plus dangereux, la comportementaliste Vicky Halls suggère la combinaison de motard et le casque intégral ! Une alternative plus simple, armez-vous d'un coussin doux pour le jeter sur le chat ou avec lequel vous protéger. Et, sans blague, mettez des gants en cuir. Pour les chats qui détestent vraiment l'eau, un puissant pistolet à eau peut marcher. Quoi que vous fassiez, ne laissez pas le chat penser qu'il a gagné, car cela conduira à plus d'agressivité.

Agressivité déclenchée par la peur

Un chat effrayé, craintif, utilisera le langage corporel – sifflant, crachant, s'accroupissant et montrant toutes ses armes – pour éviter une confrontation

Ci-dessous. *L'agressivité due à la peur, comme lorsqu'un chat rencontre un chien inconnu, est une réaction naturelle de défense. Si le chiot garde ses distances – et la plupart le font s'ils ont déjà rencontré un chat – cela n'ira pas plus loin.*

À droite. *Les chats chassent instinctivement, même si vous les nourrissez. Si vous combattez ce comportement, vous perdrez : canalisez-le plutôt.*

physique. Mais si le danger perçu ne disparaît pas, il attaquera.

Si vous devez manipuler un chat effrayé, évitez les mouvements brusques et les bruits forts. Si vous le pouvez, acculez-le dans un coin, puis jetez une couverture sombre sur lui, l'enveloppant bien. Il se sentira plus en sécurité dans ses plis obscurs et apaisants quand il est déplacé (pour déconditionner un chat peureux voir pages 120 et 121).

Agressivité redirigée

Un chat est amené à la clinique, je l'examine et je prends sa température. Une fois rentré à la maison, il attaquera ses compagnons félins ou mordra son maître. Ou vous marchez sur la queue de votre chat, qui miaule et n'attaque pas votre jambe, mais l'autre chat de la maison assis à côté.

Ce comportement plus répandu qu'on le croit et quel qu'en soit le déclencheur, il est si bon pour le chat qui attaque, libérant des excitants dans son cerveau, qu'il est difficile à faire disparaître. Pour y parvenir, donnez à ce chat d'autres sources d'excitation. Consultez votre vétérinaire pour traitement de tout problème médical faisant mal à votre chat, déclenchant le comportement agressif.

Astuce de Bruce : fouiller

Une manière efficace et pratique de détourner l'énergie d'un chat des jeux excitants – embusquer des chevilles, mordre les mains, sauter sur les gens d'en haut – est de lui faire chercher sa nourriture. Utilisez les croquettes les plus savoureuses et, au lieu de les mettre dans son bol, placez de petites quantités dans des sacs en papier ou des boîtes en carton cachés dans toute la maison. Mettez-les dans les placards ouverts, derrière les meubles, en haut des armoires, et laissez votre chat les chercher. Offrez à votre chat assez de croquettes pour qu'il reste en forme et en bonne santé.

La peur peut être apprise

Tous les chats craintifs ne sont pas nés ainsi. Un chat peut perdre brusquement et inexplicablement sa confiance, par exemple à la suite d'un événement l'ayant traumatisé, mais qui est si insignifiant à nos yeux qu'il passe inaperçu. Une conséquence inhabituelle est un chat « agoraphobe », qui se sent en sécurité dans une pièce mais est tendu et vigilant hors de celle-ci.

C'est différent d'un chat timide dès son jeune âge, qui ne répond pas bien à l'éducation. Les chats qui ont appris leur peur peuvent aussi apprendre à la surmonter.

Astuce de Bruce : chat craintif

Votre instinct naturel est de caresser et de câliner votre chat craintif, comme un chien, mais le toucher humain peut l'effrayer encore plus. Mieux vaut lui permettre de trouver une cachette où il se sent en sécurité et le laisser tranquille.

Éduquez le chat pour diminuer sa peur acquise

Augmentez la confiance de votre chat, d'abord dans sa chambre, en lui tenant compagnie, en le nourrissant, en lui parlant et en lui donnant quelques caresses réconfortantes hors de son coin, placard ou autre cachette où il se sent en sécurité. Une fois qu'il est à l'aise partout dans la pièce, exposez-le à des zones plus étendues, utilisant les mêmes récompenses : compagnie, affection et nourriture. Élargissez la zone pièce par pièce, inspectant d'abord soigneusement les lieux et écartant les objets susceptibles de susciter de la peur. Les chats peuvent être effrayés pas presque n'importe quoi – comme je l'ai appris en laissant un sac de gym à un endroit où je ne l'avais jamais posé auparavant. Si la réaction de crainte est intense, demandez éventuellement au vétérinaire un anxiolytique, mais attention, certains chats y réagissent mal.

Si le chat est anxieux, respectez ces quelques indications quotidiennes :

- Laissez-le trouver des cachettes où il se sent en sécurité et ne le dérangez pas là.
- N'obligez jamais le chat à affronter ce qui l'effraye. Par exemple, s'il est effrayé par le lave-linge, au lieu de le porter là pour lui montrer qu'il n'y a pas de danger, attirez-le très lentement près de ce coin, jusqu'à ce qu'il y vienne tout seul.
- Évitez le contact visuel direct, qui effraye les chats timides.
- Évitez les caresses. Utilisez plutôt des mots gentils, des jeux et des friandises pour le récompenser et l'allécher.
- Si le chat peureux aime une nourriture particulière, offrez-la-lui dans votre main tendue, en vous accroupissant toujours très bas et en détournant le regard.
- Encouragez le jeu de chasse, besoin félin instinctif profondément ancré. Un petit jouet tendre agité au bout d'une canne à pêche attire même l'intérêt du chat le plus nerveux, dont la peur diminue temporairement.
- Collez aux routines. La plupart des chats détestent les changements ; les chats timides les haïssent.
- Évitez les changements dans l'espace de vie de votre chat. Même déplacer les meubles peut déclencher l'inquiétude et la peur chez un chat timide.

N'essayez jamais de faire sortir un chat qui s'est caché sous un meuble ou une couverture. Laissez-le tranquille, ou attirez-les avec une friandise ou un jouet agité sur une ficelle.

Si vous vivez avec un chat craintif, fournissez-lui des cachettes dans la maison quand les visiteurs arrivent. S'il n'y a pas de canapé, un panier ou même un carton conviendra pour s'y cacher.

Les chats timides bénéficient des soins calmes

Vivre avec un chat timide peut être frustrant, car les récompenses sont subtiles. Ce qu'on apprécie le plus de la part des chats confiants – leur contact physique – se manifeste très peu chez les chats timides. Il y a, toutefois, une autre récompense : la satisfaction d'offrir à un chat peureux une maison sans danger et, ce faisant, rendre sa vie meilleure.

Produits diminuant l'anxiété

Les médicaments anxiolytiques pour l'homme conviennent rarement aux chats, leurs effets secondaires s'avèrent encore plus imprévisibles. Utilisez-les avec prudence.

Les antihistaminiques provoquent comme effet secondaire la sédation. Bien qu'utilisés surtout dans le cas des allergies à la nourriture, leur effet relaxant permet de gérer certaines situations stressantes. Les antihistaminiques non sédatifs sont inutiles pour traiter le stress félin.

Les phéromones synthétiques se sont avérées efficaces lors des études en double aveugle. Utilisé pour apaiser une diversité de problèmes liés à l'anxiété, comme le marquage à l'urine dans la maison où vivent plusieurs chats, la peur du séjour dans une pension pour chats ou la peur du voyage dans un panier chez le vétérinaire.

L'herbe-à-chat, plante de la famille de la menthe contenant de la népetalactone comme ingrédient actif, déclenche une réaction euphorique chez certains chats et, ce faisant, atténue le stress. Dans de rares circonstances, elle peut déclencher de l'agressivité. On peut l'appliquer sur les poteaux à griffes ou en rembourrer les jouets.

Les thérapies douces comme les remèdes homéopathiques et les essences florales sont censés atténuer le stress félin. Si elles sont sans danger et aident, servez-vous-en.

C'est vertical, c'est en bois, c'est au milieu de la pièce, alors pourquoi ne pas utiliser un griffoir si parfait ?

ASTUCE DE BRUCE : GRIFFOIR

Les chats se font les griffes pour laisser des marques visibles, évidentes pour tout chat pénétrant sur son territoire. Les canapés, souvent l'objet dominant la pièce, conviennent à ce but. Placez d'abord un griffoir dans un endroit très visible, par exemple juste à côté du bras du canapé. Une fois que votre chat s'en sert continuellement, vous pouvez le déplacer tous les jours peu à peu, jusqu'à une position moins visible. N'oubliez pas de lui fournir d'autres griffoirs à un ou deux autres endroits qu'il préfère. S'il utilise les trois, considérez que le stress est un possible facteur, spécialement si vous avez plusieurs chats, et consultez le vétérinaire. Plus subtiles que les marques visibles, les griffures laissent aussi l'odeur des glandes présentes sur les pattes. Utilisez un détergent bio pour éliminer les molécules de senteur des endroits griffés par votre chat, sinon il reviendra, même si vous lui offrez un autre griffoir séduisant.

L'ABLATION DES GRIFFES DES CHATS EST CULTURELLE

Dans nombre de pays, on pratique l'ablation des griffes des chats quand ils sont stérilisés. Dans d'autres pays, ce type d'opération est tenu pour une mutilation, et le vétérinaire qui l'effectue risque de perdre son droit de pratiquer. J'ai procédé à cette opération dans ma jeunesse, mais j'ai arrêté une fois que j'y ai réfléchi. Je ne l'ai pas fait depuis plus de trente ans, car je tiens cette procédure pour barbare.

Les chats sont destructeurs

Le troisième grand problème des chats est leur besoin naturel de se faire les griffes. Tous les chats se servent aussi des griffes de leurs pattes antérieures pour gratter la terre, les tapis ou la litière après l'avoir utilisée. Bien entendu, nous considérons cela comme un dommage inacceptable.

Les chats peuvent se montrer destructeurs d'autres manières. Certains griffent leurs maîtres, d'autres griffent et mâchouillent les vêtements, spécialement les lainages. Les chats d'intérieur s'attaquent aux plantes, et tout chat confiant est susceptible d'explorer et d'endommager des endroits où nous préférerions qu'il ne se rende pas.

Gratter les meubles

Se faire les griffes est aussi normal et nécessaire que manger, boire, uriner et déféquer – c'est instinctif. Un chat doit le faire pour exercer ses griffes, les aiguiser et étirer ses muscles. Cette activité a un autre rôle vital : les griffures visibles agissent comme marqueurs du territoire. Il y a des marqueurs d'odeur contenant des sécrétions glandulaires des pattes du chat.

Votre chat doit se faire les griffes – dirigez ce puissant besoin vers un endroit acceptable. Assurez-vous que le chat dispose d'au moins un, de préférence deux, objets attirants comme griffoirs. La plupart des chats aiment les objets verticaux, mais certains aiment ou même préfèrent se faire les griffes à l'horizontale, sur les tapis. Découvrez ce qu'aime votre chat, puis fournissez-lui une surface appropriée.

Si votre chat est obsédé par l'un de vos meubles, recouvrez la zone concernée de scotch, d'alu alimentaire ou d'un fin treillis en nylon. Les griffes du chat se prendront dans le nylon fin mais solide, et il déteste cela. Le treillis doit être assez fin pour que le chat ne s'y prenne pas la patte. Si cela arrive, vous aurez un chat hystérique !

Divers griffoirs

Les chats préfèrent des surfaces rugueuses. Si vous utilisez un tronc d'arbre, soyez prêt à passer l'aspirateur tous les jours pour les morceaux d'écorce. Assurez-vous que le griffoir est assez haut pour que votre chat puisse faire vraiment de l'aérobic ; certains conviennent uniquement aux chatons. Le griffoir doit être assez solide pour ne pas se renverser lorsqu'il est vigoureusement utilisé. Attention aux griffoirs recouverts de moquette – certains chats extrapolent et se mettent à se faire les griffes sur les tapis. Si vous avez des tapis en sisal, achetez un griffoir fait d'un matériel complètement différent ; sinon, le sisal est un bon choix, car les chats aiment sa texture. Ne jetez pas le griffoir quand il est tout déchiré. Il est couvert de senteur de pattes, et c'est ainsi que votre chat le préfère.

Griffer signifie aussi s'étirer : fournissez un griffoir un peu plus haut que votre chat s'étirant debout sur ses pattes. Certains chats préfèrent des surfaces placées à différents angles.

Les chats doivent manger de la viande, mais aussi des végétaux, qu'ils apprécient frais.

En même temps, conditionnez votre chat à utiliser le griffoir fourni. Laissez des friandises autour. Si votre chat aime l'herbe-à-chat, frottez-en le griffoir. Appelez-le à venir au griffoir et récompensez-le quand il obéit. Il pensera alors au griffoir comme à une chose positive. En l'alléchant avec de la nourriture, induisez-le à poser ses pattes antérieures sur le griffoir, et quand il le fait récompensez-le de la voix et d'une friandise. À chaque fois que votre chat pose de nouveau ses pattes sur le griffoir, attendez un peu plus avant de le récompenser. Dans peu de temps, il s'y rendra pour le plaisir supplémentaire d'un bon étirement et d'un manucure.

Manger les plantes d'intérieur

Les chats consomment naturellement des fibres provenant de la carcasse de leurs proies. En leur absence, beaucoup, sinon la plupart, mâchent divers types d'herbe. Les chats d'extérieur sont assez attentifs à ce qu'ils mâchent. Les chats d'intérieur ont moins de choix, et il arrive qu'ils mâchent les plantes ou les fleurs, y compris la végétation qu'ils ne toucheraient pas normalement dehors.

Fournissez-lui de l'herbe à mâcher et écartez aussi les plantes et les fleurs toxiques de la maison, comme les lys (voir page 167).

Une fois des alternatives en place, protégez vos plantes d'intérieur, par exemple avec du scotch double face ou des feuilles d'aluminium. Les pièges à souris couvertes de journaux placés autour des plantes marchent ; la pression d'une patte sur le journal déclenche le piège. Le bruit inattendu et le journal qui saute font se sauver le chat, son épaisseur prévenant les blessures.

Mâchouiller la laine et les gens

Mâchouiller la laine est un des loisirs préférés surtout des Siamois, bien que les races apparentées soient plus susceptibles que la moyenne de mâchouiller les tissus. La présence accrue de ce comportement destructeur chez une race suggère une

Découragez le comportement destructeur

Soyez théâtral mais aussi imaginatif dans les manières dont vous découragez le comportement destructeur tout en empêchant votre chat de vous associer à toute chose légèrement désagréable. Un pistolet à eau puissant aspergeant votre chat quand il s'approche du bras du canapé sera efficace avec la plupart des chats, mais pas avec tous. Un bruit brusque, par exemple une canette remplie de pièces de monnaie jetée sur le parquet, aura le même effet. Les bandes adhésives vendues dans les magasins pour animaux peuvent être appliquées sur les bras et les pieds des meubles. L'objectif est que le chat associe quelque chose de déplaisant à ce qu'il est sur le point de faire.

base génétique. Cela est, toutefois, académique : trouver de la bave sur vos lainages, ou pire, des trous dans votre cashmere, est tout à fait irritant.

Une théorie prône que sucer sa mère assure au chaton non seulement sa nourriture mais aussi son développement social et comportemental. Les chatons enlevés à leur mère avant la fin de ces six semaines sont plus enclins à mâchouiller la laine.

Quand il le fait, de la dopamine, hormone du bien-être, est sécrétée dans son cerveau. Le mâchouillage des objets étranges – gants en caoutchouc, sacs poubelle – a inexplicablement le même effet pour les autres chats. Ce comportement est techniquement peut être causé parfois par un problème médical ou un déficit alimentaire.

L'habitude de mâchouiller la laine est plus susceptible d'apparaître chez les chats mentalement actifs qui ont besoin de faire quelque chose. Fournissez-leur des activités excitantes qui stimuleront la sécrétion de dopamine dans leur cerveau. Les jeux de chasse (voir page 117) sont efficaces. Autre incitation, cachez de la nourriture autour de la maison pour que votre chat la trouve. Les croquettes dans des sachets en papier sont parfaites, mais n'oubliez pas de les déduire des repas réguliers. Quelque chose de vraiment savoureux est une bonne diversion pour la plupart des chats, bien que potentiellement dangereux pour ceux qui mangent gloutonnement.

Si votre chat est obsédé par le mâchouillage, offrez-lui quelque chose d'approprié, puis équipez toute la maisonnée de pistolets à eau et d'objets faisant du bruit et donnez des instructions de « tirer à vue » quand votre chat est sur le point de transgresser l'interdit. Une clochette ajoutée à son collier vous permettra de savoir toujours où il se trouve.

Comportement exigeant

Ne laissez pas le chat vous imposer ce qu'il mange : il vit dans votre maison, pas dans un restaurant félin. Si votre chat exige votre attention la nuit, ignorez-le et bannissez-le de la chambre. S'il miaule derrière la porte, mettez des boules Quiès. Si vous craignez que le bruit réveille vos voisins, offrez-leur des chocolats et expliquez que vous avez un peu de mal avec un chat, mais que vous l'emporterez en quelques jours. Vous y arriverez, n'est-ce pas ?

Assurez-vous que votre chat a d'autres activités intéressantes que juste l'interaction avec vous. Plus il se repose sur vous pour le jeu et l'excitation, plus il deviendra exigeant.

Marcher sur les tables et les surfaces de travail

Les chats confiants aiment se balader en hauteur, dans la maison autant que dehors. Le dos du canapé est drôle, le haut de l'armoire encore plus, spécialement parce que la chaleur monte et il fait souvent plus chaud là-haut. Une surface de travail ou une table offre une récompense même plus puissante : de la nourriture – notre nourriture ! Les chats apprennent vite qu'il y a souvent du beurre, de la viande ou des œufs sur la surface de travail de la cuisine ou la table de la salle à manger.

Les chats aiment surveiller leur domaine de haut : fournissez-leur des zones de repos suffisamment élevées. Un de mes clients a installé des passerelles sur le mur au-dessus de sa cheminée,

Votre chat aime se promener en hauteur, mais il y a souvent des raisons de sécurité et de santé pour le décourager, du moins à certains endroits.

permettant à ses chats de grimper jusqu'à des étagères plus larges aménagées en couches confortables. Une couche de fenêtre est une alternative simple et pratique, tout comme un appart à chat élevé, disponible dans les magasins spécialisés. Certains atteignent le plafond.

Redirigez le besoin de votre chat de s'installer en hauteur en l'habituant à utiliser une couche de fenêtre ou un appart à chat, en employant des récompenses de la même façon que vous lui avez appris à sauter d'une chaise sur une autre (voir page 105).

Maintenant qu'il a son propre domaine élevé où il peut s'allonger et surveiller son territoire, vous pouvez commencer à lui apprendre à ne pas sauter sur les tables et les surfaces de travail. Inutile de le dire, n'y laissez pas de nourriture quand vous vous absentez. Si vous trouvez votre chat sur une table ou une surface de travail, ou le voyez sur le point de sauter dessus, sifflez, faites un son de chat méchant, puis attirez-le ensuite dans la zone élevée où il a le droit d'aller.

Éducation en votre absence

Éviter un problème est toujours plus facile que rééduquer. Si vous sortez et ne voulez pas le chat sur le comptoir de la cuisine, ne le laissez pas entrer là en votre absence. Si la cuisine est ouverte, placez des « pièges » créatifs. Positionnez de la bande adhésive à double face ou des feuilles d'aluminium pour qu'il atterrisse dessus quand il saute sur la surface de travail, ou des casseroles qui tomberont sur le plancher s'il tente d'y sauter ; tout ce qui n'est pas dangereux mais déplaisant, de sorte que votre chat continue à apprendre en votre absence par l'« intervention divine » (voir page 97).

Ci-dessous. *Les bandes adhésives double face sont déplaisantes pour les pattes du chat, sans lui faire du mal. Laissez-les en place jusqu'à ce que votre chat n'y vienne plus et oublie ce lieu.*

À gauche. *Pour un chat, l'interdiction de lécher les tasses n'a pas de raison. Vous devez établir ces limites dans son esprit avant qu'une pile de tasses cassées le fasse.*

Les fratries humaines se battent souvent dans l'enfance, puis en grandissant vivent ensemble en harmonie ; avec les chats, l'inverse est plus probable.

Problèmes dans la maisonnée à plusieurs chats

Ne faites pas l'erreur habituelle de penser que deux chats se tiendront automatiquement compagnie : le contraire est plus à même d'arriver. Plus d'un chat sur un territoire aussi petit qu'une maison stresse la plupart. Le chat considère sa maison comme sa « source » de nourriture, confort, protection, chaleur et sécurité. Tout ce qui la menace provoque stress.

Le déménagement dans une nouvelle maison, un nouveau bébé dans la famille, la présence d'étrangers : tout cela peut déclencher un conflit émotionnel. Cependant, la plus grande menace ne vient pas d'un nouveau chiot ou de la rédisposition des meubles – il vient de la présence d'un autre chat.

L'expression faciale du chat semble impénétrable. Son regard ne dévoile pas beaucoup. Il véhicule ses sentiments à travers l'action : marquage accru, griffures sur les meubles, besoins en dehors du bac à litière, excréments exposés ou à un nouvel endroit, toilettage excessif, miaulements à outrance, manger trop ou pas assez, même inflammation de la vessie. Nous tenons tout cela pour des problèmes comportementaux, mais c'est plus juste de le voir comme un appel à l'aide. La meilleure façon de résoudre ces problèmes est de comprendre leur raison, puis, à chaque fois que possible, d'atténuer les circonstances stressantes. Si gênant que ce soit pour nous, parfois l'unique manière de rendre la vie meilleure pour le chat stressé est de lui trouver une nouvelle maison où il sera seul.

Rivalité fraternelle

Prendre deux chatons de la même portée est un excellent choix et d'habitude, après la première année de jeux vigoureux et de siestes dans une seule boule de poils, leur relation, bien que plus réservée, reste respectueuse et bienveillante. Mais pas toujours. Les frères et les sœurs détestent parfois vivre ensemble et montrent leur anxiété de manières typiquement félines griffant les meubles ou les murs, en n'utilisant pas le bac à litière ou carrément en se battant. Dans les cas extrêmes, le seul traitement efficace est la séparation permanente.

Aspersion d'urine

L'aspersion d'urine est le plus simple moyen dont dispose le chat pour laisser des messages visuels et fragrants pour ses congénères. L'urine aspergée est subtilement différente de l'urine éliminée dans le bac à litière. Elle semble un peu plus huileuse, et je me demande si la sécrétion des glandes caudales pourrait s'y ajouter. Les chats, eux, font la différence, s'intéressant davantage à la première.

Dans une maison où il y a plusieurs chats, l'aspersion est parfois juste le signe le plus manifeste de relations turbulentes. Ne soyez pas surpris si de plus les meubles sont égratignés afin de laisser des messages plus visibles et plus fragrants, ou si les excréments ne sont pas enfouis dans la litière comme d'habitude ou sont déposés à l'extérieur du bac.

Raisons du marquage

Les chats ont recours à des aspersions d'urine pour deux raisons complètement différentes : stress et sentiment de vulnérabilité ou, juste le contraire, affirmation de maîtrise confiante du territoire.

Les chats sexuellement actifs le font pour signaler qu'ils sont prêts à s'accoupler. Les chats stérilisés vivant dans des zones visitées par d'autres chats marquent les endroits proéminents, comme les palissades, les buissons ou les sentiers empruntés par leurs congénères. Un chat qui vit dehors peut entrer par la chatière et marquer l'intérieur, revendiquant le territoire de votre chat. Même les chats d'intérieur stérilisés marquent leur territoire si un chat étranger pénètre là.

La fréquence de cet acte est directement proportionnelle au nombre de chats du territoire. Un chat seul ne le fera probablement pas, deux peut-être. Si vous avez trois chats, il y a plus de 50 % de chances que votre maison sente l'arôme piquant de leur urine ; si vous en avez six, le risque dépasse les 80 %. Si vous avez de nombreux chats, soyez préparé à la communication liquide.

Salissure de la literie

C'est vraiment désagréable et, d'après mon expérience, pas si inhabituel que cela dans la maison où vivent plusieurs chats. Vous vous mettez au lit et découvrez que votre chat a fait là ses besoins, probablement le sommet de l'iceberg, son signal ultime d'insécurité en présence d'autres chats. Regardez attentivement dans la maison et il se peut que vous trouviez des marques de griffes sur les portes ou les papiers peints et des marquages d'urine sur les pieds des tables. Observez les agissements de vos chats et vous verrez des menaces, même des bagarres.

Astuce de Bruce : lit souillé

L'autre cause pour laquelle le chat souille votre lit est une infection ou inflammation de la vessie ou de l'urètre suscitant de la douleur. Consultez le vétérinaire pour écarter les causes physiques avant de conclure qu'il s'agit d'un problème comportemental.

Une chatière simple est parfaite quand il y a peu de chats. Dans les zones plus peuplées, les chatières activées par un collier électronique sont une meilleure idée. Vous devez les fermer parfois, par exemple pour empêcher les chats errants d'entrer la nuit dans la maison.

Les chatières sont un bienfait mixte

Une chatière laisse entrer et sortir à sa guise un chat d'intérieur, mais permet aussi à tout chat étranger assez intrépide de pénétrer chez vous. Je ne savais pas que le chat du voisin venait régulièrement chez moi avant que celui-ci m'informe que son chat lui apportait tous les matins des souris mortes prises au piège. Nous étions infestés à l'époque de souris et je n'arrivais pas à comprendre ce qui se passait avec les pièges que je posais !

Une fois qu'un autre chat est entré par la chatière, le vôtre sera toujours en alerte : « C'est quoi ce bruit ? » « Qui est là ? » ou même pire, il arrivera dans la cuisine le matin et un étranger sera là, dévorant sa nourriture, utilisant son bac à litière, fumant ses cigares. Pour certains, c'est effrayant. Pour les plus assurés, c'est un défi qui ne peut pas être ignoré.

Si vous avez une chatière ouverte à tous vents, soyez prêt à sentir l'odeur de l'urine. Une étude a constaté que plus de la moitié des maisons équipées de chatières ouvertes connaissaient des problèmes de marquage à l'urine. Une chatière à ouverture magnétique ou à micropuce ne règle pas toujours le problème. Elle ne fonctionnera pas bien si votre chat s'y précipite à toute allure.

À gauche. *Le bac à litière est personnel – plus que tout, il a une odeur personnelle pour un chat. Installez assez de bacs et placez-les à d'intervalles assez grands pour préserver l'intimité de chacun.*

Ci-contre. *L'accès à l'extérieur peut faire toute la différence là où vivent plusieurs chats. Il assure aux chats un plus grand territoire.*

Aussi, nombre de matous territoriaux de type Atilla le Hun forcent facilement ces chatières par la force brute. Si votre chat marque son territoire parce qu'un étranger pénètre par sa chatière, ou si celui-ci le fait pour revendiquer votre maison, la seule solution est de bloquer l'entrée avec une planche, signe visible de sa fermeture permanente.

Rééduquer un chat qui marque son territoire à l'urine

Après avoir atténué les stress causés par la présence d'autres chats et modifié votre maison pour le confort de celui qui y vit, cajolez-le avec beaucoup de friandises, comme lorsqu'il urinait là où vous ne le vouliez pas (voir page 115). Empêchez-le d'accéder aux endroits qu'il marquait à l'urine. Après avoir nettoyé et désodorisé soigneusement toutes traces d'urine, aspergez les lieux de phéromone synthétique (voir page 121). Dans certains cas, il peut être nécessaire d'utiliser des anxiolytiques prescrits par le vétérinaire. Ces médicaments ne sont pas des balles magiques. Ils n'agissent pas seuls, mais seulement de concert avec la diminution du stress et la rééducation. Un enclos d'éducation muni d'une couche, de bols de nourriture et d'un bac à litière peut aussi s'avérer nécessaire pendant quelques semaines.

Gérez l'agressivité entre les chats

Les chats se bagarrent seulement en dernier recours. L'agressivité est évitée grâce au langage corporel et aux sons émis, mais peut rapidement passer de passive à active. Il est étonnamment facile de rater les signes passifs, de ne pas réaliser que vos chats si gentils se détestent en fait. Parmi les signes d'agressivité passive, on trouve :

- Regard direct du chat dominant
- Positionnement dans un couloir ou une porte, bloquant le passage des autres chats
- Grognements mutuels

Si votre chat est responsable du crime organisé dans le voisinage, c'est à vous de contrôler son agressivité. Habituez votre chat à venir à l'appel de son nom. Gardez-le la nuit à l'intérieur et offrez-lui des activités satisfaisant son besoin de stimulation physique et mentale. S'il s'attaque à un chat particulier du coin, discutez avec les voisins, leur proposant peut-être d'installer à vos frais une chatière magnétique ou leur offrant un pistolet à eau pour asperger votre chat s'il vient chez eux. Attachez des clochettes au collier de votre chat pour qu'on entende son approche. Si un autre chat arrive sur le territoire du vôtre, aidez-le à le défendre, criez après l'intrus ou aspergez-le avec un pistolet à eau (lorsqu'un haret a menacé ma chatte dans son propre jardin, j'avais un verre de jus de pomme à la main et j'ai découvert qu'il détestait ; il n'est jamais revenu). S'il entre par la chatière, bloquez celle-ci.

Griffures territoriales

Si un chat ne griffe qu'un endroit ou deux, il ne fait qu'exercer ses muscles et aiguiser ses griffes. La solution est simple : habituez votre chat à utiliser d'autres griffoirs (voir pages 122 à 124).

Par contre, s'il y a des traces de griffes dans toute la maison, surtout autour des portes, des fenêtres et des entrées des couloirs, ce sont là des signaux visuels et odorants à l'intention d'autres chats. Ils sont laissés soit pour vos propres chats, soit pour les étrangers arrivant par la chatière.

Odeurs persistantes

L'écorce de citron placée derrière la télé, la feuille de polyéthylène sur le lit, du poivre sur le paillasson, des pommes de pin dans les coins – tout cela ne fera qu'envoyer le chat uriner ailleurs, sauf si vous découvrez pourquoi il le fait. Identifiez la cause et éliminez-la. Jusque-là, placez votre chat dans un enclos où il se sentira plus en sécurité.

Les marques excessives sur les meubles et les murs sont un signe de stress. Le seul traitement efficace est de trouver et d'écarter le stresseur. Il est simple d'empêcher un étranger d'entrer dans la maison. Dans une maison où vivent plusieurs chats, les choses sont plus compliquées, et parfois l'aide du comportementaliste ou du vétérinaire est utile.

Maintenir la paix dans une maison où vivent plusieurs chats

La plupart des chats n'ont qu'une faible idée du concept de partage. Minimisez les risques autant que possible.

- Choisissez le nombre de vos chats en fonction de la taille de votre maison, de votre jardin et de la population féline du voisinage. N'exagérez pas !
- En choisissant des chatons d'une même portée, prenez des sexes opposés, pour qu'il y ait moins de rivalité fraternelle.
- N'apportez pas un autre chat dans une famille stable de plusieurs chats, ou alors choisissez-en un très sociable.
- Installez un bac à litière pour chaque chat que vous avez, ainsi qu'un bac supplémentaire.
- Placez un bac à litière à chaque étage de la maison – n'oubliez pas de les nettoyer *tous*.
- Chaque chat doit avoir ses propres bols à eau et à nourriture, pas disposés sur une ligne, mais partout dans la cuisine.
- Offrez plusieurs repas par jour ou des croquettes à picorer dans la journée.
- Installez des griffoirs hauts.
- Offrez une diversité de lieux de repos élevés et assurez qu'il y en a au moins un pour chaque chat.
- Laissez sortir les chats dans le jardin.

Le Burmese ne se laisse pas remontrer

Il est sensuel et beau, sa robe d'un lustré séduisant. Il a l'air d'une lourde brique de soie chaude dans vos bras. Il est peut-être adorable, mais le Burmese est le chat le plus susceptible de défendre activement son territoire. Les comportementalistes l'appellent le gangster du royaume des chats, gentil et affectueux à la maison, despote à l'extérieur.

Le Burmese pense que sa maison est son château – trait partagé dans une certaine mesure par son proche parent le Tonkinois.

Chapitre 4

Les chats agissent comme des chats

Entretenir une bonne santé

Chaque chat porte son potentiel de santé et de longévité dans ses gènes. Par exemple, beaucoup de Siamois ont une espérance de vie plus longue que celle d'autres races, les Persans, une vie plus brève que la moyenne. À ce potentiel s'ajoutent les influences de la vie avec l'homme. De par la nourriture que nous leur donnons, l'environnement dans lequel nous les gardons, les soins vétérinaires fournis, nous influençons la santé de nos chats et la durée de leur vie. L'entretien d'une bonne santé commence par un environnement exempt de danger, une alimentation nourrissante, le contrôle des maladies infectieuses et des parasites. La stérilisation de bonne heure diminue aussi les risques et prolonge la vie.

Créez un environnement sain

Le débat intérieur contre extérieur n'a pas de réponse concluante, mais on ne peut pas nier que les chats vivant dehors ont une vie plus courte que les chats d'intérieur, pas seulement en raison du risque de blessures, mais aussi du nombre de virus potentiellement létaux avec lesquels ils sont en contact au hasard des rencontres et des bagarres avec leurs congénères. Les infections de deux de ces virus endommagent le système immunitaire et prédisposent les chats au lymphome, la tumeur féline la plus répandue. Les risques de maladies transmissibles sont fortement réduits en vaccinant les chats.

Vaccination judicieuse

La vaccination se sert de la capacité naturelle du corps à combattre l'infection. Un agent pathogène – virus ou bactérie – est modifié afin qu'il ne soit plus infectieux. Le vaccin résultant est suffisamment similaire à sa forme non-modifiée pour que le système immunitaire crée des anticorps lorsqu'il y est exposé.

Les chatons sont temporairement protégés par les anticorps du lait maternel qui subsistent d'habitude entre six et dix semaines. Une diversité de vaccins existe pour les chats, dont certains sont obligatoires en France.

La vaccination protège le chat contre une maladie grave, sans toutefois prévenir l'infection. Plus complexe, les chats vaccinés sont encore porteurs du virus et peuvent le transmettre, sans montrer eux-mêmes de signes de maladie.

Entérite infectieuse féline

Appelée aussi panléucopenie féline, son virus peut survivre très longtemps dans la nature. Il cause vomissements graves, diarrhée et même mort, surtout chez les chatons. La vaccination est extrêmement efficace et fournit une protection durable.

Grippe du chat

L'herpès félin et le calcivirus félin sont contractés suite à un contact étroit avec les porteurs. Ils sont responsables de la majorité des cas d'infections aiguës des voies aériennes supérieures, la « grippe du chat ». Les signes vont de modérés à graves, dont mal de gorge (pharyngite), ulcères buccaux, toux, éternuement, écoulement nasal, inflammation oculaire et écoulement lacrymal. La complication de la pneumonie menace la vie. Certains chats se remettent complètement en quelques jours, d'autres mettent des semaines ou leur nez et leurs yeux subissent des dommages permanents.

Leucémie féline (leucose)

Ce virus est transmis via la salive suite à un contact prolongé entre chats. L'infection perdure d'habitude toute la vie ; la plupart des chats meurent dans les trois ans de la pose du diagnostic, généralement d'une maladie associée, comme le lymphome ou l'anémie.

Seuls 1 % des chats en bonne santé y sont positifs ; jusqu'à 18 % des chats malades arrivent chez le vétérinaire porteurs de ce virus. Les analyses de sang ont diminué très efficacement sa présence

À gauche. *La grippe du chat oblige celui-ci à respirer par la bouche, car ses narines sont bloquées. Cela arrive plus souvent chez les chats au visage plat, dont les narines sont déjà petites.*

À droite. *Le virus de la grippe cause une inflammation oculaire, où la « troisième paupière » est visible et enflammée. Le chat n'est pas heureux et a besoin de soins.*

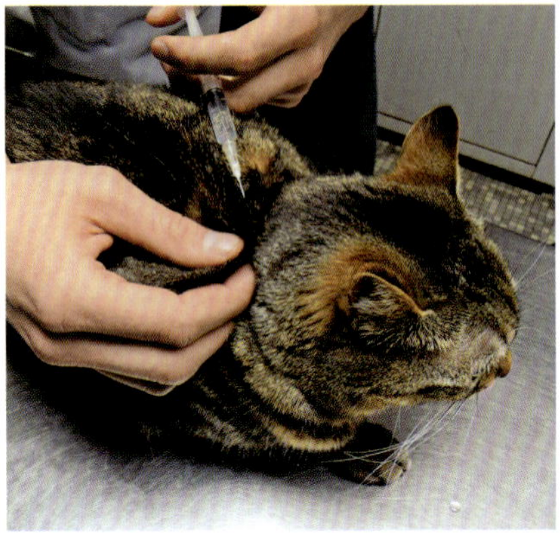

Les vaccins combinés contre la grippe et l'entérite sont d'habitude injectés sous la peau du cou.

chez les chats de race. Le vaccin fournit protection pour les chats à risque, mais ne les protège pas forcément tous.

Rage

Ce virus attaque le système nerveux central et cause une maladie létale. Il peut infecter presque tous les animaux à sang chaud, mais est plus courant chez les canidés, les félins, les chauves-souris et les singes. Présent dans la salive, le virus peut être transmis à l'homme par morsure.

La vaccination, obligatoire, fournit une protection efficace, souvent pour plus de trois ans.

Vaccinations que je préfère déconseiller

Il existe des vaccins contre diverses maladies que je déconseille pour diverses raisons. Parmi eux :

Bordetella bronchiseptica

Peut provoquer éternuement et écoulement nasal chez les chats.

Bien qu'un vaccin intranasal soit disponible, l'infection ne se répand pas et régit bien aux antibiotiques.

Clamydiose

Transmise par contact direct entre chats, cette affection est plus répandue chez les chatons vivant dans une maison où il y a d'autres chats. Cause une conjonctivite grave qui réagit bien aux antibiotiques (voir page 156).

La vaccination protège de la maladie mais ne prévient pas forcément l'infection.

Coronavirus félin

Ce virus infecte 80 à 100 % des chats dans les élevages et les grandes colonies sauvages. Pour des raisons qui ne sont pas comprises, dans de rares cas il peut provoquer une péritonite infectieuse féline, fatale surtout chez les chats âgés de 6 mois à 2 ans. Les Persans et les Burmeses en sont plus sensibles génétiquement que d'autres.

Les premiers signes cliniques de péritonite infectieuse ne sont pas spécifiques – fièvre intermittente, léthargie, perte d'appétit, perte de poids, diarrhée et, à l'occasion, signes modérés de gêne des voies aériennes supérieures – pour finir par une accumulation de fluide dans l'abdomen. Les analyses de sang ne différencient pas entre le type relativement inoffensif de ce virus, présent chez beaucoup de chats, et le type létal qui provoque la péritonite infectieuse.

> **ASTUCE DE BRUCE : ANALYSES**
>
> L'analyse du sang pour déterminer le degré de protection contre l'infection ne donne pas des résultats fiables, chaque laboratoire utilisant ses propres standards pour la concentration des anticorps. Pour mes propres animaux, je préfère les vaccinations de rappel aux analyses de sang.

Un vaccin intranasal est disponible dans plusieurs pays, mais son utilité est controversée.

Virus immunodéficitaire félin (VIF)

Très répandu chez les chats errants. Beaucoup de chats infectés survivent en bonne santé, mais sont porteurs du virus qu'ils transmettent à leurs congénères, d'où risque de maladie grave. L'étude des chats amenés chez le vétérinaire suggère que 10 à 20 % y ont été exposés, d'habitude suite à des morsures ou à un léchage social récurrent.

Les premiers signes d'infection ne sont pas spécifiques – fièvre, léthargie, éventuellement hypertrophie des ganglions lymphatiques. La santé revient, puis d'autres signes très variables peuvent apparaître, dont perte de poids, affection gingivale, perte d'appétit, fièvre intermittente, conjonctivite, éternuement ou tumeurs.

Un vaccin contre cette affection existe aux États-Unis, mais les chercheurs doutent de sa valeur.

Le **Giardia** provoque la diarrhée chronique. Un vaccin est disponible aux États-Unis, mais des études canadiennes suggèrent qu'il ne diminue pas le volume de matériel infectieux que le chat élimine dans ses fèces. Le problème réagit bien aux médicaments.

Réactions à la vaccination

Les réactions modérées, comme la douleur sur le site de la piqûre ou une fièvre légère pendant une journée sont habituelles et ne doivent pas inquiéter. Parfois, des réactions plus notables se manifestent : selon la plus grande étude britannique publiée, une réaction forte se présente pour 15 000 vaccinations,

Vers l'âge de 10 semaines, les chatons perdent la protection héritée. L'utilisation judicieuse des vaccins les protégera par la suite.

d'habitude chez des chats âgés de moins de 6 mois, dont :

- Boitement/polyarthrite (18 %)
- Réactions locales sur le site de la piqûre (16 %)
- Réactions allergiques, genre anaphylaxie et hypersensibilité (9 %)
- Absence d'efficacité (6 %)
- Affection des voies aériennes supérieures (6 %)
- Sarcome (3 %).

Sarcomes de piqûre

Alors que 3 % des réactions fortes aux piqûres conduisent à la formation de tumeurs appelées sarcomes, des études récentes suggèrent que la vaccination même ne les provoque pas. Ces tumeurs se développent chez les chats présentant une prédisposition génétique suite à une inflammation aux causes les plus diverses. La vaccination, d'autres piqûres, même d'autres traumatismes, peuvent susciter une inflammation aboutissant au développement d'un sarcome. La marque du vaccin ne joue aucun rôle. D'autres études ont montré que les sarcomes se formant sur le site d'une piqûre peuvent apparaître après l'injection d'autres produits, y compris d'antibiotiques.

La tumeur est très gênante pour le chat affecté, mais son incidence est considérablement moindre que les estimations des années 1990, probablement autour de 1 pour 10000 à 1 pour 30 000.

Les chats ne transmettent pas directement la toxoplasmose aux femmes enceintes. Il est cependant prudent de protéger votre bébé.

Infections transmises à l'homme

Alors que la plupart des maladies infectieuses ne sont transmises que dans le cadre de la même espèce, certains agents pathogènes peuvent franchir les barrières inter-espèces et passer à l'homme. Les chats sont porteurs de nombre de ces infections, bien que les risques soient plus réduits que le suggèrent certains articles.

Teigne

Infection fongique dont les spores survivent de longues périodes dans le sol. Si elles se prennent dans les poils du chat, les spores infectent sa peau provoquant des lésions dermiques circulaires. Les spores peuvent être transmises à l'homme sans infecter le chat (voir page 154).

Si votre chat souffre de la teigne, évitez les manipulations superflues. Empêchez les enfants, particulièrement vulnérables à l'infection, de le toucher. Mettez des gants jetables quand vous le lavez selon les indications du vétérinaire, en utilisant un shampoing antifongique et en lui donnant des friandises contenant des cachets antifongiques. Si vous avez la teigne, présumez que le chat en est porteur même s'il n'est pas malade, et traitez la maison et l'animal conformément aux conseils du vétérinaire. Il sera particulièrement difficile d'éliminer complètement la teigne d'une maison où vivent plusieurs chats à poil long.

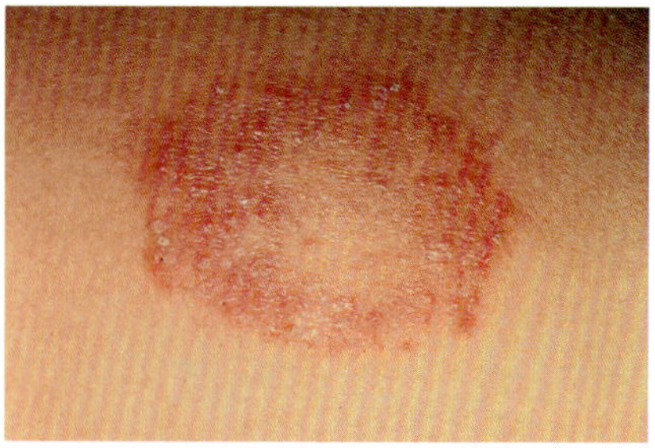

La teigne, qui provoque des plaies circulaires, parfois pruriteuses, sur la peau, peut être transmise à l'homme par le chat porteur.

Infections dues aux morsures et aux griffures

Les morsures de chat sont assez habituelles. La plupart ne provoquent qu'une gêne passagère, mais certaines, surtout celles contaminées par la bactérie *Pasteurella multocida*, provoquent des inflammations douloureuses, même des abcès (voir page 155). Les égratignures sont monnaie courante. Elles transmettent parfois la bactérie *Bartonella henselae*, susceptible de provoquer la « maladie des griffes de chat » dont les symptômes incluent hypertrophie des ganglions lymphatiques, surtout chez les enfants âgés de 3 à 12 ans et chez les personnes au système immunitaire affaibli.

Lavez toute plaie avec du savon antiseptique et consultez le médecin en cas de morsure.

Puces

Les puces aiment les chats qui, pour la plupart, ne sont pas gênés par des infestations bénignes (voir pages 152 et 153), mais aussi piquer l'homme, se nourrissant souvent sur les chevilles, laissant des traces ressemblant aux piqûres de moustique. Les puces transmettent aux chats la bactérie *Bartonella henselae* (voir précédemment).

Il faut traiter régulièrement les chats qui sortent avec des produits préventifs antipuces. La maison doit également être traitée, car les puces peuvent survivre sans hôte pendant des mois.

Les puces du chien et de l'homme sont rares, mais celles du chat sont omniprésentes. Si vous êtes piqué, ce sera plus probablement une puce du chat.

Toxoplasmose

Quelque 50 % des chats vivant dehors sont infectés de *Toxoplasma gondii*. Ce parasite peut causer des problèmes de développement chez l'embryon humain, dont cécité et risque accru d'allergies et d'asthme.

Quelques jours après la primo-infection du chat ayant mangé de la viande contenant ce parasite, celui-ci se mettra à déposer des millions d'œufs dans ses fèces durant environ 14 jours, avant que la réaction immunitaire du corps le stoppe. Ces œufs, oocystes, peuvent survive dans le sol ou l'eau jusqu'à 18 mois, même dans des conditions climatiques extrêmes. D'autres animaux, y compris le bétail, sont infectés en avalant ces oocystes. L'infection provoque la formation de kystes dans divers tissus du corps. L'homme contracte l'infection par contact avec les oocystes, soit dans les excréments du chat ou – plus habituel – en consommant de la viande infectée.

Les fœtus des femmes qui n'ont pas été infectées avant la grossesse sont très vulnérables à la toxoplasmose. Les effets sont les plus graves lorsque l'infection intervient entre le deuxième et le sixième

Astuce de Bruce : contact du chat et toxoplasmose

Les anticorps contre la toxoplasmose se développent après une infection. Le contact avec des chats n'accroît pas la probabilité d'apparition des anticorps, à la différence de la consommation de viande non cuite. En Grande-Bretagne, seuls 20 % des gens ont des anticorps de la toxoplasmose, contre 80 % des Français et des Allemands, qui mangent davantage de viande bleue. Les vétérinaires soignant des chats n'ont pas plus d'anticorps protecteurs que la population générale, y compris les gens qui n'ont pas de contact avec des chats. Caresser un chat ne propagera pas l'infection à l'homme.

mois de grossesse. Si la femme a déjà des anticorps contre le *T. gondii* avant la grossesse, il n'y a pas de risque de transmission de l'infection au fœtus.

Diminuer le risque de toxoplasmose

La toxoplasmose sera contractée plus probablement en consommant de la viande bleue que par le contact avec les fèces du chat durant la période de deux semaines où le parasite est viable après sa première ingestion par le chat. Les femmes enceintes peuvent réduire les risques :

- en portant des gants en manipulant toute viande crue et en se lavant les mains après.
- en ne consommant que de la viande bien cuite ou de la viande qui a été fumée, salé ou congelée pendant au moins trois jours.
- en lavant soigneusement les légumes et les fruits avant de les manger.
- en portant des gants en caoutchouc pour jardiner.

Diminuer le risque de transmission par le chat

Bien que le risque de transmission directe du parasite d'un chat d'intérieur à une personne soit très faible, on peut le diminuer encore davantage en prenant nombre de mesures.

- Donnez à votre chat uniquement des plats cuisinés ou de la nourriture pour chat.
- Empêchez-le de se balader sur le plan de travail de la cuisine.
- Portez des gants pour nettoyer le bac à litière ou chargez quelqu'un d'autre de le faire.
- Débarrassez-vous correctement de la litière en l'enfermant dans un sac en plastique avant de la mettre à la poubelle.
- Couvrez le bac à sable des enfants quand ils ne l'utilisent pas pour empêcher les chats de s'en servir comme litière.

Si vous vous inquiétez particulièrement, demandez au vétérinaire de tester votre chat pour la toxoplasmose. Les chats apparaissant positifs ont été infectés par le passé et ne seront pas une source d'infection à l'avenir, car ils ont achevé leur période d'élimination des oocystes.

Maladies que les chats ne transmettent pas à l'homme

Les chats sont fréquemment et faussement blâmés pour avoir transmis à l'homme une foule de maladies, infections ou infestations. Même les médecins accusent les chats, sans fondement, d'être la source de nombre d'affections, dont :

Ascarides

Beaucoup de livres et de sites Internet affirment que l'homme peut être infecté par l'ascaride *Toxocara cati*, ce qui est faux. La transmission est extrêmement rare. Par contre, les enfants peuvent être infectés par l'ascaride du chien, *Toxocara canis*.

Ulcères gastriques

La bactérie *Helicobacter pylori* provoque des ulcères gastriques chez l'homme. Une *helicobacter* a été découverte dans l'estomac du chat, et il a été suggéré que les chats la transmettent à l'homme, ce que ne confirment pas les données, statistiques ou médicales.

Diarrhée due à l'eau

Le *Giardia* cause diarrhée tant chez les chats que chez l'homme, mais il n'y a pas de transmission entre les deux. L'infection est attrapée en buvant de l'eau contaminée.

VIH

Le virus immunodéficitaire félin (VIF, voir page 136) et virus immunodéficitaire humain (VIH) ont des noms similaires mais sont totalement différents.

Leucémie

La leucémie féline (voir page 135) cause leucémie, lymphome et insuffisance immunitaire chez le chat, mais rien ne prouve qu'elle est associée à des affections similaires chez l'homme.

Grippe aviaire et porcine

Les chats peuvent être contaminés par le virus de la grippe aviaire H5N1, qui en a tué plusieurs en Allemagne et en Autriche. Toutefois, les chats ne sont pas des porteurs notables de ce virus ; ils excrètent moins d'un millième de la quantité de virus par comparaison aux oiseaux. Aux États-Unis, dans un rare cas, la grippe porcine a été transmise de l'homme au chat, mais pas vice-versa.

Contrôle judicieux des parasites

Une foule de parasites internes et externes vit avec le chat, souvent en une cohabitation harmonieuse. Certains sont potentiellement transmissibles à l'homme ou contents de vivre avec lui. Les avancées du contrôle des parasites facilitent la prévention. Le traitement est administré dans la nourriture ou localement. Les chats d'extérieur doivent être soumis à un traitement préventif de routine.

- Les **ascarides** sont souvent hérités par les chatons soit via le placenta, soit via le lait maternel. Ils sont visibles dans les vomissures et les fèces.
- Les **ténias** sont surtout contractés suite à l'ingestion de puces infectées. Des segments de la taille des grains de riz sont éliminés à travers l'anus.
- Les **ankylostomes** et les **trichocéphales** sont rares chez les chats, mais peuvent provoquer une diarrhée aqueuse ou sanguinolente.
- Le **giardia**, protozoaire unicellulaire contracté en buvant de l'eau contaminée, cause des selles chroniquement diarrhéiques.
- Les **dirofilaires** sont transmis par les piqûres de moustiques et peuvent détruire le muscle cardiaque. Présents surtout dans l'est de l'Amérique du Nord et en Europe continentale.
- Les **puces** laissent des grains de souillure noirs, luisants, ainsi que parfois leurs œufs dans le pelage du chat. Elles sont la cause la plus répandue de problèmes dermiques du chat (voir pages 152 à 155). Traitez toute la maison avec des produits antipuces.
- Les **mites d'oreille** laissent des débris granuleux dans les oreilles. Elles sont souvent transmises par la mère ou par les chats du voisinage.
- Les **tiques** s'attachent à des endroits que les chats ont du mal à lécher. Elles se gorgent de sang pendant plusieurs jours, avant de tomber. Elles sont porteuses d'une diversité de maladies potentiellement graves.

Tous ces parasites sont éliminés en utilisant divers antihelminthiques. Les produits spot-on les détruisent.

Astuce de Bruce : léchage

Si votre chat se lèche excessivement l'anus, il a peut-être le vers solitaire. Vérifiez aussi l'état de ses glandes caudales, dont le blocage cause un léchage intense à mesure que le chat vieillit.

L'ablation des griffes

L'ablation chirurgicale des griffes n'apporte rien au chat. Elle est faite pour la commodité du maître, pour préserver ses meubles et ses tapis des dommages. Indifféremment de la quantité d'antalgique utilisée, de l'efficacité de l'anesthésie et de l'expertise du chirurgien, l'ablation des griffes est douloureuse et risquée. Soyez humain. Coupez les griffes de votre chat et offrez-lui un grattoir pour son besoin naturel de griffer. Par ailleurs, la législation interdit désormais aux vétérinaires de pratiquer ce genre d'opération.

La stérilisation prolonge l'espérance de vie

Bien qu'on stérilise les chats pour maîtriser leur reproduction et éliminer les aspects les plus désagréables (pour l'homme) des comportements d'accouplement, la stérilisation des femelles, en particulier, a un effet spectaculaire pour la santé. La stérilisation avant les premières chaleurs élimine le risque de cancer du sein, répandu chez les félins, ainsi que le risque de pyométrie, infection létale de l'utérus. Les chattes stérilisées ont une vie bien plus longue que celles qui ne le sont pas. Les mâles castrés se bagarrent moins, et donc risquent moins de contracter des

Astuce : produits spot-on

Faites très attention en utilisant des produits spot-on. Lisez attentivement les étiquettes : les mises en garde sur les dangers pour les chats sont souvent imprimées très petit.

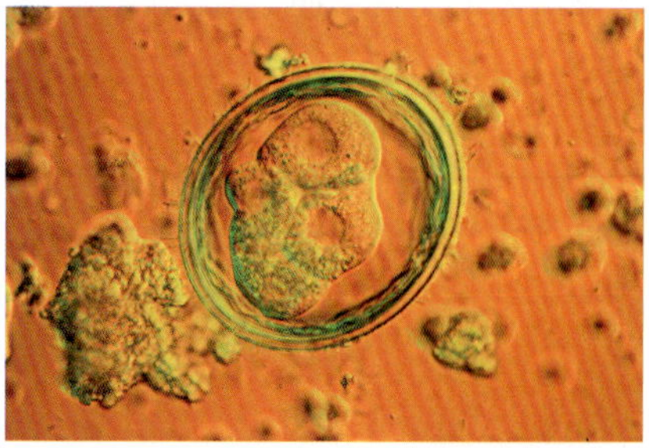

Haut. *Les chats peuvent présenter divers parasites intestinaux. L'examen au microscope d'un échantillon de selles montre leurs œufs, comme cet œuf d'ascaride.*

Bas. *Les ténias atteignent une longueur considérable, mais au niveau de l'anus du chat on ne voit d'habitude que des segments de sacs à œufs. De la taille des grains de riz, ils tombent depuis l'extrémité plus épaisse du ver.*

affections virales graves, comme le virus de l'immunodéficience féline et la leucémie féline, des infections dues aux morsures, ainsi que de souffrir de complications. La stérilisation est une manière simple et efficace d'entretenir la bonne santé de votre chat.

Choisissez un bon vétérinaire

Le coût et la proximité ne sont pas les seuls facteurs lorsque vous choisissez un vétérinaire pour votre chat. Dans le meilleur cas, les questions éthiques entrent en jeu, telles que l'ablation des griffes, que la législation permet de refuser et les mesures préventives comme la fréquence des vaccinations et des traitements. Les coûts sont variables, mais maîtrisables.

Votre chat et vous devez être à l'aise avec le personnel vétérinaire que vous contactez pour des soins et des conseils pratiques.

Des chatons arrivent

Beaucoup des chatons que je vois à la clinique sont nés par hasard. La stérilisation de bonne heure prévient ces incidents. Si vous pensez que votre chatte pourrait avoir une portée, vérifiez ses mamelons, qui sont plus proéminents et plus roses après trois semaines de gestation. Vers quatre ou cinq semaines après la conception, la présence des chatons est perceptible à la palpation du vétérinaire, de la taille d'une balle de golf. Peu de temps après, son ventre enfle visiblement. La gestation dure environ neuf semaines.

La mise bas

La mise bas est d'habitude simple. Dans le nid chaud qu'elle s'est choisi, à l'écart, la future mère s'agite, souvent émettant un ronronnement rythmique très particulier. Peu de temps après, son souffle s'accélère et les contractions commencent. Une fois qu'elles sont espacées de 30 secondes, la mise bas est imminente. 70 % des chatons naissent tête et pattes en avant. La mère lèche instinctivement les membranes et ce faisant incite chaque chaton à prendre son premier souffle. La mère mange tous les déchets de la naissance, empêchant ainsi les prédateurs de réaliser la présence d'une portée de chatons sans défense. Un instinct puissant peut aussi la pousser à conduire ses chatons en sécurité. Elle prend chacun par la peau du cou et le porte dans un nouvel endroit lui semblant plus sûr. Quand il est porté ainsi, le chaton arrête instinctivement de gigoter et serre ses pattes contre son corps pour éviter les blessures durant le transport. Cette réaction perdure toute la vie du chat.

Ci-dessous. *Les chattes mettent souvent bas dans la maison, d'habitude sans complications. Assurez-vous qu'elle dispose d'un endroit propre, sûr et tranquille où élever sa portée.*

Ci-dessous à gauche. *Les chattes mangent instinctivement les déchets de la mise bas et mâchent le cordon ombilical.*

Ci-dessous à droite. *À la naissance, le chaton cherche instinctivement la chaleur pour trouver sa mère et la nourriture. Les autres sens se développent rapidement au cours des semaines suivantes.*

Ce n'est pas seulement adorable : la mère continue à toiletter ses chatons pour des raisons sociales, qui les attachent. C'est aussi pourquoi les chats aiment être caressés par l'homme.

Astuce de Bruce : élever de meilleurs chatons

- Assurez-vous que la mère est « émotionnellement compétente » à élever ses chatons. Ne faites jamais se reproduire des femelles jeunes, qui n'ont pas atteint la maturité émotionnelle.
- Donnez à la mère une nourriture équilibrée durant la gestation et l'allaitement, nécessaire pour un bon développement physique et mental.
- Pour un bon développement social, laissez les chatons téter jusqu'à l'âge de douze semaines,
- Manipulez fréquemment les chatons, spécialement de la naissance à sept semaines, et exposez-les à des stimulations sensorielles modérées.
- Pensez à sa vie d'adulte et faites-leur connaître de bonne heure d'autres espèces.

Les premières semaines

Durant les premières semaines de vie, le chaton dépend de sa mère pour stimuler toutes les fonctions de son corps. Elle le lèche pour stimuler l'élimination et, tout comme elle l'a nettoyé à la naissance, elle mange tous les déchets de son chaton afin de cacher la présence de sa portée aux prédateurs. Un chaton est capable de faire tout seul sa toilette complète à l'âge de cinq semaines, mais dépend encore de sa mère pour le reste.

La tétée pour se nourrir dure de cinq à six semaines, mais continue pour la même durée en vue des bénéfices émotionnels. Au cours des quelques premières semaines, la mère incite ses chatons à téter, puis ils se mettent à l'embêter pour avoir un autre repas. Vers trois semaines, le chaton commence à ingérer de la nourriture solide, vers cinq semaines, il a toutes ses dents de lait très aiguisées.

Maniez souvent les chatons

La manipulation répétée, spécialement nécessaire entre trois et sept semaines, en fera des chats adultes plus sociables, qui se frottent davantage contre l'homme et ronronnent plus à son approche. Cette manipulation aide aussi les chatons à se développer plus vite. Si le contact social avec l'homme ne commence qu'après sept semaines, les chatons seront des adultes timides. Tout aussi important, les mères calmes, à l'aise avec les gens, enseignent à leurs chatons à se comporter pareillement en présence de ces créatures potentiellement intimidantes.

Périodes de croissance délicates

Les chatons développent leurs manières sociales entre l'âge de trois et sept semaines. Si lors de cette période ils rencontrent souvent des membres d'autres espèces – chiens, rats, chevaux, hommes – un rapport social avec ces espèces-là se créera, qu'ils ne verront pas comme des prédateurs ou proies, centre d'une coexistence heureuse.

Si le chaton apprend de bonne heure à dépendre de vous pour sa nourriture, sa sécurité et son confort, vous deviendrez sa mère pour la vie, essence de votre relation.

Apprenez les routines de votre chat

Les chats développent des routines, dont tout changement signale que quelque chose ne va pas. Dans la plupart des cas, une modification des routines est déclenchée par un changement social, par exemple l'arrivée d'un nouveau chat sur son territoire, mais la maladie affecte aussi les routines. Surveillez le comportement de votre chat.

Sommeil

Les chats dorment plus que bien d'autres espèces mais, comme nous, ils ont différents types de sommeil, allant du repos les yeux fermés au sommeil profond, en passant par un sommeil léger.

Moments de contemplation

Lorsque le chat est éveillé, il patrouille sur son territoire même s'il vit dans la maison. Il se reposera, tant de manière alerte, les yeux ouverts, que de manière passive, comme si son esprit est ailleurs. Il regardera par les fenêtres. Il visitera ses points d'observation (d'habitude élevés).

Activités à l'extérieur

Si votre chat sort, il patrouille son territoire, le marquant, chassant et interagissant avec les gens, les chiens ou les autres chats qui y pénètrent.

Manger

Certains chats picorent leur nourriture, surtout s'il s'agit de croquettes et en absence de concurrence. D'autres sont de vrais aspirateurs poilus.

Toilettage

Le chat effectue rituellement sa toilette, typiquement après les repas, mais presque toujours en suivant un modèle qui dure généralement un temps déterminé.

Activité sociale et jeu

Votre chat suit une routine quant à la manière dont il s'amuse avec ses jouets ou d'autres objets. Il initie ou demande aussi rituellement le jeu ou l'attention des autres animaux de compagnie ou la vôtre.

Changements à surveiller

S'il y a des changements dans l'une de ces activités et si vous ne pouvez pas les attribuer avec certitude à des modifications de l'environnement, votre chat ne se sent peut-être pas bien. Parmi eux :

Tempérament ou comportement

- Se laisse manipuler à contrecœur
- Menaces inhabituelles ou inattendues ou autres signes d'agressivité
- Brusque comportement craintif
- Se cache

Allure et posture

- Boitement évident
- Raideur en marchant
- Dos arqué ou ventre rentré
- Repos sur la poitrine, peu d'envie de se lever

Les chats dorment naturellement bien plus que l'homme ou le chien. C'est bon pour eux, mais juste en regardant un chat endormi, ventre en l'air sur le lit, on se sent bien aussi.

- Sauts plus hésitants que la normale

Respiration
- Essoufflement inattendu
- Respiration lourde partant du ventre plutôt que de la poitrine
- Respiration plus rapide que la normale
- Expiration semblant plus difficile que l'inspiration, ou vice versa

Expression faciale
- Regard vitreux
- Froncement du front
- Tête pendante

Miaulements
- Plus ou moins fréquentes que la normale
- Tout changement des sons normaux
- Tout nouveau son

Comportements généraux
- Griffe plus que la normale
- Boit plus ou moins que la normale
- Changements des habitudes d'élimination

Signes d'affections graves

Si votre chat ne se comporte pas normalement, vérifiez quelques points.

Regardez les gencives

Leur couleur normale est rose. Les gencives pâles à blanches peuvent indiquer un choc ou une anémie, bleues, une oxygénation insuffisante, jaunes, des problèmes hépatiques, rouge vif, une intoxication au monoxyde de carbone ou un coup de chaleur.

Vérifiez l'hydratation

Vérifiez la déshydratation en saisissant la peau de son cou et en la tirant doucement. Chez le chat bien hydraté, la peau revient immédiatement en place, chez le chat déshydraté, elle se remettra lentement. Plus la déshydratation est grave, plus la peau mettra de temps pour se rétracter.

Vérifiez la circulation

Vérifiez le « temps de remplissage capillaire » en soulevant la lèvre supérieure du chat et en appuyant le plat du doigt contre la gencive. En retirant le doigt, regardez combien de temps il faut à la marque blanche laissée sur la gencive pour redevenir rose. Plus d'une seconde peut indiquer la déshydratation, l'insuffisance cardiaque ou un choc.

Astuces de Bruce

Les chats se cachent quand ils ne se sentent pas bien. Les changements simples signalent souvent une maladie grave. N'importe lequel de ces signes exige une visite immédiate chez le vétérinaire.

Comportement	Problèmes possibles
Respiration anormale	Fluide dans le thorax Insuffisance cardiaque Asthme Affection pulmonaire Coup de chaleur
Instabilité sur ses pattes	Empoisonnement Trouble neurologique Infection auriculaire Traumatisme spinal Fracture pelvienne Traumatisme cérébral
Mauvaise haleine	Affection rénale Diabète sucré Affection hépatique Abcès dentaire Affection périodontique Problèmes intestinaux Cancers de la bouche
Perte d'appétit	Infections et abcès Blessures et traumatisme Douleur buccale ou affections gastro-intestinales Déshydratation Anémie
Consommation accrue d'eau	Diabète Insuffisance rénale Infection urinaire basse Infection de l'appareil urinaire Infection utérine Hyperthyroïdie

En cas d'accident, envelopper le chat conserve sa chaleur et prévient d'autres blessures pendant que vous prenez des dispositions pour l'amener chez le vétérinaire.

Des accidents arrivent

Lorsqu'un accident survient, restez calme et évaluez les dangers pour vous-même, puis saisissez votre chat, écoutez son cœur et sa respiration, cherchez des signes de choc. Si tous ces systèmes sont en état, prenez des dispositions pour soigner toute blessure physique telle que plaies perforantes ou fractures. Vous n'aurez probablement jamais à utiliser la réanimation sur votre chat, mais connaître les gestes est toujours utile.

ASTUCE DE BRUCE : MANIEMENT

Il est toujours bien plus facile et rapide pour un vétérinaire de poser un diagnostic sur un chat qui se laisse examiner sans gigoter. Habituez-en votre chat en lui offrant des récompenses.

Saisissez et inspectez votre chat

Approchez calmement le chat, en tentant de ne pas l'effrayer. Parlez doucement et évitez le contact visuel intimidant. Enveloppez-le dans une grande serviette ou tout tissu doux, éloignez-le du danger, puis libérez-lui la tête en gardant le reste de son corps bien emmitouflé pour qu'il ne puisse pas donner des coups de griffes ou de dents. Inspectez-le rapidement. Écoutez la respiration : normalement, les chats inspirent et expirent quelque trente fois par minute. Le rythme s'accélère en cas de douleur, de choc et des problèmes des poumons ou du cœur. Le halètement accompagne l'anxiété, la douleur ou la tentative de se débarrasser de l'excès de chaleur.

Vérifiez le rythme cardiaque

Au repos, le pouls normal du chat est d'environ 120 battements par minute, passant à 200 quand il est effrayé. Le cœur d'un chaton bat plus de 200 fois par minute. Le rythme s'accélère en cas de fièvre, douleur, affections cardiaques

ASTUCE DE BRUCE : TEMPÉRATURE

Lorsqu'un chat est malade, la chaleur est vitale. En plus de vérifier qu'il est hydraté et mange ce que le vétérinaire suggère, gardez son environnement confortable et chaud. En cas de canicule, ne laissez pas les chats sortir de la maison. Si votre chat a une cachette préférée, assurez-vous qu'elle est aussi chaude que le reste de la maison, même plus.

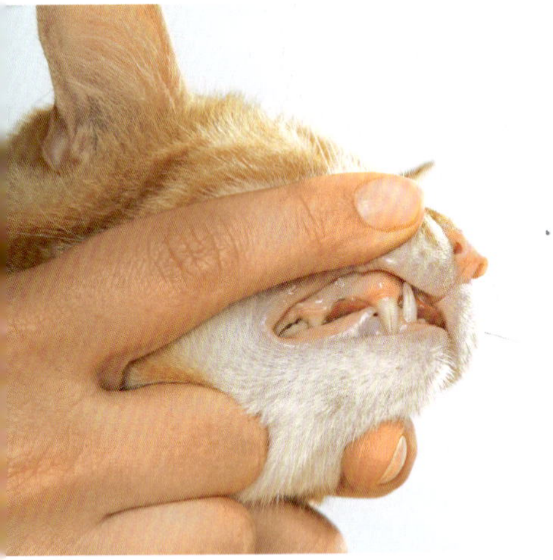

Si votre chat ne semble pas se sentir bien, regardez la couleur de ses gencives, qui doivent être roses ; si elles sont blanches ou bleues, allez sur-le-champ chez le vétérinaire.

LA RÉANIMATION PEUT ÊTRE NÉCESSAIRE EN CAS DE :

- Perte de sang
- Suffocation
- Concussion
- Coma diabétique
- Électrocution
- Insuffisance cardiaque
- Presque noyade
- Empoisonnement
- Choc
- Inhalation de fumée
- Réactions allergiques graves

ASTUCE DE BRUCE : RESPIRATION

Un chat inconscient respire parfois très doucement. Si vous n'êtes pas sûr qu'il respire, tenez un miroir près de son nez et regardez la condensation. Si elle apparaît, votre chat respire. Ou tenez un petit morceau de tissu ou de coton devant ses narines et observez tout mouvement indiquant une respiration superficielle.

et premières phases du choc. Pour vérifier le cœur, saisissez la poitrine de part et d'autre, juste sous les épaules, et compressez doucement jusqu'à percevoir les battements du cœur. Ou vérifiez le pouls en plaçant les doigts à l'intérieur de la patte postérieure, à sa jonction à l'aine, où passe l'artère fémorale. Bougez les doigts jusqu'à percevoir le pouls : c'est plus facile si vous le faites régulièrement.

Ne sous-estimez jamais le choc

Le choc est un tueur silencieux. Le contrôle du choc a la priorité sur les premiers secours pour d'autres blessures, comme les fractures. Un chat peut avoir l'air bien après un accident, puis mourir quelques heures plus tard du choc.

Signes de choc précoce

- Respiration plus rapide que la normale, parfois haletante
- Cœur battant plus vite que la normale
- Gencives pâles
- Anxiété ou agitation
- Léthargie et faiblesse
- Température rectale plus basse que la normale (37,8 °C à 38,9 °C)
- Remplissage capillaire lent des gencives – plus de deux secondes

Signes de choc ultérieur

- Respiration superficielle, irrégulière
- Battements irréguliers du cœur
- Gencives très pâles ou bleues et yeux dilatés
- Faiblesse extrême, perte de conscience
- Température du corps très basse, surtout dans les pattes – moins de 36,7 °C.
- Remplissage capillaire très lent des gencives – plus de quatre secondes

Ces signes signalent une insuffisance cardiaque et une mort imminente.

Si votre chat montre des signes de choc

- Ne le laissez pas errer, ne lui donnez rien à manger ou à boire.
- Arrêtez tout saignement, massez son cœur ou faites-lui de la respiration artificielle, selon les besoins.
- Enveloppez-le dans une couverture pour prévenir la perte de chaleur.
- Utilisez des oreillers et des serviettes pour élever son arrière-train, faisant aller ainsi plus de sang vers le cerveau.
- Gardez la tête tendue et transportez-le chez le vétérinaire le plus proche.

Réanimation cardio-pulmonaire

En cas d'urgence, le massage peut remettre en marche un cœur à l'arrêt, tandis que la respiration artificielle fera entrer de l'oxygène dans les poumons. La combinaison de massage du cœur et de respiration artificielle constitue la réanimation cardio-pulmonaire.

Quand et comment pratiquer la respiration artificielle

Pratiquez la respiration artificielle uniquement si votre chat a arrêté de respirer. Les gencives roses signifient d'habitude que l'oxygène circule dans le corps. Si elles sont bleues ou blanches, la respiration artificielle peut s'avérer nécessaire.

Si votre chat ne respire plus :

- Placez-le sur le côté, retirez tout débris du nez et de la bouche et faites sortir sa langue.
- Fermez sa bouche et, avec le cou sur une ligne droite, placez votre bouche sur son nez et soufflez jusqu'à voir sa poitrine se dilater. Si cela vous gêne, placez la main en cylindre entre votre bouche et le nez du chat et soufflez à travers elle.

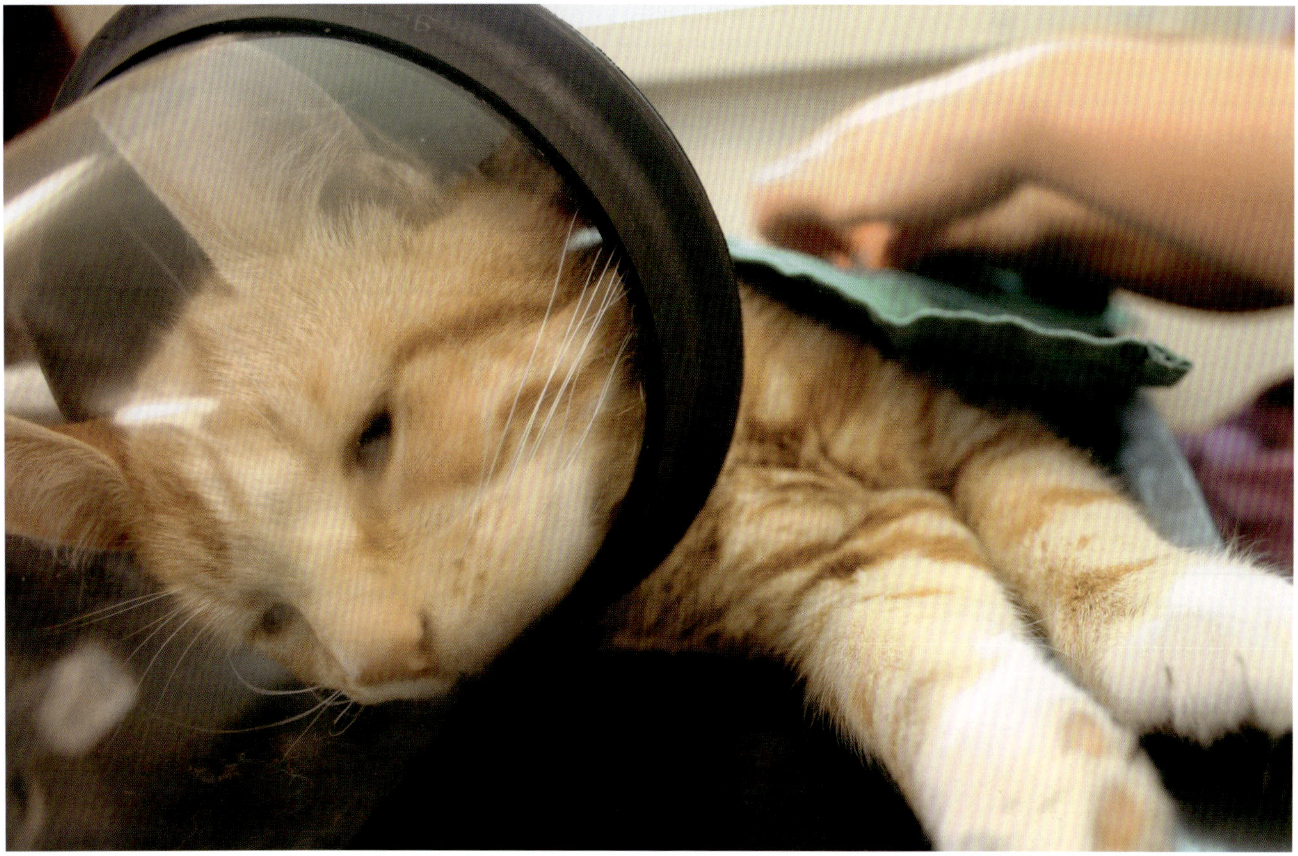

L'oxygène est donné par un masque comme celle-ci durant les opérations. À la maison, en cas d'urgence, vous pouvez lui faire du bouche à bouche.

- Éloignez votre bouche. Les poumons se dégonflent naturellement. Répétez cette procédure de 10 à 20 fois par minute, jusqu'à ce que le chat respire seul.
- Vérifiez le pouls toutes les 15 secondes pour vous assurer que le cœur bat toujours. S'il arrête, associez son massage et respiration artificielle.
- Demandez l'aide vétérinaire d'urgence dès que possible.

Quand et comment pratiquer le massage du cœur

Massez le cœur seulement s'il s'est arrêté de battre. Vérifiez les yeux du chat : ils se dilatent quand le cœur s'arrête. Cherchez le pouls et vérifiez les gencives. S'il n'y a pas de pouls et si les gencives ne se remplissent pas de sang, le cœur ne bat plus.

Si le cœur s'est arrêté :

- Placez le chat sur le flanc, tête plus bas que le reste de son corps.
- Saisissez la poitrine, derrière les épaules, entre le pouce et les autres doigts. Soutenez son dos de l'autre main.
- Comprimez fermement sa cage thoracique en montant vers le cou. Répétez 120 fois par minute par des moments rapides de pompage.
- Après 15 secondes de massage, pratiquez la respiration artificielle 10 secondes.
- Continuez en alternance jusqu'au retour du pouls, puis continuez la respiration artificielle seule.
- Allez sur-le-champ chez le vétérinaire.

Gamme de température

°C	
41+	Coup de chaleur : rafraîchissez-le immédiatement ; aide vétérinaire d'urgence
40,6	Dangereuse : aide vétérinaire le jour même
40,0	Fièvre élevée : conseil vétérinaire le jour même
39,4	Fièvre modérée : téléphonez pour un conseil vétérinaire le jour même
38,9	Normal
38,3	Normal
37,8	Normal
37,2	Moins que la normale : conseil vétérinaire le jour même
36,7-	Hypothermie : gardez le chat au chaud ; aide vétérinaire d'urgence

Surpoids et diabète

Peut-être conséquence de notre affection pour nos chats, l'obésité est la plus répandue forme de malnutrition. Un chat sur trois, spécialement les chats d'intérieur, est soit en surpoids soit obèse. L'obésité, facteur le plus commun du diabète chez les chats plus jeunes, débouche sur une douleur accrue à la vieillesse et une diminution de l'espérance de vie. Et elle peut être évitée entièrement, car c'est vous qui la causez !

Le mode de vie affecte le poids

C'est pareil pour le chat et pour l'homme. Ingérez plus de calories que vous brûlez au quotidien, et l'excès d'énergie sera converti en graisse et emmagasiné en vue du jour où vous vous retrouverez sur la banquise arctique sans rien à manger.

Nous intensifions la capacité déjà excellente du chat à conserver l'énergie en le stérilisant : lorsqu'un chat est stérilisé, son taux métabolique diminue de quelque 20 %, si bien qu'il a besoin de moins de nourriture. La stérilisation atténue aussi le désir de se balader, donc le degré d'activité quotidienne.

La vie d'intérieur empire encore les choses. Avec peu d'occasion d'exercice, les chats utilisent moins d'énergie, si bien qu'ils prennent du poids. Peu surprenant que les chats de moins de 2 ans ont moins tendance à la prise de poids que ceux entre 2 et 10 ans. Les chats de race ont apparemment une moindre tendance à l'obésité.

Surveillez son alimentation

L'obésité accroît les risques d'affections dermiques (voir pages 152 et 153), d'infection urinaire basse (voir pages 170 et 171), d'arthrite (voir pages 172 à 174) et de diabète sucré. « Réduire » les aliments riches en protéine et donner des aliments pauvres en graisse et hydrates de carbone aide les chats à maigrir tout en gardant une bonne masse musculaire. Pour tout régime, visez une diminution progressive du poids corporel, jusqu'à une année pour qu'un chat très obèse arrive à son poids idéal. Une perte de poids trop rapide peut causer des graves affections hépatiques.

Diabète

Le diabète affecte un chat sur 200 – et est en augmentation. L'obésité est le déclencheur le plus habituel ; le plus facile moyen de prévention du diabète est de prévenir l'obésité. Les contrôles de santé de routine incluant des analyses d'urine peuvent découvrir les premiers signes du diabète. Traités correctement et de bonne heure, 50 à 60 % des chats se remettent. Il est impossible de prédire quels chats entrent dans cette catégorie.

Astuce de Bruce : poids

Il est très difficile de voir la perte de poids progressive chez le chat. Pesez-le toutes les deux à trois semaines pour vous assurer qu'elle n'est pas trop rapide. Une fois le chat arrivé au poids ciblé, donnez-lui des aliments basses calories.

Évaluez l'état du corps de votre chat

Les vétérinaires utilisent une échelle notant le corps du chat de 1 à 5 pour déterminer s'il est en surcharge pondérale ou obèse.

1 Très mince
2 Mince
3 Idéal
   On distingue la taille derrière les cotes
   Adiposité abdominale minime
   Hanches couvertes d'une mince couche de graisse
   Légère couverture adipeuse des côtes
4 Surcharge pondérale
   Taille à peine discernable
   Adiposité abdominale modérée
   Hanches percevables mais couvertes d'une couche modérée de graisse
   Côtes difficilement percevables
5 Obèse
   Pas de taille, abdomen distendu
   Adiposité abdominale considérable
   Hanches difficiles à percevoir à cause de la graisse
   Côtes cachées par une couche épaisse de graisse

Le chat de gauche a une forme idéale : cou visible, pas de surplus de graisse abdominale, il rapproche sans peine ses pattes antérieures. Le chat au centre est en surcharge pondérale et doit manger de 10 à 15 % de moins. Le chat de droite est obèse et doit manger 20 % de moins.

Pesez régulièrement le chat. S'il gagne du poids ou pèse plus qu'il est sain vous devez contrôler sa prise de calories ; rappelez-vous que l'obésité réduit l'espérance de vie.

Gestion du poids

Si vous avez un chat diabétique ou en surpoids, tous ceux qui s'en occupent doivent être impliqués.

Pesez tous les matins la portion quotidienne de nourriture riche en protéines et pauvre en hydrates de carbone et répartissez-la entre les divers repas, afin d'éviter de lui en donner trop. Utilisez quelques croquettes comme friandises dans la journée, mais ne lui donnez pas des « suppléments », y compris du lait et du lait pour chat.

Si vous avez plusieurs chats, donnez-leur à manger séparément et surveillez-les pendant les repas. Faites des piqûres d'insuline deux fois par jour au chat diabétique. Informez les voisins de son état pour qu'ils ne le nourrissent pas.

Faites lui faire plus d'exercice avec des jouets et autres objets qui lui plaisent. Rappelez-vous, peu et souvent convient mieux. Placez de la nourriture à différents endroits ou cachez des croquettes dans la maison pour favoriser l'exercice.

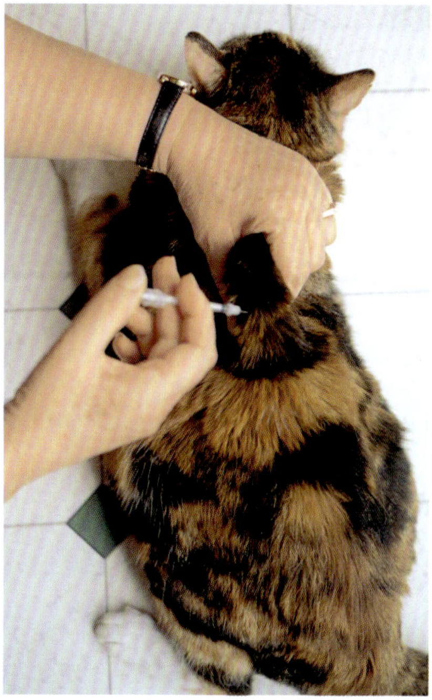

Ci-dessous. *L'aspect voilé de ses iris révèle une cataracte. Sur un œil, la cataracte peut venir d'une blessure bilatérale, souvent conséquence d'un diabète non traité.*

À droite. *Il est plus facile que vous le pensez de donner de l'insuline au chat. Il vous en tiendra rarement rigueur surtout si vous associez piqûres et friandises.*

Affections dermiques

Les affections dermiques, la plupart induisant des démangeaisons, sont la raison la plus habituelles des visites chez le vétérinaire. D'autres affections sont surtout dues aux abcès suivant des bagarres entre chats, mais aussi à des infections telles que la teigne et même à des tumeurs cutanées.

Dermatite miliaire et allergie aux puces

En cas de dermatite miliaire, de minuscules croûtes apparaissent sur tout le corps du chat. Le pelage devient souvent soit graisseux, soit se charge de pellicules. Cette affection est surtout provoquée par les puces, mais aussi par des allergies alimentaires et d'autres parasites de la peau, comme les mites cheyletielles.

La dermatite due à l'allergie aux puces est une variante de dermatite miliaire. La salive des puces induit une réaction inflammatoire entraînant de fortes démangeaisons. Une seule piqûre de puce suffit à déclencher une dermatite allergique, la plus répandue de toutes. Dans les climats tempérés, on la rencontre en été et à l'automne, car la température plus basse et la faible humidité inhibent le développement des puces. Dans les climats plus chauds, elle persiste toute l'année.

La dermatite miliaire démange

Un chat souffrant de dermatite miliaire se toilette constamment. En se grattant, en se mordant et en se léchant, il endommage sa peau, qui se couvre de pustules et de croûtes. Les poils tombent, d'habitude sur l'arrière-train, puis sur le dos et entre les pattes postérieures. Les infections bactériennes secondaires sont communes dans les cas chroniques, exsudant une odeur déplaisante.

Le type des croûtes aide le diagnostic

Le type des croûtes peut suggérer la cause de la dermatite miliaire. Présentes le long de la ligne de milieu du dos et autour du cou, elles suggèrent une allergie aux puces, qui fait par ailleurs tomber les poils sur l'arrière-train. La peau de cette zone s'épaissit, devient plus sombre que la normale, est irritée par le grattement et le mâchouillage. Les croûtes associées aux allergies alimentaires se concentrent sur la tête et la queue, allergies qui provoquent aussi des plaies circulaires, principalement sur la tête, le cou et les épaules ; Ces allergies ne provoquent pas de diarrhée.

Prévention et traitement

Éliminez les puces, la cause la plus répandue de dermatite miliaire, en utilisant un antipuces local. Nettoyez soigneusement l'environnement du chat et aspergez-le d'un produit empêchant le développement des œufs de puces. Un bref traitement à la cortisone peut être nécessaire pour empêcher le chat de se blesser lui-même, ou aux antibiotiques pour éliminer les infections secondaires bactériennes et lévuliformes. La seule solution durable à ce type de dermatite est la destruction totale de ces parasites. Les piqûres de désensibilisations ne semblent pas avoir d'effet.

Si la dermatite miliaire persiste même en absence de parasites, pensez aux allergies alimentaires. Essayez de donner au chat des aliments d'une marque différente pendant au moins quatre à six semaines. Si, après trois semaines, la peau commence à avoir meilleur aspect, on peut conclure que la dermatite miliaire était due au régime alimentaire.

Complexe granulome éosinophilique

Trois affections inflammatoires de la peau, ulcère éosinophilique, plaque éosinophilique et granulome linéaire, sont regroupées sous la désignation de « complexe granulome éosinophilique ». Les allergies aux puces, aux aliments ou à l'environnement jouent un rôle dans ces affections. Ce nom compliqué décrit en fait le problème : les éosinophiles sont des globules blancs mobilisés par le système immunitaire pour combattre la présence des envahisseurs. Lorsqu'ils sont envoyés vers un point particulier de la peau, ils suscitent une inflammation. Parfois, ils restent dans cette zone pour de longues périodes, l'inflammation se transformant en « granulome ». Si celui-ci apparaît sur la lèvre supérieure près d'une canine, il s'agit d'un ulcère éosinophilique. Malgré son apparence, il n'est pas d'habitude douloureux, ni ne démange. La lésion débute comme une boule, mais si le chat la lèche constamment elle devient ulcéreuse. Sa langue râpeuse cause plus de dommages que le granulome. Les plaques éosinophiliques ulcérées, écailleuse, apparaissant sur le ventre et la face interne des cuisses. Présentes souvent chez les chats âges de 2 à 6 ans, elles s'aggravent en étant léchées. Il est possible que toutes ces affections sont des réactions allergiques à un facteur inconnu. Une composante génétique peut intervenir. Dans la plupart des cas, il est très difficile de trouver la cause spécifique.

Astuce de Bruce : perte de poils

Chez l'homme et le chien, la perte de poils a généralement une origine hormonale, rare chez le chat. La perte de poils est causée par le toilettage excessif dû à une sensation de démangeaison généralisée.

Prévention et traitement

Les chats hospitalisés dans un environnement exempt d'insectes vont rapidement mieux sans autre traitement. Dans la maison, la désinsectisation, associée à une alimentation

Ci-dessous à gauche. *Si vous nettoyez uniquement votre chat, et pas la maison, les puces prendront leur repas sur l'autre source disponible : vous.*

Ci-dessous à droite. *Ce granulome éosinophile a été déclenché par une réaction allergique à la salive des puces, à la nourriture ou aux allergènes environnementaux.*

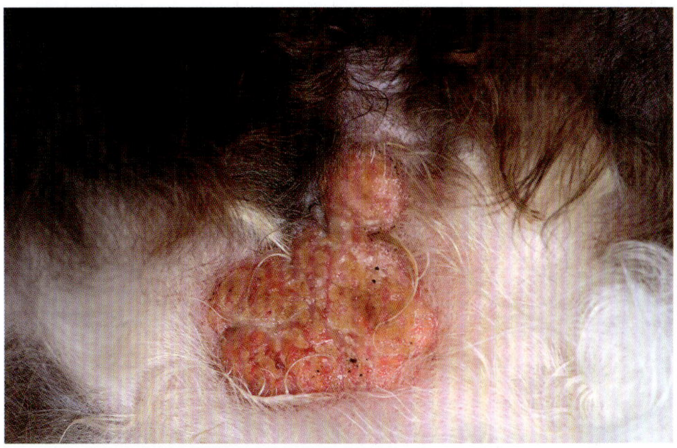

Les chats cherchent naturellement la chaleur. Les chats à la robe pâle sont plus vulnérables au cancer. Contrôlez l'exposition au soleil de votre chat dans les climats ensoleillés.

Dermatite solaire et tumeurs cutanées

Les chats qui présentent des zones de peau non pigmentées risquent de souffrir de graves inflammations dermiques (dermatite solaire), surtout sur les oreilles et le nez. Si le chat n'est pas protégé du soleil, un épithélioma épidermoïde peut de développer, tumeur maligne se répandant localement, détruisant les tissus voisins.

Prévention et traitement

Si le dommage de la peau est mineur, gardez le chat à l'intérieur aux heures les plus ensoleillées de la journée. Certains chats acceptent les lotions solaires (SPF 30 ou plus), bien que la plupart le lèchent très vite. Si la biopsie révèle la présence d'une tumeur, celle-ci doit être enlevée chirurgicalement avec une marge, pour prévenir sa récurrence. Retirer les rabats de l'oreille est assez simple, mais le chat aura un drôle d'air. D'autres traitements, dont la radiothérapie, sont disponibles dans les centres spécialisés. Le pronostic est bon si les oreilles seules sont affectées et si le tissu endommagé est totalement retiré, mais plus réservé si le retrait n'est pas possible.

hypoallergénique, sont de bonnes mesures préventives. Les chats affectés auront parfois besoin d'antibiotiques et d'antihistaminiques, mais pratiquement tous les corticostéroïdes suppriment la réaction excessive du système immunitaire. J'ajoute à la nourriture un supplément d'acides gras essentiels contenant une combinaison d'huile d'onagre et d'huile de poisson.

Autres causes de démangeaison

Les intolérances et les allergies alimentaires sont la seconde grande cause des démangeaisons cutanées. On trouve sur le marché une diversité d'aliments hypoallergéniques.

L'incidence des allergies dues aux mites, aux champignons et aux pollens semble s'être accrue. Les tests d'allergie pour les chats sont moins fiables que pour les chiens.

D'autres parasites de la peau, comme les mites d'oreille et les cheyletielles, peuvent déclencher une réaction de démangeaison. Ces parasites sont détruits par les traitements locaux contre les puces.

Par le passé, on supposait que les chats étaient résistants aux infections dermiques bactériennes. Plus récemment, des preuves ont montré que les démangeaisons répondent parfois à un traitement simple aux antibiotiques.

La teigne est infectieuse

La teigne est une infection fongique se nourrissant des peaux mortes et des poils, en laissant des lésions glabres sur le visage, les oreilles ou des pattes. Ces lésions sont souvent rougies, écailleuses et enflammées, bien que ne démangeant pas forcément (voir page 138). La teigne est transmise soit par contact direct avec un autre animal infecté, soit par contact avec des spores présentes sur les tapis, la literie ou les ustensiles de toilettage. Les chats adultes en bonne santé résistent bien à la teigne mais sont porteurs de spores ; les jeunes chats et les chatons sont plus vulnérables, car leur système immunitaire n'est pas complètement développé.

Les lésions apparaissent de 10 à 12 jours après l'exposition aux spores. Le diagnostic est posé en examinant les poils infectés au microscope sous lumière ultraviolette et en faisant une culture.

Prévention et traitement

Il est aussi important de décontaminer l'environnement du chat que de lui donner des médicaments antifongiques dans la nourriture et de le shampooiner, car les spores peuvent survive des mois. L'eau de Javel diluée (1:10) détruit la plupart des spores. Le nettoyage à la vapeur des tapis et des meubles est également efficace. Les spores survivent dans les sacs à poussière et surtout dans les aspirateurs sans sac, qu'il faut nettoyer à l'eau de Javel diluée. Lavez toute la literie dans de l'eau très chaude et confinez le chat dans une pièce durant le traitement et la décontamination.

Plaies dues aux bagarres et abcès

Les abcès, accumulations de pus, apparaissent le plus fréquemment autour du visage et de la base de la queue, souvent suite aux plaies dues aux bagarres entre chats. Les petites perforations font pénétrer les bactéries à travers la peau et, tandis que la minuscule blessure guérit rapidement, les bactéries se multiplient sous la peau.

De trois à cinq jours plus tard, une boule douloureuse se fait sentir. L'infection pénétrant dans le sang cause fièvre, perte d'appétit, léthargie, sensibilité au toucher. Si une patte est affectée, on notera un boitement. Les abcès sont fréquents quand il y a plusieurs chats dans une maison.

Prévention et traitement

Stériliser les mâles réduit efficacement l'incidence des bagarres. Garder le chat à l'intérieur la nuit écarte aussi les occasions de bagarre. S'il y en a quand même, inspectez le chat pour voir s'il y a des zones sensibles ou des plaies, parfois difficiles à trouver dans un pelage épais. Concentrez-vous autour de la tête, du cou, des pattes antérieures et de la base de l'échine.

Un abcès éclaté laisse s'échapper un pus jaune, épais, malodorant. Plus l'écoulement est considérable, mieux c'est. Le chat se sentira mieux et même recommencera à manger. Coupez les poils autour de la plaie et nettoyez le pus avec de l'eau chaude salée ou de l'eau oxygénée diluée.

Si l'abcès n'éclate pas en un jour ou deux, il doit être ouvert et drainé par le vétérinaire. Un traitement aux antibiotiques prévient les abcès.

La teigne peut apparaître autour des yeux et du nez, rendant le traitement local plus difficile. Vous laver les mains après avoir manipulé un chat souffrant de teigne préviendra sa propagation.

Yeux, oreilles et nez

La plupart des affections s'attaquant aux yeux, aux oreilles et au nez sont faciles à voir. Les yeux présentent des dommages visibles ou des écoulements, les oreilles sont égratignées et douloureuses au toucher, les narines coulent ou le chat éternue plus que la normale. La plupart de ces affections sont causées par une infection, une infestation ou un traumatisme, mais certaines sont des manifestations d'une allergie.

Les mites d'oreille sont répandues

Les mites d'oreille, minuscules parasites blancs à aspect d'araignée, s'épanouissent dans les conduits auriculaires chauds et humides, où elles se nourrissent de cérumen. Leur présence cause irritation et inflammation, auxquelles le corps réagit en produisant plus de cérumen.

Les chats se grattent ou secouent la tête à cause de la démangeaison. Certains aplatissent les oreilles ou refusent qu'on touche cette zone ; d'autres gémissent en se grattant les oreilles. L'intérieur de l'oreille est rouge brunâtre foncé ou montre des débris noirs. On peut distinguer des points blancs mouvants – des mites. Si des levures ou des bactéries compliquent l'infestation, l'écoulement est malodorant et plus liquide.

Prévention et traitement

Certains ingrédients actifs des traitements spot-on contre les puces, comme la sélamectine, tuent aussi ces mites tant à l'intérieur qu'à l'extérieur de l'oreille. Les lotions grasses doivent être massées tous les jours profondément dans les oreilles du chat. Retirez chaque jour les débris jusqu'à leur disparition totale ; d'habitude, cela prend une semaine ou plus. Deux semaines plus tard, traitez-le de nouveau pendant quelques jours contre les mites susceptibles d'être revenue dans l'oreille. Ces parasites sont très contagieux pour les autres chats et pour les chiens (mais pas pour l'homme), si bien qu'il faut traiter tous vos animaux de compagnie.

Le regard direct intimide le chat, le faisant reculer. Examinez les yeux et la conjonctive d'en haut, en exposant doucement le blanc de l'œil.

Conjonctivite causée par l'infection

Beaucoup de chats présentent une inflammation chronique, rouge, enflée, aqueuse et suppurante de la membrane oculaire, la conjonctive. Le visage plat du Persan le prédispose au débordement lacrymal et à la conjonctivite. Les allergies provoquent aussi une conjonctivite aqueuse, dont la cause la plus répandue sont les infections virales à herpès ou la rhinotrachéite.

La majorité des chats sont exposés très tôt au virus de l'herpès. Celui-ci peut rester dormant pendant des années, attendant que le système immunitaire du chat soit stressé. Il s'active alors, faisant rougir et larmoyer les yeux. Les bactéries opportunistes infectent la conjonctive, et l'écoulement devient jaune vert et collant. Le chat affecté plisse les yeux, soit de douleur, soit pour éviter la lumière.

> **ASTUCE DE BRUCE : TÊTE SECOUÉE**
>
> Certains chats secouent la tête si fort qu'ils provoquent la rupture de petits vaisseaux sanguins dans l'oreille. Un hématome se développe et couvre parfois tout le pavillon de l'oreille. Si l'oreille de votre chat est chaude et enflée, l'hématome a besoin de traitement mais, encore plus important, il faut identifier et traiter ce qui pousse le chat à secouer ainsi la tête.

Prévention et traitement

Les vaccins préventifs contre le calcivirus (voir page 135) et la chlamydiose (voir page 136) ne préviennent pas en fait l'infection, mais réduisent fortement sa gravité. Un onguent oculaire antibiotique contrôle l'infection secondaire et détruit la chlamydiose.

On doit nettoyer trois à quatre fois par jour les yeux du chat avec une solution saline à température ambiante ou tiède, préparée avec un quart de cuillère à café de sel pour une tasse d'eau. La conjonctivite allergique est plus problématique et a besoin de traitement avec des antihistaminiques et des anti-inflammatoires.

Éternuement

Le virus de la grippe (voir page 135) et les allergies sont les principales

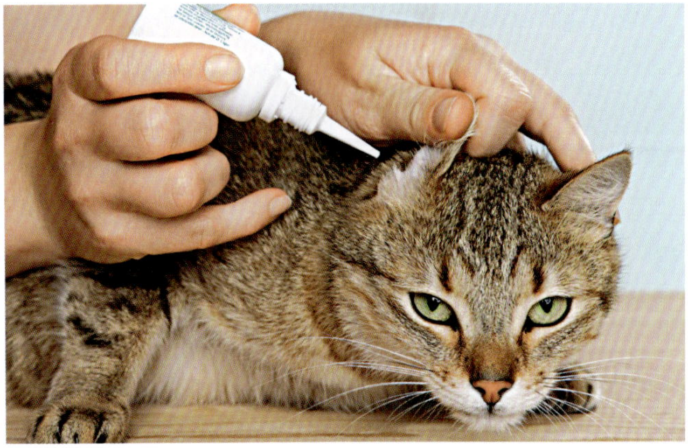

causes de l'éternuement. Dans les deux cas, l'écoulement est clair et incolore. Parfois, la seule trace d'écoulement est l'accumulation de petits débris foncés autour des narines, faciles à enlever avec un coton humide ou même en frottant légèrement du doigt. Si des bactéries opportunistes compliquent l'inflammation nasale, la « rhinite », l'écoulement devient plus épais et prend un aspect jaune vert.

L'éternuement et l'écoulement d'une seule narine suggèrent d'habitude la présence d'un corps étranger là. Il s'agit le plus souvent d'un brin d'herbe qui, en raison de la texture de sa surface, ne peut se déplacer que dans une direction, pénétrant plus loin. Le chat éternue pour tenter d'expulser le corps étranger.

Prévention et traitement

Le vaccin atténue l'intensité des causes infectieuses de rhinite (voir pages 135 et 136). Pour contrôler la rhinite allergique, identifiez et évitez sa cause ou donnez des antihistaminiques et anti-inflammatoires.

Les corps étrangers tels que les brins d'herbe doivent être extraits sous anesthésie générale par le vétérinaire.

En haut à gauche. *Bien que de nombreux traitements « spot-on » détruisent les mites d'oreille, les gouttes conviennent aussi pour éliminer ces parasites et d'autres affections auriculaires. Approchez-vous de côté et de derrière, et donnez au chat une friandise immédiatement après le traitement.*

En haut à droite. *Les chats à visage plat souffrent presque toujours d'un drainage imparfait des larmes dans le nez. Les larmes incolores débordent et prennent une couleur brun acajou, tachant les poils.*

En bas à gauche. *La troisième paupière peut devenir visible, soit à cause d'un problème oculaire, soit à cause d'une affection dans une autre partie du corps.*

En bas à droite. *Les blessures aux yeux ne sont pas très rares, spécialement après des bagarres. Une teinture à la fluorescéine préviendra tout dommage possible de la cornée.*

Problèmes de la bouche

Bien que l'haleine d'un chat ne soit pas naturellement suave, la mauvaise haleine indique presque toujours un problème médical qui exige l'attention immédiate du vétérinaire. La mauvaise haleine peut être causée par une affection rénale ou hépatique, par la leucémie féline ou par une infection virale. Elle peut également être causée par la présence d'un corps étranger, tels qu'un bout d'os coincé entre les dents, ou même par une tumeur buccale chez le chat plus âgé, mais surtout par une affection dentaire ou gingivale.

Les gencives doivent être d'un rose uniforme. S'il y a des zones d'inflammation rouges, surtout autour des racines des dents, amenez le chat chez le vétérinaire.

La progression des affections gingivales

La gingivite est le premier stade d'une affection gingivale, où les gencives deviennent rouges et enflent légèrement. Pour finir, elles saignent facilement.

En absence de traitement, la gingivite progresse, devenant affection périodontique ou périodontite, plus grave : l'os est irréversiblement détruit, tout comme les dents. Les dents deviennent cassantes et se brisent, des abcès se forment. Une affection associée répandue est la « lésion de résorption odontoclastique féline », similaire aux caries de l'homme, mais provoquée par d'autres bactéries (voir ci-dessous). Les problèmes graves provoquent presque toujours de la douleur. N'importe lequel de ces signes mérite une visite immédiate chez le vétérinaire :

- Mauvaise haleine
- Peu d'envie de manger
- Nourriture tombant de la bouche, puis mangée
- Tapotement du visage ou de la bouche avec la patte
- Salivation abondante

Astuce de Bruce : les dents

Une manière simple de vérifier régulièrement les dents et les gencives de votre chat est de passer un coton-tige autour de la ligne des gencives. Si on rencontre du sang ou des signes de douleur, consultez le vétérinaire.

Lésions de résorption odontoclastique féline

Ce sont les problèmes dentaires les plus répandus chez le chat. Deux chats sur trois âgés de plus de 6 ans en souffrent. Ces lésions peuvent survenir sur la ligne de la gencive ou juste en dessous, affectant uniquement la racine d'une dent. Parfois, elles sont apparentes, la gencive d'un rouge vif poussant dans un V inversé pour recouvrir les dents. Tout aussi souvent, elles se développent sous la ligne de la gencive, visibles seulement aux rayons X ou à un examen sous anesthésie générale. Cette affection fait mal, parfois tellement que même sous anesthésie générale le chat tresaille quand on touche sa dent ! Si le chat semble vouloir manger mais approche sa nourriture avec hésitation, supposez qu'il a mal à la bouche. Vérifiez la présence

Insuffisance hépatique et rénale = mauvaise haleine

Les affections rénales et hépatiques peuvent provoquer des problèmes dentaires et causer mauvaise haleine. Le traitement des affections gingivales primaires (maladie s'originant uniquement dans la gencive) est très efficace ; les affections gingivales secondaires qui apparaissent suite à d'autres maladies métaboliques régissent au traitement uniquement si l'affection primaire rénale ou hépatique est atténuée.

Stomatite féline et tumeurs de la bouche

Les chats souffrent de stomatite, appelée aussi syndrome lymphocytaire plasmatique. C'est une inflammation de toute la bouche causée par une réaction allergique au tartre dentaire. Parmi les signes : mauvaise haleine, perte de poids, incapacité à manger, bave. Les tumeurs buccales existent aussi chez le chat. Ces deux affections graves exigent des interventions.

d'une ligne rouge ou d'enflure au point de rencontre des dents avec la gencive.

Prévention et traitement

L'accumulation de tartre peut être évitée soit en nettoyant soi-même les dents du chat, soit en les faisant détartrer par le vétérinaire. Il existe des dentifrices, des brosses à dents et des doigtiers spéciaux pour les chats. N'utilisez pas votre dentifrice.

Comme je trouve difficile de brosser les dents d'un chat, je laisse le mien s'occuper de ses dents et gencives en mangeant des os. Si vous commencez quand ils sont petits, les chatons acceptent sans problème de manger des os. Les risques sont moindres que la douleur et l'anesthésie annuelle nécessaire pour détartrer ses dents. Des régimes visant à réduire la formation de plaque sont disponibles et utiles.

L'extraction de la dent malade soulage immédiatement la douleur. Même si toutes les dents doivent être extraites (stomatite féline), le chat s'adapte très bien et mange bien, même des croquettes.

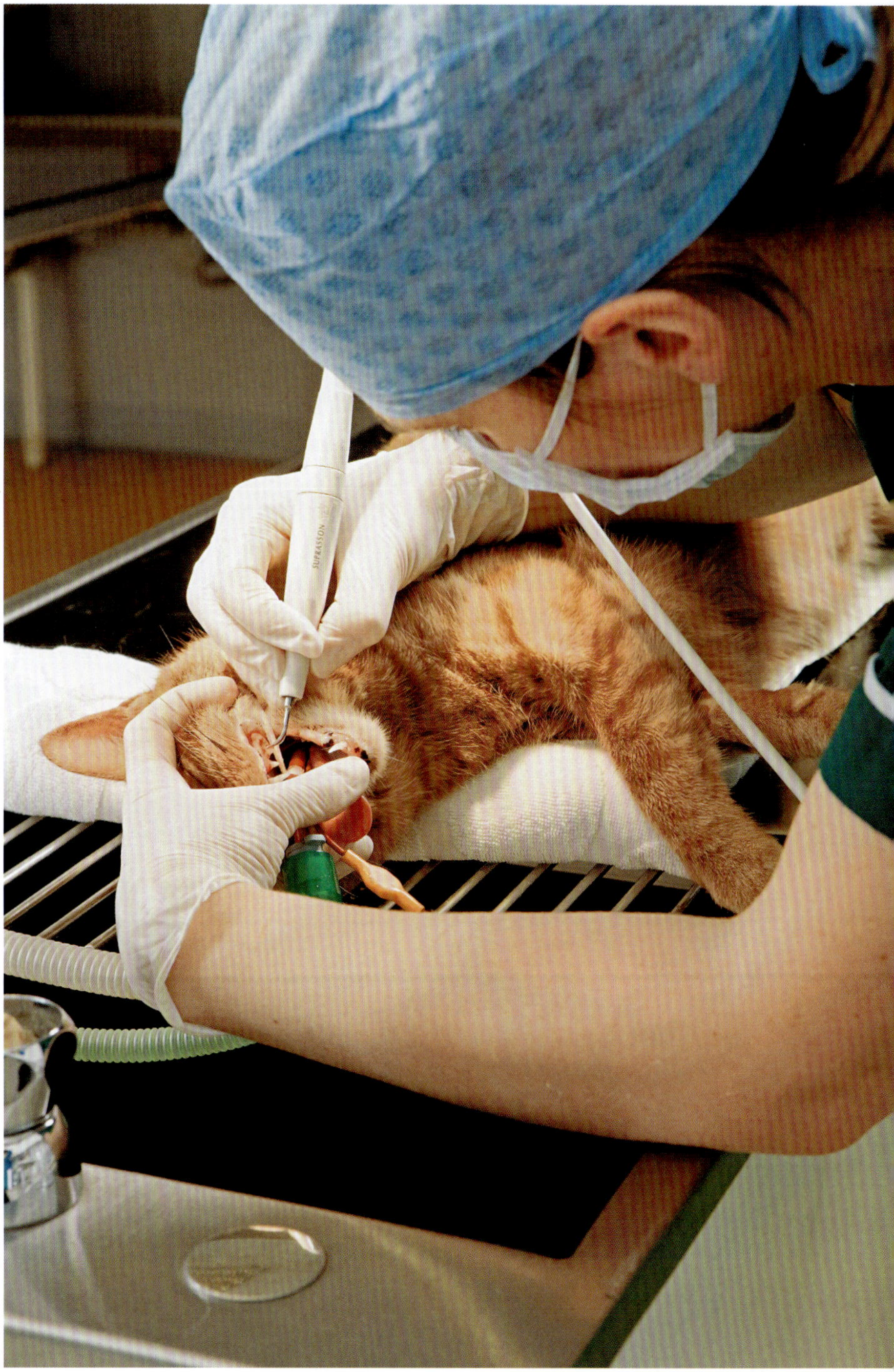

Le détartrage et le polissage des dents sont essentiels pour la bonne santé des dents et des gencives.

Chats qui toussent

L'irritation chronique des voies aériennes est la cause la plus habituelle de toux chez le chat. On l'appelle diversement bronchite chronique, affection allergique des voies aériennes, bronchite allergique ou asthme. Les Siamois semblent y être particulièrement prédisposés. Il y a bien sûr d'autres causes de la toux. La plus bénigne est l'irritation passagère due aux substances inhalées ou aux objets étrangers ; les causes plus graves vont des infections et des infestations au traumatisme et à certaines formes d'affections cardiaques. Pour la toux persistante, consultez un vétérinaire afin d'en déterminer la cause et de l'empêcher de s'aggraver. Et rappelez-vous que les chats ne souffrent pas juste d'allergies : ils peuvent aussi les provoquer.

Qu'est-ce qui provoque la toux

La toux peut être déclenchée par l'inhalation d'irritants tels que pollens, poussière, fumée de cigarette, même aérosols de nettoyants ménagers. Les voies aériennes réagissent à l'irritant en contractant le muscle lisse longeant l'arbre bronchique, prévenant ainsi sa pénétration dans les poumons. Un mucus est sécrété pour piéger l'irritant et la toux est déclenchée pour l'expulser. Toutes ces réactions rétrécissent les voies aériennes, ce qui conduit à des difficultés de respiration.

Les maladies telles que les infections bactériennes, les corps étrangers dans les passages aériens, les affections cardiaques ou les parasites aériens peuvent aussi causer des signes cliniques similaires, mais une réaction asthmatique est la plus probable cause de toux et d'essoufflement.

La respiration est affectée

Alors que certains chats développent progressivement une toux ou un essoufflement chronique, d'autres ont brusquement du mal à respirer, surtout à expirer. Ils se mettent dans une position où ils inspirent plus facilement, et la respiration s'accélère. Certains sont légèrement affectés. La vie d'autres est menacée.

> **ASTUCE : BOULE DE POILS**
>
> La régurgitation des boules de poils peut ressembler à la toux et être confondue à celle-ci. Toute tentative de régurgiter une boule de poils n'est pas efficace, si bien que ne pas en voir sortir une ne signifie pas par défaut que le chat tousse. Observez bien le chat. La vraie toux exige une consultation.

Dans la plupart des cas, une radio montre des bronches épaissies avec de l'air piégé dans les zones rétrécies, mais cela ne réussit pas toujours. Un examen avec un bronchoscope peut révéler un excès de mucus et de rougeur, mais parfois même celui-ci ne permet pas de voir des anomalies. Dans ce cas, le vétérinaire procédera à un lavage bronchique.

Prévention et traitement

Lorsque le vétérinaire et vous tentez d'identifier ce qui déclenche l'asthme et de l'éliminer, les

Au premier regard, ce chat semble tousser, mais sa posture voûtée signifie qu'il est plus probablement en train de régurgiter une boule de poils.

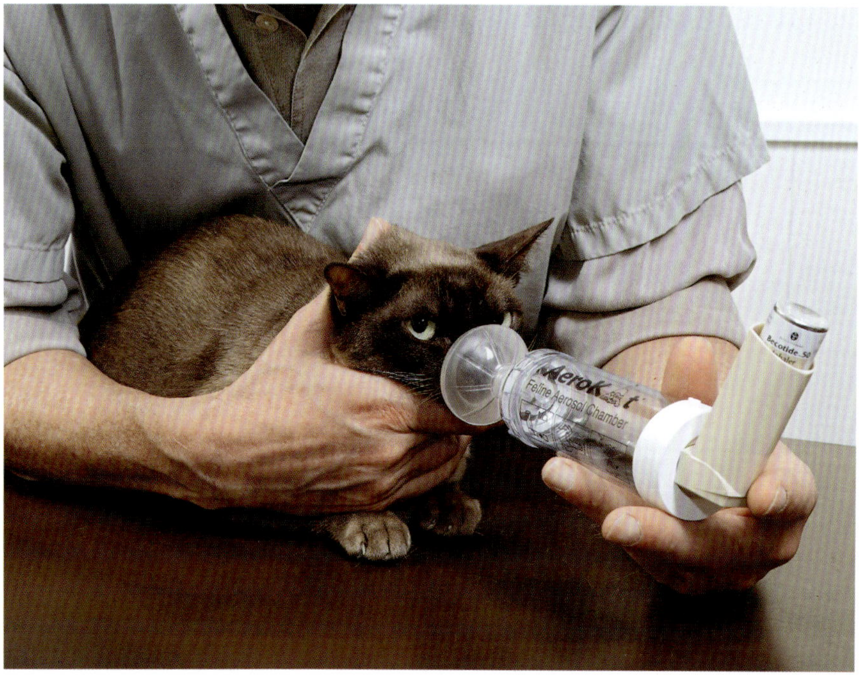

Un inhalateur à usage de l'homme peut être inséré dans un adaptateur spécial. Le chat inspirera ainsi son médicament.

passages aériens rétrécis sont traités avec divers médicaments, dont des anti-inflammatoires, des bronchodilateurs et des fluidifiants du mucus. Je conseille aussi de changer la litière pour une marque qui produit moins de poussière, d'éviter tous les aérosols dans la maison et de garder le chat à l'intérieur si des crises d'asthme se déclarent lorsqu'il sort.

La meilleure façon de donner à un chat asthmatique des médicaments anti-inflammatoires (corticostéroïdes) est d'utiliser un inhalateur spécial, étonnamment bien toléré. Selon moi, c'est plus facile que de lui faire avaler des cachets. De plus, le médicament arrive ainsi juste là où il est nécessaire, dans les passages aériens.

Le pronostic pour l'asthme dépend de la gravité de l'affection et du délai précédant le début du traitement. Si l'asthme a évolué jusqu'à devenir chronique, le rétrécissement irréversible des voies aériennes ne réagira pas aux médicaments.

Êtes-vous allergique aux chats ?

Les personnes allergiques aux chats réagissent à une protéine (Fel D1) présente dans leurs phanères, mais aussi dans leur salive. Atténuez la production de phanères et l'exposition à celles-ci.

- Utilisez régulièrement des produits antipuces, car un chat qui se gratte met plus de phanères dans l'air.
- Ne laissez pas le chat entrer dans votre chambre, car les phanères s'accumulent partout où il se prélasse.
- À chaque fois que possible, laissez sortir le chat, pour qu'il laisse ses phanères dehors.
- Évitez les lainages, qui agissent comme un aimant pour les allergènes.
- Utilisez un aspirateur équipé de filtres réduisant la présence de phanères dans les tapis et les tissus d'ameublement, les empêchant de se répandre dans l'air.
- Faites stériliser votre chat, car les mâles entiers produisent plus d'allergènes que les femelles. La stérilisation diminue la production de sébum.
- Demandez à une autre personne de toiletter votre chat, si possible, et épongez son pelage tous les jours pour en écarter la salive dont il est enduit.
- Faites-le traiter dès que possible pour toute affection de la peau et de la bouche, afin de diminuer la production d'antigènes de votre chat.
- Aérez bien la maison, spécialement la zone où se trouve le bac à litière.

Une allergie aux chats ne doit pas vous empêcher d'en avoir un. Faites seulement un peu plus attention au quotidien.

Affections gastro-intestinales

Les problèmes affectant l'estomac et les intestins – surtout vomissements, diarrhée et constipation – sont parmi les raisons les plus habituelles de consulter le vétérinaire. Dans la plupart des cas, spécialement chez les jeunes chats, la cause est banale, généralement liée à l'alimentation. Assez frustrant, un chat peut présenter les mêmes signes cliniques en cas d'affection grave. Par exemple, les vomissements brusques peuvent être dus à une chose irritant la paroi stomacale, mais aussi à un cancer en train de se développer là. Le bon diagnostic est vital pour traiter les affections gastro-intestinales.

Ci-dessus. *Des essais sont nécessaires pour trouver l'alimentation idéale pour le système gastro-intestinal d'un jeune chat.*

Ci-dessous. *Les chats font du bruit en vomissant. Les vomissements sont parfois provoqués par quelque chose de simple, comme l'ingestion d'herbe, mais aussi par des affections graves.*

Vomissements

Les chats vomissent naturellement à l'occasion, mais s'ils continuent à manger, à jouer, à faire leurs besoins normalement, c'est davantage une corvée de nettoyage pour vous qu'une cause d'inquiétude.

Cependant, si le chat vomit fréquemment ou à répétition, même s'il semble parfaitement bien par ailleurs, une quelconque raison médicale peut être présente. Si le chat montre d'autres signes, surtout s'il est léthargique, un examen est nécessaire de toute urgence.

Les vomissements ne sont pas une maladie, mais le signe clinique d'un problème. Parmi les causes provoquant des vomissements, on trouve :

- Problèmes d'alimentation
- Boules de poils
- Médicaments, y compris vermifuges
- Poisons, qu'ils soient léchés, ingérés ou absorbés à travers la peau
- Coup de chaleur
- Mal des transports
- Troubles intestinaux, dont irritations, inflammations, constipation, obstructions, ulcérations, syndrome du côlon irritable, parasites intestinaux
- Maladies métaboliques, dont diabète, hyperthyroïdie, affections rénales, hépatiques et pancréatiques
- Infections, y compris infections gastro-intestinales, infections utérines (pyométrie), abcès
- Divers cancers
- Affections de l'appareil urinaire, dont infections, obstructions et insuffisance rénale.

Alimentation et vomissements

Chez les chats jeunes, la plupart des vomissements sont causés soit par ce qui est ingéré, soit par la manière dont l'animal mange. Les intolérances alimentaires, spécialement des protéines, semblent aussi s'être accrues. D'autres causes de vomissements incluent un changement trop rapide d'alimentation, l'ingestion trop rapide, la suralimentation, le mâchouillage de plantes d'intérieur ou (plus rare) la consommation de nourriture avariée ou des proies genre petits mammifères, lézards, etc.

Prévention et traitement

Pour maîtriser les vomissements provoqués par les intolérances alimentaires, il faut procéder par essais. En règle générale, je fais passer progressivement les chats qui mangent de la volaille, du bœuf ou de l'agneau à des plats à base de poisson. Si cela ne s'avère pas efficace, je conseille des aliments où les protéines ont été hydrolysées en acides aminés (voir page 78).

Pour les chats qui mangent trop vite, disposez de petites portions de nourriture dans des sacs en papier partout dans la maison, ce qui l'obligera à les chercher et à manger ainsi peu à peu.

Boules de poils

L'estomac et les intestins du chat peuvent éliminer les poils, mais chez certains chats – et pas seulement les chats à poil long – des boules de poils s'accumulent dans l'estomac. Au lieu d'être éliminées par voie intestinale, elles sont régurgitées, souvent exactement là où vous mettez le pied en sortant du lit le matin. Une boule de poils occasionnelle est normale, la régurgitation fréquente exige l'attention du vétérinaire.

Prévention et traitement

Prévenez l'ingestion excessive de poils en peignant fréquemment le pelage du chat (pas en le brossant). Utilisez un peigne à dents fines pour les chats à poil court, un peigne à grosses dents pour les chats à poil long.

Beaucoup de chats mangent de l'herbe ou des plantes, car les fibres végétales rugueuses les aident à régurgiter les boules de poils. Notez cependant que la plupart mangent des plantes surtout parce qu'ils sont attirés par celles-ci.

Traitez les boules de poils avec des produits adaptés contenant généralement de l'huile minérale. Vous pouvez aussi donner au chat une alimentation plus riche en fibre que sa nourriture

Les rongeurs sont un aliment naturel, mais si le chat mange une souris tuée par un poison, il risque d'en être affecté.

ordinaire, prévenant leur formation. Les fibres – pâte de betterave ou poudre de cellulose – aident à éliminer les poils via les intestins. Attention si vous ajoutez des fibres à une alimentation ordinaire : l'excès peut causer de la diarrhée (en absorbant l'humidité) ou de la constipation (de par sa masse). Comme pour tout changement diétaire, procédez progressivement et surveillez le bac à litière pour les résultats.

Diarrhée

Normalement, les excréments du chat sont bien formés, à forte odeur (de par la richesse en protéines de l'alimentation), de couleur brune. Ils sont généralement éliminés en suivant une routine établie.

Il faut noter tout changement de cette routine – modification de la couleur ou de la consistance, apparition de sang ou de mucus. La diarrhée varie des fèces molles à aqueuses à une diarrhée explosive accompagnée de sang. Comme les vomissements, la diarrhée n'est pas une maladie, mais un symptôme. Parmi ses causes :

- Problèmes d'alimentation, y compris des intolérances alimentaires
- Médicaments
- Poisons, si léchés, ingérés ou absorbés à travers la peau
- Problèmes intestinaux, dont affections inflammatoires des intestins, parasites intestinaux et tumeurs
- Infections intestinales causées par des virus, des bactéries et des parasites monocellulaires comme le giardia
- Maladies métaboliques, dont diabète, hyperthyroïdie, affections rénales, hépatiques et pancréatiques
- Infections gastro-intestinales, utérines (pyométrie) et abcès.

Astuce : boule de poils

Les huiles comestibles, de poisson, de graines de lin ou d'olive, sont bénéfiques pour la peau et le pelage, mais comme elles sont entièrement digérées dans l'intestin grêle, elles ne conduisent pas une boule de poils à travers le gros intestin afin qu'elle soit éliminée. Les remèdes contre les boules de poils contiennent des huiles indigestes. Si vous commencez à donner à votre chat une alimentation plus riche en fibres, celle-ci produira des excréments plus volumineux. Le chat aura aussi plus soif et boira davantage. S'il ne le fait pas, le risque de maladie de l'appareil urinaire est légèrement accru. Si le chat refuse d'ingérer un traitement anti-boules de poils ou de vous laisser le lui mettre dans la bouche, étalez-le dans les poils sur l'intérieur de son coude. Là, le chat le léchera facilement, tout en étant pratiquement incapable de s'en débarrasser en secouant la patte.

Causes et signes

Les formes de diarrhée varient. La diarrhée causée par des troubles de l'intestin grêle est souvent aqueuse et abondante, et le chat perd rapidement du poids. En cas de diarrhée du gros intestin, les chats éliminent fréquemment de petites quantités d'excréments mous, parfois contenant du sang frais ou du mucus.

Il peut être difficile de savoir ce qui se passe si le chat sort ou dans la maison où vivent plusieurs chats. En cas de diarrhée grave, même les chats qui sortent peuvent avoir des accidents dans la maison. Les restes d'excréments collés sur les poils en dessous de la queue sont un signe évident. Surveillez aussi les vomissements, qui accompagnent souvent la diarrhée. Les chats souffrant de diarrhée boivent généralement davantage.

Astuce : échantillon

Lorsque vous amenez un chat chez le vétérinaire pour un traitement de la diarrhée, amenez un échantillon récent des selles. Il pourra être analysé pour la présence de giardia, cause de diarrhée chronique, ainsi que de parasites, de nourriture non digérée et de bactéries.

Prévention et traitement

Évitez tout changement brusque d'alimentation, cause la plus répandue de diarrhée. Si le chat a une brusque diarrhée mais semble par ailleurs en bon état, laissez-le jeûner un jour, puis revenez aux aliments précédents qui produisaient des excréments bien formés. Certains chats développent une intolérance au lactose ; dans ce cas, évitez les produits lactés. Les chatons et les chats curieux peuvent manger des choses indésirables ; couvrez vos poubelles.

Donnez au chat des aliments très digestes, légers, comme du poulet avec du riz, en trois ou quatre petits repas par jour pour alléger le travail des intestins. Au fil des deux à trois jours suivants, l'alimentation habituelle normale peut reprendre. Si la diarrhée a été causée par la consommation de restes, par exemple trouvés dans les poubelles, elle passera toute seule.

Astuce : antibiotiques

Les antibiotiques sont utiles uniquement si une cause bactérienne spécifique est découverte dans les cultures fécales ou si les intestins sont gravement endommagés. Dans la plupart des cas de diarrhée, les antibiotiques n'aident pas ; ils risquent même d'aggraver le problème.

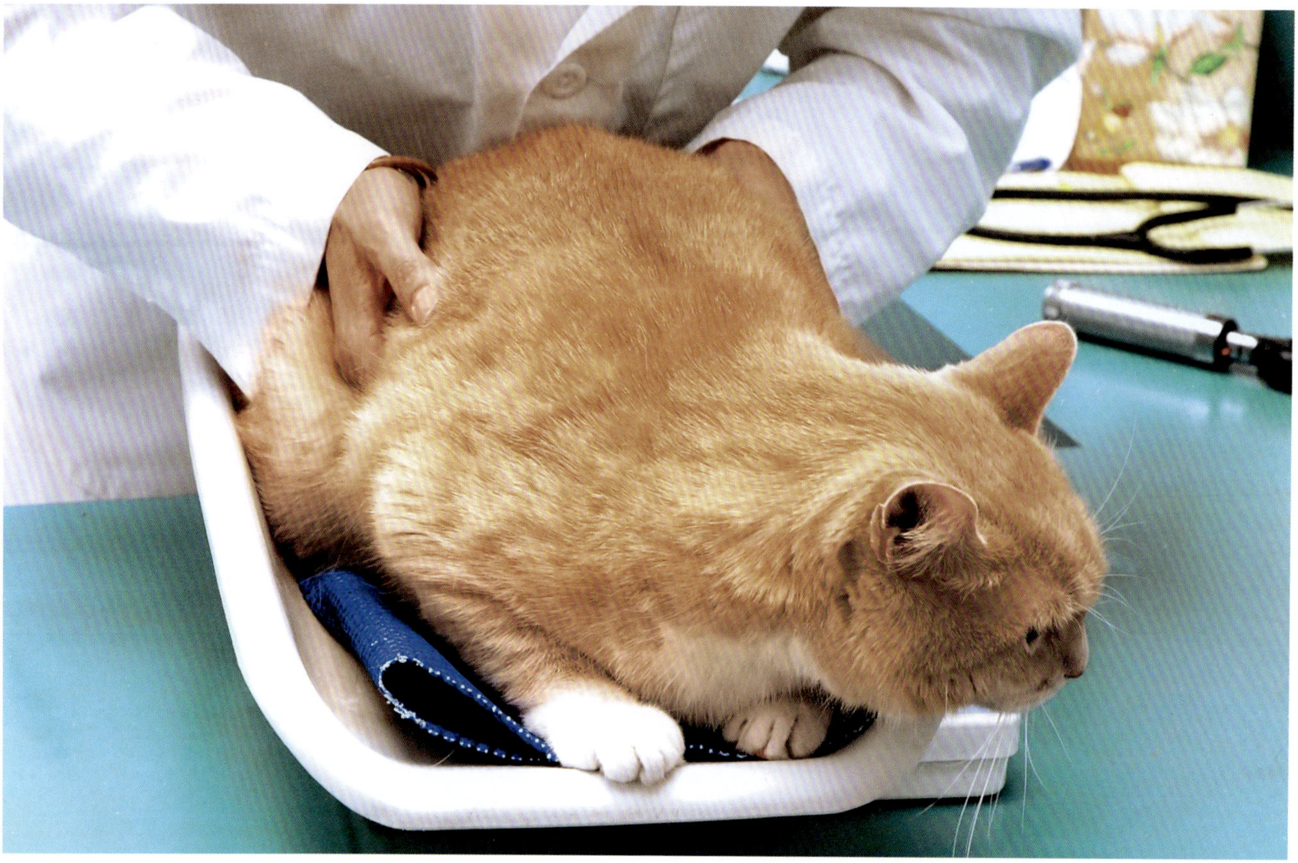

Des études récentes montrent que même dans ce cas, la diarrhée disparaît un jour plus tôt si on ajoute un complément « probiotique » approprié à l'alimentation.

Prévention et traitement des infections et des infestations

Les infections au parvovirus (panleucopénie), au coronavirus et au rotavirus sont des causes virales de diarrhée, la salmonelle et le campylobacter, des causes bactériennes. Les infestations d'ascarides, d'ankylostomes, et de protozoaires comme le giardia provoquant aussi de la diarrhée. La vaccination appropriée et la vermifugation (voir pages 134 à 141) permettent d'éviter ces problèmes.

Le traitement de la diarrhée causée par une infection ou une infestation doit être adapté aux situations individuelles et à la gravité de l'état. Des antibiotiques et des fluides en intraveineuse sont souvent nécessaires. Dans le cas de diarrhée très grave ou de longue durée, le vétérinaire pratiquera des analyses pour en trouver la cause et décider du meilleur traitement.

Traitement des maladies inflammatoires de l'intestin

Dans le cas de ces maladies, on procède souvent par essais, car vu le nombre de facteurs déclencheurs le traitement doit être individualisé. L'alimentation y joue toujours un rôle important.

Je conseille une alimentation

En cas de toute maladie gastro-intestinale, il est important de surveiller le poids. La perte de poids a une signification vitale, bien que le gain de poids puisse avoir lui aussi une importance clinique.

comportant une protéine que le chat n'a pas ingérée dans les six mois précédents, par exemple gibier, canard ou poisson de mer, que l'animal doit manger au moins six semaines pour déterminer si elle est bénéfique. Des médicaments contrôlant l'inflammation des intestins et la diarrhée sont aussi nécessaires.

Constipation

La constipation chronique est une affection répandue, spécialement chez les chats plus âgés. Un chat constipé élimine moins fréquemment, avec plus de mal, ou pas du tout. Les chats constipés montrent souvent des signes de douleur lorsqu'ils essayent d'excréter. Les chats affectés se rendent davantage au bac à litière et y passent plus de temps. Si ses efforts ne donnent rien, difficile de déterminer si le chat tente d'uriner ou de déféquer. Dans certains cas, un chat élimine du fluide autour des selles bloquées dans le côlon, qui irritent son revêtement. Cette irritation stimule la sécrétion de fluide, pouvant être confondu avec la diarrhée. Les chats constipés perdent souvent l'appétit et vomissent au fur et à mesure que l'affection progresse.

Causes de constipation

La répugnance à déféquer peut avoir des raisons comportementales, par exemple un bac sale ou la concurrence d'autres chats. Une raison médicale, comme la douleur à la défécation, fait aussi hésiter le chat quant à utiliser le bac à litière.

Les chats déshydratés réabsorbent plus de fluide du côlon, ce qui rend les selles dures et sèches. L'insuffisance rénale chronique est une cause ordinaire de déshydratation.

Nombre de plaies peuvent soit endommager les nerfs qui contrôlent la contraction des intestins ou le canal pelvien traversé par le côlon, soit causer une constipation. D'autres peuvent provoquer juste le contraire, une perte du contrôle des muscles du sphincter et donc une incontinence fécale.

Le tissu cicatriciel –d'une plaie précédente ou de certains types de tumeur capables d'infiltrer la paroi intestinale – provoque un rétrécissement. Des matières comme les poils ou les os bloqués dans le gros intestin causent une obstruction du côlon.

En cas de mégacôlon idiopathique, le muscle lisse qui doit se contracter pour faire avancer les fèces vers le rectum ne remplit plus son rôle. Bien que la cause de ce problème ne soit pas connue, c'est la raison la plus répandue de constipation chez les chats âgés.

Prévention et traitement

La constipation chronique est un problème très commun, spécialement chez les chats âgés. Traitée tôt, la constipation réagit aux changements d'alimentation et aux laxatifs lubrifiants.

Les laxatifs ramollissent le contenu des intestins permettant l'élimination des selles à travers le côlon. Certains sont lubrifiants (similaires aux traitements pour les boules de poils), d'autres stimulent l'activité du côlon (voir encadré pour des détails). Les chats doivent être bien hydratés avant d'être traités aux laxatifs, car la plupart provoquent rétention d'eau dans le côlon.

La constipation légère est soulagée par un peu de laxatif lubrifiant. Les chats plus gravement affectés reçoivent un lavement

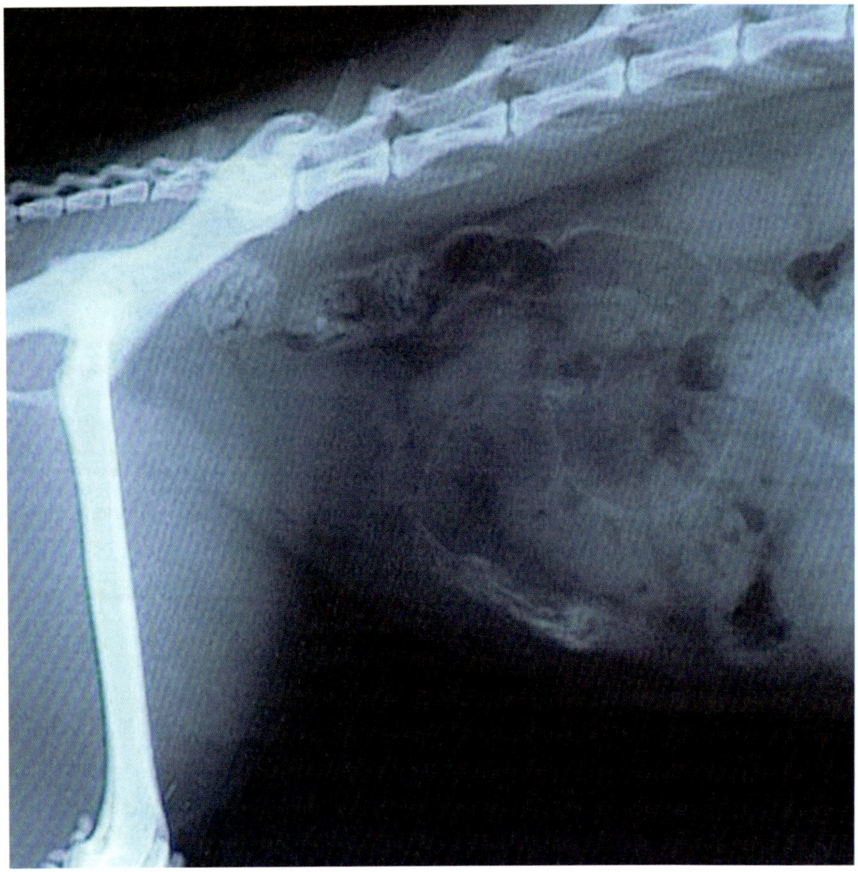

Ce chat a besoin d'un traitement urgent pour sa constipation : les rayons X montrent un gros intestin surchargé de fèces et gaz (les zones sombres).

Les laxatives agissent de plusieurs manières différentes

Tous les laxatifs présentent avantages et désavantages. Mieux vaut demander un conseil vétérinaire.

Les laxatifs à effet de masse comme la pâte de betterave, le son de blé et le psyllium augmentent le contenu en eau des fèces et réduisent la durée de présence de la nourriture dans les intestins. Ils augmentent la fréquence de la défécation.

Les laxatifs lubrifiants tels que la vaseline ou la paraffine liquide diminuent l'absorption d'eau depuis le côlon et facilitent le passage des fèces à travers le côlon.

Les laxatifs hyperosmotiques tels que le lactulose stimulent la sécrétion de fluide dans le côlon, ce qui fait avancer les selles.

Les laxatifs stimulants tels que le bisacodyl stimulent les nerfs de la paroi du côlon pour initier la contraction musculaire, ainsi que la sécrétion de fluide de la paroi.

Les laxatifs émollients comme le docusate sodique maintiennent le contenu en fluide des selles, en le rendant moins facile à absorber par le côlon.

à l'eau tiède sous anesthésie générale, combiné à une évacuation manuelle.

La constipation durable est plus difficile à traiter. Elle risque d'exiger une opération chirurgicale, bien que celle-ci ne soit pas un remède.

Si la constipation résulte de la déshydratation, une perfusion intraveineuse est souvent nécessaire pour traiter sa cause principale. À la maison, l'hydratation d'un chat peut être améliorée en lui donnant des aliments humides au lieu de croquettes sèches et en ajoutant de l'eau à sa nourriture. Pour la déshydratation chronique, je montre aux maîtres comment donner quotidiennement à leur chat des fluides en subcutané.

Mégacôlon

Chez le chat constipé, les fèces bloquées finissent par distendre le côlon ; dans ce cas, même quelques jours peuvent endommager les nerfs et les muscles du côlon, parfois de façon permanente. Cet état, le mégacôlon, est plus difficile à traiter qu'une simple constipation.

Les médicaments procinétiques améliorent la transmission neuro-musculaire et sont utiles dans les cas de mégacôlon léger à modéré, mais n'ont pas été conçus pour des chats.

Une opération retirant la partie endommagée du côlon est parfois nécessaire.

Poisons

Les chats sont tatillons quant à leur nourriture, si bien qu'ils risquent moins que les chiens de manger n'importe quoi. D'autre part, de par leur propreté méticuleuse, ils sont plus à même d'ingérer les poisons qui contaminent leur pelage.

Les chats jeunes, curieux ou simplement ennuyés sont plus susceptibles de manger des choses nuisibles. Les plantes d'intérieur tendres ou les fleurs coupées peuvent s'avérer très toxiques. L'ingestion d'une seule feuille de lys, par exemple, cause des vomissements graves et une léthargie dans les deux heures.

Comme le foie du chat ne dispose pas de certaines enzymes décomposant les poisons, des substances chimiques répandues, y compris des médicaments sans danger pour l'homme ou le chien, sont létales pour les chats.

Évitez les plantes toxiques

Vérifiez que vos plantes d'intérieur et vos fleurs ne sont pas toxiques (voir encadré) et débarrassez-vous de celles dangereuses. Les chats aiment mordiller les plantes ; fournissez-leur de l'herbe. Si votre chat a mangé une plante ou une fleur toxique, conduisez-le immédiatement chez le vétérinaire.

L'antigel tue les chats

On ajoute parfois de l'éthylèneglycol dans l'eau des fontaines pour l'empêcher de geler. Les chats aiment boire de l'eau qui coule ! Comme il est naturellement sucré, l'antigel contient souvent un agent « amer », mais en faible concentration cela n'éloignera pas un chat. L'antigel contamine aussi facilement les pattes ou les poils s'il s'écoule du radiateur d'une voiture, car les chats aiment s'installer au chaud sous les voitures.

Comme bien d'autres poisons, celui-ci provoque vomissements et manque

Identifier les plantes toxiques

Les plantes à risques sont placées en trois catégories :

A Toxiques
B Toxiques si ingérées
C Nuisibles si ingérées

Celles de la catégorie A sont rarement en vente. Si vous avez des animaux de compagnie, évitez la catégorie B, que ce soit à l'intérieur ou à l'extérieur de la maison.

À gauche. *Le toilettage félin méticuleux garantit pratiquement que toute substance toxique présente sur son pelage sera ingérée. Elle peut aussi être absorbée directement à travers la peau.*

À droite. *L'eau peut être contaminée par des substances chimiques ou des parasites ; offrez-lui assez d'eau fraîche à la maison et votre chat ne prendra pas l'habitude de boire ailleurs.*

Nettoyer un pelage contaminé

Retirez autant de contamination que possible en coupant les poils affectés, puis lavez le chat à l'eau savonneuse tiède. Séchez-le bien dans une serviette. Les matières grasses peuvent être retirées en les frottant avec de l'huile de cuisine propre, tiède, puis en essuyant le tout. Si vous pensez que le chat a pu ingérer la substance concernée, conduisez-le chez le vétérinaire dès que possible.

d'énergie, suivis par perte d'équilibre, le tout dans les 12 heures. Le chat a besoin d'un traitement immédiat pour gérer son insuffisance rénale.

Médicaments dangereux

En tentant de le faire se sentir mieux ou de prévenir l'infestation des puces, l'homme empoisonne sans le vouloir le chat, le tuant même parfois. Des antalgiques sans danger pour l'homme sont mortels pour les chats, tout comme certains pesticides et nettoyants ménagers.

Antalgiques

Le paracétamol peut tuer un chat s'il est administré à 45 mg par 1 kg de poids corporel. Le chat intoxiqué bavera, vomira et semblera déprimé ; il peut mourir dans l'espace de 24 heures.

Juste 25 mg d'aspirine par 1 kg de poids corporel peuvent causer un empoisonnement aigu. Le chat intoxiqué vomira, semblera déprimé, s'éloignera de sa nourriture et développera rapidement une insuffisance rénale. Même des doses plus basses, données fréquemment, causent ulcère gastrique ou affection hépatique.

Environ 50 mg d'ibuprofène par 1 kg de poids corporel sont toxiques pour les chats, causant vomissements, léthargie et présence de sang dans les vomissements ou les selles.

Traitements antipuces

N'utilisez que des traitements antipuces formulés spécifiquement pour les chats, ceux pour chiens s'avérant toxiques.

Antimites

La plupart des produits antimites sont toxiques pour les chats. Parmi les signes d'empoisonnement : irritation de la peau, vomissements, tremblements, excitation, perte de coordination, même agressivité.

Produits ménagers

Beaucoup de désinfectants contiennent du phénol, que les chats absorbent par la peau ou ingèrent en léchant leurs pattes après avoir marché sur des surfaces récemment traitées avec ces produits.

Astuce : empoisonnement – urgence vétérinaire

Ne tentez pas de donner au chat des cristaux de soude ou de sel, qui n'agissent pas bien sur lui. Prévenez le vétérinaire de votre arrivée et, si vous savez ce que le chat a ingéré, prenez l'emballage avec vous. Enveloppez bien le chat pour le voyage, pour qu'il ne se blesse ou ne se lèche pas davantage si une substance toxique est présente sur son pelage.

Problèmes de l'appareil urinaire

Les affections urinaires basses (AUB) sont plus rares qu'il y a une trentaine d'années. Actuellement, moins de 3 % des chats en souffrent, mais ces affections sont douloureuses. Typiquement, elles se manifestent chez les chats d'intérieur en surpoids, stérilisés, âgés de 2 à 7 ans, qui font peu d'exercice et mangent des aliments secs. Les Persans semblent présenter un risque plus élevé. Un chat affecté visitera fréquemment son bac à litière, fera des efforts pour uriner, éliminera à chaque fois de très petites quantités, léchera plus souvent ses organes génitaux ou présentera du sang dans les urines. Certains chats associent leur douleur au bac à litière, si bien qu'ils ne l'utiliseront plus. Des mâles développent des blocages extrêmement douloureux, exigeant une consultation vétérinaire immédiate.

Causes variables

L'infection de la vessie est une cause peu habituelle d'AUB. Parmi les chats de moins de 10 ans qui en souffrent, moins de 2 % présentent une infection de la vessie.

Moins de 15 % des chats affectés ont des calculs rénaux, dont la moitié sont des struvites, la moitié de l'oxalate de calcium, ces derniers bloquant l'urètre chez les mâles. L'incidence des cristaux de calcium s'est accrue avec les aliments acidifiés traités contre la struvite. Les cristaux de struvite peuvent être dissous par l'alimentation, bien que cela puisse prendre longtemps, à la différence des cristaux d'oxalate de calcium.

Et les autres ? Deux chats sur trois souffrant d'AUB ont une cystite idiopathique, autrement dit, une inflammation de la vessie due à des causes inconnues.

Une cause possible

Les nerfs de la paroi vésicale sont stimulés par l'inflammation de la vessie, causée par des calculs, des cristaux, des bactéries ou des tumeurs, mais aussi par le stress. Quel que soit le stimulus, des substances chimiques intensifiant la douleur et l'inflammation locales sont sécrétées.

Une mince couche de mucus protecteur, le glycosaminoglycane (GAG) tapisse la

Astuce : antidépresseurs

Les antidepresseurs utilisés pour traiter la cystite interstitielle chez l'homme ont parfois été utilisés avec succès pour les chats. On ne sait pas s'ils agissent parce qu'ils sont des antidépresseurs ou parce qu'ils sont aussi antalgiques et anti-inflammatoires. Ils peuvent avoir des effets secondaires au niveau du comportement.

Les chats sauvages tirent la plupart de l'eau dont ils ont besoin de la consommation des proies fraîches; les chats domestiques ne sont donc pas naturellement enclins à boire beaucoup.

ASTUCE : CANNEBERGES

L'extrait de canneberge est bénéfique pour les chiens qui souffrent de cystite causée par une infection bactérienne de la vessie ; il empêche les bactéries de s'attacher aux parois de la vessie. Cet extrait est probablement moins bénéfique pour les chats.

paroi de la vessie et empêche les bactéries ou les cristaux de s'y attacher. Les défauts de cette couche protectrice permettent aux substances nuisibles présentes dans l'urine de provoquer une inflammation. Les chats souffrant de cystite idiopathique ont un taux bas de GAG.

Traitement médical

La plupart des AUB non-obstructives se résorbent toutes seules dans un laps de temps de cinq à dix jours, mais elles sont très douloureuses et stressantes pour le chat. Le traitement immédiat est presque toujours bénéfique. Alors que l'infection est une rare cause d'AUB, des antibiotiques – spécialement de la famille de la pénicilline – ont des effets anti-inflammatoires ou antalgiques.

Pour les mâles qui développent des blocages récurrents menaçant leur vie, une opération d'élargissement de l'urètre peut s'avérer nécessaire.

Qu'ils agissent comme antalgiques, comme anti-inflammatoires ou d'une autre manière, les suppléments GAG administrés par la bouche ou en piqûre sous-cutanée bénéficient aux chats.

Changements diététaires

L'alimentation influence les AUB, sans être leur unique cause. Encouragez le chat à boire plus d'eau, facteur très important. Donnez-lui de la nourriture humide ou sèche bien trempée. Donnez-lui de la nourriture sèche spécialement conçue pour accroître le renouvellement de l'eau uniquement si votre chat refuse de manger quoi que ce soit d'autre.

Évitez les aliments secs commerciaux, particulièrement ceux riches en fibres ou allégés, car ils contribuent à la déshydratation globale. Utilisez des aliments très acidifiés seulement pour dissoudre des struvites diagnostiquées, sur une période aussi réduite que possible.

Diminuer le stress

Les chats prédisposés à la cystite idiopathique réagissent davantage au stress. S'ils vivent dans la maison, ils peuvent le contrôler, par exemple en s'enfuyant. Le stress déclenche des récurrences de cystite idiopathique : atténuez les problèmes quand il y a plusieurs chats, gardez le bac à litière à un endroit approprié, ne procédez qu'à des changements progressifs. Si vous pouvez contrôler le temps, tant mieux !

Chats âgés

Pour moi, les chats âgés sont irrésistibles. Lorsque je tente d'analyser ce que j'admire chez ces vieillards aux yeux voilés et aux articulations raides, je trouve que c'est leur nature plus sociable, plus affectueuse, plus exigeante et, oui, ayant besoin de plus d'attention. Les chats âgés deviennent souvent plus dépendants de nous et nous demandent davantage. Mais comme ce sont des stoïques, ils ne se plaignent jamais, même quand ils se sentent très mal. Aux États-Unis, au Canada, en Allemagne, en Grande-Bretagne et sans doute partout ailleurs, les chats de plus de 10 ans forment un tiers ou plus de la population domestique.

La vieillesse n'est pas une maladie

Quand j'examine un chat âgé qui a « ralenti », on me demande parfois si c'est « simplement la vieillesse ». Je réponds qu'il s'agit plutôt d'une affection spécifique ou, comme cela arrive souvent, de plusieurs affections qui juste apparaissent plus fréquemment à mesure de l'avancée en âge. Parmi celles-ci, l'arthrite – l'affection probablement la moins reconnue chez les chats âgés –, les affections rénales chroniques, les troubles cardiaques, l'hyperthyroïdie, les cancers et la sénilité.

Nombre d'autres affections sont plus rencontrées à la vieillesse, dont diabète (voir pages 150 et 151), affections dentaires et gingivales (voir pages 158 et 159), AUB (voir pages 170 et 171), affections gastro-intestinales et hépatiques (voir pages 162 à 167). Quelle que soir l'affection, prendre soin d'un chat âgé est comme s'occuper d'un croisement entre un petit enfant et un parent âgé.

L'arthrite est répandue

Lors de mes études, on m'a enseigné que les chats ont la chance de ne développer de l'arthrite que dans les articulations précédemment blessées ou endommagées, ce qui est tout à fait faux. Les études se penchant sur les radios des chats âgés ont révélé que 90 % des chats de plus de 12 ans montrent des signes de maladies dégénératives des articulations ! L'arthrose est extrêmement répandue chez les chats âgés.

Arthrose

L'arthrose est un type d'arthrite où le cartilage normal tapissant l'articulation s'érode avec le temps, exposant l'os en dessous, qui devient enflammé et douloureux. Certaines races sont plus prédisposées à l'arthrite dans des articulations spécifiques – par exemple, la dysplasie de la hanche chez les Maine Coons et l'arthrite du genou chez les Abyssins. Les Scottish Folds sont particulièrement enclins à l'arthrite dans plusieurs articulations, les Burmese développent davantage que d'autres races une arthrite du coude. Le surpoids ne cause pas l'arthrite, mais fait empirer les choses. Comme la vaste majorité des chats finit par développer une arthrite, le poids excessif est une cause majeure de douleur inutile.

Observez attentivement votre chat

Il est assez difficile de remarquer la gêne articulaire chez le chat qui ne s'en plaint pas. Si une articulation lui fait mal, il diminue son activité physique, comportement passif déguisant efficacement sa douleur. Si votre chat fait montre de l'un de ces changements, il pourrait s'agir de douleur articulaire :

- Hésitation en sautant sur les meubles
- Peu d'envie de sauter sur les meubles
- Activité physique réduite

L'activité physique réduite et le sommeil accru sont susceptibles d'être causés tant par la gêne liée à la vieillesse que par l'âge même, mais la gêne est gérable.

- Sortir ou jouer moins
- Moins de chasse et d'exploration
- Léchage excessif d'une articulation spécifique
- Moins de toilettage
- Poils enchevêtrés, spécialement dans une zone nécessitant des contorsions du corps pour être toilettée
- Sieste dans des endroits nouveaux, plus accessibles
- Nouvelles difficultés inattendues à utiliser la chatière
- Abandon du bac à litière, spécialement s'il a des bords hauts
- Irritabilité accrue, spécialement lorsqu'il est caressé ou touché
- Intérêt réduit aux caresses ou réaction aux caresses
- Griffes trop longues, même incarnées.

Bien que la douleur articulaire soit répandue chez les chats âgés, une douleur globale et d'autres affections peuvent aussi causer ces changements passifs de comportement.

Soins à domicile pour un chat arthritique

Il est facile d'améliorer la qualité de vie de votre chat à la maison. Le vétérinaire fournira médicaments et conseils nutritionnels. Offrez au chat des couches molles, confortables, dans des endroits accessibles, chauds et tranquilles. Les chats apprécient souvent le sentiment de sécurité des lieux clos : pensez à une corbeille « igloo ». Les chats aiment les hamacs de radiateur, cependant difficiles d'accès pour le chat arthritique : installez-lui des marches.

Installez une rampe moquettée pour aider votre chat à accéder à des endroits élevés comme votre canapé ou lit, s'il dort là. Si la chatière est haute, installez une rampe et fixez le rabat ouvert pour que le chat puisse y passer sans avoir à le pousser.

Fournissez-lui un bac à litière à bords bas dans la maison, même s'il est toujours sorti pour ses besoins. Les chats arthritiques se sentent plus à l'aise sur des litières tendres. Placez le bac à litière, les bols à nourriture et à eau directement sur le plancher. C'est une situation où il peut s'avérer utile de les avoir relativement proches l'un de l'autre.

Toilettez davantage votre chat, en douceur, spécialement les zones plus difficiles à atteindre. Vérifiez ses griffes, pour éviter qu'elles poussent au point de piquer les coussinets et rendre la marche encore plus pénible.

Alimentation et traitement

Utilisez des suppléments de bonne qualité, spécifiquement formulés pour les articulations des chats. Ils contiennent des acides gras essentiels diminuant l'inflammation, de la glucosamine et de la chondroïtine naturelles aidant à améliorer la qualité du cartilage, des antioxydants atténuant le dommage des

Un chat âgé a l'air moins lustré, car il se toilette moins en raison de la gêne associée à l'arthrite. Le traitement comporte des suppléments alimentaires et des médicaments.

radicaux libres. La valeur thérapeutique de ces aliments n'a pas été étudiée chez les chats (ils sont efficaces pour les chiens, les chevaux et l'homme). Ils aideront en cas de début d'arthrose ou d'arthrose légère, mais un traitement est nécessaire en cas d'arthrose avancée.

La plupart des chats arthritiques ont plus de 12 ans, si bien que des affections rénales ou thyroïdiennes peuvent aussi être présentes. Les médicaments anti-inflammatoires non stéroïdiens atténuent efficacement la douleur, mais doivent être utilisés avec prudence ou même évités en cas de problèmes additionnels genre déshydratation, l'hypotension, vomissements, diarrhée, troubles rénaux ou hépatiques. Une consommation accrue d'eau est bonne pour tous les chats âgés, mais spécialement pour ceux traités aux anti-inflammatoires. Pensez à passer aux aliments humides ou à installer une fontaine à eau qui attire le chat.

En ce qui concerne l'acupuncture, si le chat déteste aller chez le vétérinaire, les étrangers, les aiguilles, évitez-la. Utilisée de façon très personnalisée, l'acupuncture semble utile pour nombre de chats.

Astuce : contrôle du poids

Avec l'aide du vétérinaire, décidez d'un poids cible pour votre chat, à atteindre sur une période de 6 à 9 mois. Les chats en surpoids doivent perdre du poids lentement. Une perte trop rapide peut aboutir à de graves problèmes métaboliques, comme la lipidose hépatique, où la graisse s'accumule dangereusement dans le foie.

Insuffisance rénale chronique

L'insuffisance rénale chronique s'installe quand les reins perdent peu à peu leur capacité à filtrer et à éliminer les déchets du sang. Chez les chats plus jeunes, il y a des causes spécifiques, comme infections, dommages toxiques ou problèmes immunitaires, mais pour la majorité des chats âgés, la cause de l'insuffisance rénale chronique reste inconnue. Un chat âgé de 15 ans sur cinq souffre d'insuffisance rénale chronique. Entre deux tiers et trois quarts du tissu rénal est détruit avant que des signes visibles d'insuffisance rénale apparaissent.

Surveillez les changements

Les signes d'insuffisance rénale sont progressifs et vagues : perte de poids, moins d'intérêt pour la nourriture, soif accrue, mictions plus importantes, un peu de léthargie, une robe terne. Non diagnostiqués et non traités, ces signes deviennent plus spectaculaires : déshydratation, dépression, vomissements, haleine malodorante, ulcères buccaux, même convulsions.

Comme tous ces changements peuvent aussi être causés par d'autres maladies, un diagnostic correct est posé en analysant le sang et l'urine pour la présence d'urée et de créatinine, deux substances normalement éliminées par les reins. Les chats souffrant d'insuffisance rénale ont aussi de l'hypertension et sont anémiques.

Astuce de Bruce : analyses

Au moment de l'apparition de tout signe visible, un chat a déjà irrémédiablement perdu la plupart de son tissu rénal. Une analyse annuelle de sang des chats âgés de plus de 10 ans détecte les modifications dues au début d'une affection rénale avant que celle-ci s'aggrave.

Changement vital de l'alimentation

Beaucoup des produits toxiques qui s'accumulent dans le sang en raison de l'insuffisance rénale proviennent de la décomposition des protéines. Nourrissez le chat d'aliments pauvres en protéines, tout en sachant que la carence aboutit à une perte excessive de poids, nuisible à la santé générale. Les aliments spéciaux « pour les reins » sont préférables aux plats maison. Ces aliments ont aussi un faible contenu de phosphate, protégeant les reins d'autres dommages, et sont riches en fibres et en acides gras insaturés potentiellement bénéfiques.

Si votre chat n'aime pas ces aliments, même chauffés ou mélangés à sa nourriture normale, donnez-lui ses plats habituels. Mieux vaut qu'il mange de la nourriture ordinaire que de ne pas manger assez. Le vétérinaire peut vous fournir des produits diminuant le volume de phosphate absorbé.

Soins à la maison et chez le vétérinaire

Si les reins ont perdu une partie de leur capacité à concentrer l'urine et à conserver l'eau, les chats souffrant d'insuffisance rénale chronique risquent de se déshydrater. Maintenez une bonne prise de fluides en leur donnant des aliments humides et mettez de l'eau dans plusieurs bols différents. Essayez une fontaine pour chat.

L'hypertension est associée à l'insuffisance rénale chronique et peut causer un brusque saignement des yeux ou un décollement rétinien, les deux provoquant la cécité. Les hémorragies cérébrales causent des changements neurologiques. Les inhibiteurs d'ACE diminuent la pression sanguine et bénéficient à nombre de chats souffrant d'insuffisance rénale. Si cette affection est avancée, les chats bénéficient de perfusions ou de piqûres de fluides.

Le taux de détérioration varie beaucoup. Le changement d'alimentation débutant quand l'analyse du sang montre des déchets accrus prolonge probablement l'espérance de vie moyenne d'environ 18 mois.

L'anémie est grave

L'anémie est une affection grave. Ce n'est pas une maladie en soi, plutôt la conséquence d'un état spécifique. Si les gencives du chat sont pâles, il peut être anémique. Les chats souffrant d'une anémie grave sont plus léthargiques que la normale, respirent plus vite et ont un rythme cardiaque plus rapide. Certains lèchent des briques ou du béton, ou mangent de la terre ou de la litière. D'autres montrent des gencives et des yeux jaunâtres. L'anémie s'installe soit s'il y a perte de sang (hémorragie), par exemple suite à des saignements internes dus à des accidents, des tumeurs ou des maladies, soit si les globules rouges se désintègrent (hémolyse). Divers médicaments, infections, tumeurs et maladies peuvent causer l'hémolyse. Les reins produisent l'érythropoïétine, hormone qui stimule la production de globules rouges dans la molle osseuse. Toute affection supprimant cette production, y compris une affection rénale chronique, aboutit à une forme d'anémie. L'anémie légère n'est pas significative. Plus grave, elle cause léthargie et faiblesse. Pour les chats souffrant d'une affection rénale avancée, le vétérinaire utilisera des stéroïdes anabolisants, des suppléments de fer ou de l'érythropoïétine synthétique. Cette dernière ne procure qu'une amélioration passagère, car le corps apprend rapidement à la rejeter.

Affections cardiaques

La cardiomyopathie, maladie du muscle cardiaque, n'est souvent pas diagnostiquée avant un incident – comme la brusque cécité due à l'hypertension associée, une douleur aiguë de la patte postérieure due aux caillots de sang ou des difficultés respiratoires dues à l'accumulation des fluides dans le cœur et autour de celui-ci.

Deux types de cardiomyopathie existent. Lors de la myocardiopathie, le cœur d'un chat présentant un épaississement du muscle cardiaque pompe moins de sang à chaque contraction. Chez d'autres chats, le muscle cardiaque devient fibreux et perd sa capacité de se dilater et de se contracter, maladie appelée cardiomyopathie restrictive. Des médicaments distincts traitent les différentes formes de maladies du muscle cardiaque.

Brusque insuffisance cardiaque

La perte d'appétit, l'essoufflement et la léthargie signalent qu'une affection cardiaque a atteint un point de crise. Ces signes cliniques apparaissent typiquement en quelques heures ou en un jour. Le cœur n'est plus capable de répondre aux besoins de sang du corps. Les fluides s'écoulent dans les poumons et autour de ceux-ci, les empêchant de fonctionner normalement, d'où l'essoufflement. La toux n'est pas un signe majeur d'insuffisance cardiaque. La cardiomyopathie apparaît aussi chez les chats jeunes, d'âge moyen, et surtout mâles. Des mutations génétiques pouvant déboucher sur une myocardiopathie ont été identifiées chez le Maine Coon et le Ragdoll.

Une complication possible de la cardiomyopathie est le stationnement plus long du sang dans le cœur, provoquant la formation de caillots. Des fragments de ces caillots sont pompés dans le système circulatoire et restent bloqués dans les petites artères, le plus souvent au point ou l'artère fournissant le sang aux pattes arrière et à la queue se divise en trois. L'obstruction résultante cause une forte douleur et la brusque perte de l'usage des pattes arrière et de la queue. On peut penser que le chat a l'échine brisée. Avec un traitement immédiat, certains chats retrouvent l'usage de leurs membres, mais le pronostic à long terme n'est vraiment pas bon.

Diagnostic et traitement

Un diagnostic précis est posé en utilisant les rayons X, l'ECG et l'échographie cardiaque. Le traitement varie selon les signes initiaux, la gravité et le type de cardiomyopathie. Si une cause sous-jacente comme l'hyperthyroïdie est identifiée et traitée, l'état cardiaque s'améliorera. Si on ne trouve pas de cause sous-jacente, le traitement vise à gérer le rythme cardiaque et les symptômes d'hypertension. Les cardiomyopathies sont d'habitude progressives, bien que la progression soit parfois merveilleusement lente.

Si du fluide s'est accumulé dans les poumons, les diurétiques diminuent le volume en circulation. Le fluide autour des poumons (effusion pleurale) est d'habitude éliminé directement avec

Cardiomyopathie congestive et alimentation

Il y a une trentaine d'années, des producteurs de nourriture pour chat ne mettaient pas assez de taurine dans leurs produits. La déficience résultante a pratiquement causé une épidémie de cardiomyopathie congestive. Lors de cette affection, les chambres du cœur se dilatent et s'affaiblissent au point que le cœur n'est plus capable de pomper suffisamment de sang pour les besoins du corps. Maintenant rare, cette affection peut encore apparaître chez tout chat ayant une alimentation déficiente en taurine.

Test génétique

Des tests pour la myocardiopathie existent pour des mutations particulières présentes chez environ 30 % des Maine Coons et des Ragdolls testés. Un résultat positif signifie que le chat est génétiquement prédisposé à cette affection. Un résultat négatif signifie uniquement que le chat ne présente pas cette mutation particulière causant la myocardiopathie.

Hypertension

L'hypertension, susceptible d'endommager les vaisseaux sanguins, est répandue chez les chats âgés. Les rétines sont particulièrement sensibles aux dommages de l'hypertension. Les chats affectés semblent désorientés, pupilles très dilatées. Le décollement rétinien doit être traité d'urgence, car la cécité risque de devenir permanente, sauf si la rétine se rattache dans quelques jours. L'hypertension endommage aussi les reins, le cœur (causant un épaississement des parois, car le muscle doit travailler davantage pour pomper contre la résistance des vaisseaux sanguins) et le cerveau, où elle provoque la rupture des petits vaisseaux sanguins. Chez le chat, l'hypertension a presque toujours une cause ou des causes spécifiques, comme l'hyperthyroïdie et les affections rénales chroniques. Il faut les traiter aussi pour que le traitement de l'hypertension soit efficace.

Les chats minimisent l'importance de leur santé. Les chats âgés sembleront parfaitement normaux jusqu'à ce que l'hypertension cause brusquement un incident terrible.

L'hypertension a fait perdre brusquement la vue à ce chat. La pression du sang doit être surveillée au moins deux fois par an à partir de l'âge de 12 ans.

une aiguille ou un cathéter traversant la paroi thoracique. Les inhibiteurs d'ACE diminuent la charge de travail du cœur, les inhibiteurs calciques aident le muscle cardiaque à se détendre, laissant plus de place au sang pour remplir les chambres. Bien que l'aspirine soit très toxique pour les chats, elle est souvent utilisée à petite dose, deux fois par semaine, pour atténuer le risque de caillots de sang. Sauf si on suspecte une carence en taurine, aucun changement alimentaire spécifique n'est nécessaire, même si un chat en surpoids bénéficiera d'une perte de poids.

Les perspectives

La réaction au traitement dépend du type et de la gravité de la maladie : insuffisance cardiaque congestive, affection cardiaque primaire ou secondaire à une autre affection telle que l'hypertension ou l'hyperthyroïdie. Certains cas restent stables pendant des années.

Gérer la cécité

Une rétine décollée suite à l'hypertension est une cause ordinaire de brusque cécité chez les chats âgés. Les autres sens compensent en partie la perte de la vue. Les chats continuent à naviguer en suivant les sons et les vibrations. Leurs vibrisses sensorielles (moustaches) agissent comme des radars. Si votre chat est aveugle, maintenez la routine et évitez de déplacer les meubles. Utilisez des jouets qui couinent, assez près pour que le chat aveugle les frappe ou les morde, et introduisez peu à peu de nouveaux objets ou odeurs. Si vous avez plusieurs chats, ne les laissez pas mâchouiller les moustaches du chat aveugle !

Hyperthyroïdie

L'hyperthyroïdie est une maladie très répandue chez les chats âgés, causée par un accroissement de la production d'hormones thyroïdiennes, due dans la plupart des cas à une tumeur bénigne, un adénome. La cause sous-jacente de ce changement reste inconnue.

Les hormones thyroïdiennes contrôlent le taux métabolique du corps, de sorte que les chats souffrant d'hyperthyroïdie brûlent l'énergie et perdent du poids même en mangeant très bien. Alors que les thyroïdes sont d'habitude impliquées, une glande peut être plus gravement affectée que l'autre. Les chats réagissent extrêmement bien au traitement, et le pronostic est très bon si l'affection est diagnostiquée et traitée de bonne heure.

Signes cliniques typiques

L'hyperthyroïdie est rarement présente chez le chat de moins de 7 ans. Les Siamois semblent disposer d'une protection naturelle, si bien qu'ils souffrent moins de cette affection. Les signes typiques d'hyperthyroïdie sont : activité accrue, agitation, irritabilité, appétit accru mais perte de poids. Certains chats ont une diarrhée légère à modérée. D'autres vomissent plus ou deviennent hypersensibles à la chaleur, cherchant des endroits plus frais et haletant quand ils sont stressés. Lorsque la maladie est avancée, le chat devient faible et léthargique et perd l'appétit. Son pelage a l'air enchevêtré ou gras.

Complications cardio-vasculaires

Les hormones thyroïdiennes accélèrent le rythme cardiaque et font se contracter davantage le muscle cardiaque. Pour finir, le muscle de la plus grande chambre du cœur (le ventricule gauche) s'élargit et s'épaissit, aboutissant à une insuffisance cardiaque chez les chats non traités. Heureusement, une fois l'hyperthyroïdie contrôlée, les changements physiques s'atténuent ou disparaissent souvent complètement.

L'hypertension est une autre complication répandue, susceptible d'endommager plusieurs organes, dont les yeux, les reins, le cœur et le cerveau. Après un traitement réussi de l'hyperthyroïdie, l'hypertension disparaît souvent spontanément.

Poser un diagnostic

Le vétérinaire examine le cou du chat pour détecter les glandes hypertrophiées, vérifie son rythme cardiaque et la pression de son sang.

La plupart des chats souffrant d'hyperthyroïdie ont un taux élevé d'hormone thyroïdienne T4 dans le sang. L'analyse de T4 et les analyses sanguines habituelles permettent le vérifier le bon fonctionnement des reins. Comme l'hyperthyroïdie prédispose le chat à d'autres affections, sa santé générale doit être évaluée, spécialement celle du cœur et des reins.

Prévention et traitement

Les causes sous-jacentes précises de l'hyperthyroïdie n'étant pas connues, il n'y a pas de mesures préventives efficaces. Trois manières de traiter l'hyperthyroïdie existent : médicaments, opération chirurgicale ou radiothérapie.

Traitements médicamenteux

Les médicaments réduisent la production d'hormone thyroïdienne. Ils offrent un contrôle à court terme avant une opération ou, pris pour la vie, un contrôle à long terme de l'hyperthyroïdie.

Les chats aiment rarement avaler des cachets. Quelques-uns ressentent des effets secondaires temporaires, dont vomissements, léthargie et perte d'appétit, qui disparaissent d'habitude en quelques semaines.

Les analyses de sang de routine continuent durant le traitement, pour évaluer l'efficacité du traitement et surveiller le fonctionnement des reins.

Traitement

L'ablation chirurgicale des thyroïdes – thyroïdectomie – est une procédure relativement simple qui réussit très bien.

L'avantage est que l'opération apporte une solution à long terme ou permanente chez la plupart des chats, et élimine le besoin de médicaments à vie. Pour réduire les complications, les chats sont stabilisés avec des médicaments antithyroïdiens pendant quelques semaines avant l'opération. Toute affection cardiaque associée est aussi traitée.

Radiothérapie

L'iode radioactif est administré par une seule piqûre sous la peau. Il s'accumule dans la thyroïde et la détruit, sans endommager les tissus environnants ou les parathyroïdes. La plupart des chats traités retrouvent un taux normal d'hormone thyroïdienne dans les trois semaines de ce traitement sans danger.

Le chat doit rester à la clinique de deux à six semaines, jusqu'à ce que le taux de radiation descende dans des limites acceptables.

ASTUCE : LES REINS

L'insuffisance rénale chronique n'est pas une conséquence directe de l'hyperthyroïdie, mais les deux maladies se manifestent souvent ensemble simplement parce qu'on les rencontre chez les chats âgés. L'hyperthyroïdie accroît l'apport de sang aux reins, ce qui peut améliorer leur fonctionnement. Quand les deux maladies apparaissent ensemble, c'est dans l'intérêt de votre chat de ne pas traiter l'hyperthyroïdie. La décision dépend de l'état particulier du chat.

ASTUCE : OPÉRATIONS

L'expérience chirurgicale avec la thyroïdectomie est vitale pour éviter les dommages accidentels des parathyroïdes, petites glandes proches des thyroïdes. Leur endommagement risque de provoquer une chute du taux de calcium dans le sang, menaçant la vie. Les chats à qui on a retiré les deux thyroïdes doivent être hospitalisés pendant quelques jours après l'opération afin que le taux de calcium dans le sang soit surveillé.

Cancers et tumeurs

Une tumeur est un rassemblement de cellules anormales qui continuent à grandir et à se diviser de manière chaotique. Les tumeurs bénignes ne s'étendent pas aux tissus voisins et à d'autres parties du corps ; les tumeurs malignes envahissent les tissus sains ou se propagent via le sang à d'autres sites du corps.

Il y a bon nombre de types de cancer. Les carcinomes et les sarcomes sont des tumeurs apparaissant dans divers tissus, alors que les lymphomes sont des cancers provenant des globules blancs. Les leucémies sont des cancers des cellules immunitaires du sang.

Causes du cancer

Juste comme chez l'homme, les cancers félins ont bien des causes, dont l'exposition au soleil ou à une large gamme de produits chimiques. Chez les chats, au moins deux virus distincts, le virus de la leucémie féline (voir page 135) et le virus immunodéficitaire félin (voir page 136) peuvent aboutir aussi à des cancers.

Symptômes et diagnostic

Les changements non spécifiques comme le mauvais appétit, le manque d'énergie ou la perte de poids peuvent être les premières indications d'un cancer interne. Les grosseurs externes, les plaies qui ne guérissent pas, les saignements inexpliqués, sont des signes plus manifestes. Bien que le cancer puisse être un diagnostic possible chez les chats âgés, d'autres maladies ont les mêmes signes.

Un diagnostic est posé parfois grâce à un examen complet, des radios et des échographies, mais doit être confirmé par un examen au microscope d'un échantillon de tissu. Celui-ci est obtenu par une biopsie (extraction chirurgicale d'un petit morceau du tissu affecté) ou par une ponction-biopsie (insertion d'une aiguille dans le tissu et aspiration de quelques cellules). L'examen d'un échantillon de sang est habituel en cas de toute suspicion de cancer. Les scanners ou l'IRM permettent de diagnostiquer les tumeurs cérébrales ou de déterminer le degré d'invasion des tissus voisins.

Lymphome

Le lymphome, appelé aussi lymphosarcome, est le cancer le plus répandu chez les félins. La leucémie, cancer du sang ou de la moelle osseuse, devient maintenant rare chez les chats. Le lymphome peut se développer dans tous les points où il y a des globules blancs, d'habitude dans les ganglions lymphatiques. Il se développe souvent simultanément sur plusieurs sites ; répond le mieux à la chimiothérapie.

Certains types de lymphome sont associés à la leucémie féline, cependant beaucoup de chats souffrant de lymphome ne présentent pas cette infection. Généralement, le lymphome déclenché par la leucémie féline tend à apparaître chez les chats plus jeunes, alors que le lymphome sans lien avec cette infection est plus commun chez les chats âgés. Les chats de moins de 2 ans peuvent développer un lymphome dans la cavité thoracique. Les Siamois et les Orientaux en sont les plus affectés ; ils réagissent souvent très bien au traitement et ont un bon pronostic.

Cancer de la peau

L'épithélioma épidermoïde est un cancer de la peau, très présent chez les chats blancs vivant dans des climats ensoleillés. Cette tumeur affecte souvent le nez ou les oreilles. Au début, elle a l'aspect d'une mince égratignure ou plaie qui ne guérit pas bien. Le traitement de bonne heure de ces tumeurs réussit très bien et implique le plus souvent l'ablation chirurgicale ou la radiothérapie.

L'épithélioma épidermoïde oral est plus grave, envahissant souvent l'os et s'étendant aux ganglions lymphatiques locaux. Le maître pense souvent que son chat salive abondamment ou a mauvaise haleine à cause d'une affection dentaire. Ces tumeurs sont difficiles à guérir, bien qu'un chat réponde potentiellement bien à la chirurgie et à la radiothérapie.

Carcinome mammaire

Les femelles âgées non stérilisées présentent assez fréquemment des carcinomes mammaires, multiples grosseurs de la taille d'un petit pois dans les tissus mammaires. La stérilisation de bonne heure diminue spectaculairement le risque de ce cancer, qui peut s'étendre aux ganglions lymphatiques et aux poumons. Le traitement précoce des petites tumeurs réussit mieux que celui des tumeurs multiples ou plus grandes. Le traitement le plus efficace est l'ablation chirurgicale des tumeurs et des tissus voisins.

Tumeurs des mastocytes

Les tumeurs des mastocytes affectent d'habitude la peau, la rate et les intestins. Dans les intestins, ce sont souvent des tumeurs agressives causant des blocages. Elles peuvent être retirées chirurgicalement, mais au moment de cette tentative, elles se sont déjà propagées aux ganglions lymphatiques, au foie, à la rate et aux poumons. Ces tumeurs affectant la peau peuvent être des

Les contrôles préventifs de santé sont vitaux pour les chats âgés qui peuvent sembler parfaitement normaux tout en souffrant d'une tumeur telle qu'un lymphome.

masses solitaires ou de multiples nodules, parfois ulcérés. L'ablation chirurgicale réussit généralement. Certaines tumeurs se réduisent et disparaissent spontanément, sans traitement. La radiothérapie est aussi utile dans nombre de cas.

Fibrosarcome

Ces cancers se forment à partir des cellules des tissus sous-cutanées et s'élargissent progressivement jusqu'à devenir des masses fermes sous la peau. Leur degré de malignité varie énormément. Certaines envahissent tous les tissus voisins et s'étendant rapidement aux ganglions lymphatiques et aux poumons ; d'autres sont moins agressives et peu susceptibles de se propager.

Dans les années 1990, on considérait que les sarcomes se développaient sur les sites des vaccinations contre la rage et la leucémie féline, avant de découvrir que pratiquement toute piqûre peut en générer un chez les chats génétiquement prédisposés. Les chercheurs ont constaté qu'une piqûre froide déclenche une réaction inflammatoire plus forte qu'une piqûre à la température du corps.

Traitement

Si un cancer peut être retiré chirurgicalement, c'est la meilleure option pour aboutir à une guérison. La chirurgie réduit aussi la taille des tumeurs. Si ce n'est pas possible, il faut penser à la radiothérapie ou à la chimiothérapie, que les chats supportent mieux que l'homme.

Une bonne alimentation est un élément important des soins d'un chat souffrant d'un cancer. Généralement, les aliments commerciaux de qualité conviennent, mais un chat peut avoir des besoins diétaires particuliers. Réchauffer la nourriture dégage son arôme et stimule l'appétit. Parfois, un tube d'ingestion temporaire est installé pour surmonter la perte d'appétit ou l'incapacité à manger. Une perte complète d'appétit signale un problème grave tel qu'une douleur non contrôlée ou des effets secondaires du traitement. Le vétérinaire vous conseillera selon la situation.

Les chats âgés agissent comme des vieillards

Les animaux de compagnie, surtout ceux qui ne vivent qu'à l'intérieur, jouissent d'une longévité plus grande. La fréquence d'un comportement modifié et d'une apparente sénilité est de plus en plus accrue. Parfois, ces changements de comportement sont causés par des maladies comme une hyperthyroïdie ou une tumeur cérébrale. D'autres fois, le changement comportemental est une conséquence de l'anxiété de la séparation. Dans beaucoup de cas, la raison en est la sénilité. Lors d'une étude, plus d'un quart des chats âgés de 11 à 14 ans montraient des signes de sénilité, contre 50 % chez les chats âgés de 15 ans ou plus.

La sénilité est causée par une combinaison d'apport réduit de sang au cerveau et de dommage chronique dû aux radicaux libres. Chez les chats âgés, les artères durcissent (artériosclérose), ce qui, de concert avec d'autres affections causant hypertension, anémie, défauts de coagulation du sang ou apport réduit de sang, contribue au comportement sénile.

Calculer l'âge

Rien de scientifique à cela, mais on aime comparer l'âge de notre chat au nôtre. Voici une équivalence approximative :

1 mois	=	10 mois
3 mois	=	7 ans
6 mois	=	9 ans
1 an	=	24 ans
2 ans	=	36 ans
3 ans	=	42 ans

et à partir de là, par étapes de 3 ans de chat pour 1 an humain :

4 ans	=	45 ans
…..		
18 ans	=	87 ans
19 ans	=	90 ans
20 ans	=	93 ans

Astuce : suppléments

L'administration pendant deux mois d'un supplément contenant des huiles de poissons oméga-3, des vitamines E et C, de la L-carnitine, de l'acide alpha lipoïque, de la coenzyme Q, de la phosphotidylserine et du sélénium a atténué de manière significative les signes de désorientation, d'interaction sociale et de salissure de la maison chez les chiens. Il n'y a pas d'études similaires de ses bénéfices pour les chats. Attention, l'acide alpha lipoïque est toxique pour les chats.

Signes de sénilité

Un à un, les signes de sénilité sont subtils, mais associés ils deviennent notables. Surveillez les comportements suivants.

Comportement général
- Expression déconcertée
- Marche continue, répétitive ou « stéréotypée »
- Absence de toilettage, même quand la douleur et la maladie liées à l'âge sont contrôlées.

Désorientation
- Délai avant de reconnaître des personnes, des endroits ou des objets familiers
- Le chat s'égare dans un environnement familier
- Le chat va du mauvais côté d'une porte fermée quand on lui demande de la passer

Changements des modèles de sommeil
- Davantage de sommeil dans la journée
- Moins de sommeil la nuit
- Sommeil très perturbé

Changements dans les activités sociales
- Accueil moins enthousiaste
- Réaction plus lente à vos requêtes
- Moins de jeu avec les gens ou les autres animaux de compagnie
- Irritabilité accrue envers tout
- Échec des interactions sociales

Diagnostiquer le problème

Le terme médical désignant la sénilité est « dysfonctionnement cognitif ». Comme il s'agit d'un processus progressif, son traitement est utile et efficace, spécialement s'il est entamé de bonne heure, mais il faut d'abord soigner toute maladie associée. Les chats ne

Radicaux libres

Les cellules utilisent l'oxygène pour produire de l'énergie. Une petite quantité d'oxygène est normalement transformée dans la cellule en « radicaux libres ». À mesure que les cellules vieillissent, elles deviennent moins aptes à la production d'énergie et produisent en conséquence plus de radicaux libres, habituellement éliminés par les défenses antioxydantes du corps, dont enzymes, vitamines A, C et E, sélénium, zinc. En raison de son haut contenu en graisses, de son besoin élevé d'oxygène et sa capacité limitée à s'autoréparer, le cerveau est particulièrement sensible aux dommages des radicaux libres. Si un chat vit assez longtemps, le dommage chronique des radicaux libres débouche sur des maladies similaires à celles des hommes souffrant de sénilité et de maladie d'Alzheimer.

L'extérieur est toujours stimulant. Ce chat âgé peut encore sauter sur un mur et surveiller le voisinage, activités qui contribuent à retarder les changements séniles.

Astuce : peu de stress

Une fois que le chat montre des signes cliniques significatifs de sénilité, tout changement de son environnement peut avoir un effet négatif sur son bien-être. Les chats affectés sont souvent très stressés et gèrent mal la modification de leur environnement, de leur routine quotidienne ou de leur alimentation. Si votre chat montre des signes de stress dans ce cas (ne mange pas, se cache ou change ses habitudes de toilettage) revenez au statu quo précédent. Certains chats sont si perturbés par le changement qu'ils tireront profit d'être limités à une seule pièce contenant tout ce dont ils ont besoin.

se plaignent pas de la douleur qui accompagne ordinairement la vieillesse. Une fois la douleur contrôlée, ce qu'on tenait pour sénilité s'avère parfois activité ou mobilité réduite en raison d'une souffrance chronique.

Utilisés correctement, plusieurs antalgiques, spécialement les médicaments anti-inflammatoires non stéroïdiens, ont un effet spectaculaire quant à la diminution de la douleur. Pour des raisons encore inconnues, certains anxiolytiques atténuent jusqu'à 10 % la douleur apparente chez les chats âgés.

Traitement grâce à l'environnement

Enrichir l'environnement veut dire jouer avec votre chat, lui parler et le caresser, lui offrir de nouveaux jouets et disposer la nourriture à sa portée. Créer un environnement plus excitant pour votre chat conduit à une augmentation des facteurs de croissance des nerfs, au développement et à la survie de plus de connexions entre cellules nerveuses, ainsi qu'à une intensification du fonctionnement cérébral – et donc à moins de sénilité.

Une étude de 5 ans sur l'alimentation additionnée d'acides gras essentiels, d'antioxydants et de racine de chicorée (qui contint un prébiotique modifiant la flore intestinale) a montré que les chats âgés avaient une vie bien plus longue et en meilleure santé que ceux recevant une alimentation sans suppléments. On trouve maintenant sur le marché des aliments spéciaux pour les chats âgés.

Les changements de comportement, même ceux du comportement sénile, incluent des composantes apprises. Par exemple « J'ai eu mal quand j'ai tenté de sauter sur le canapé et je suis tombé sur le dos, alors je ne vais plus le faire ». Pensez à ce que votre chat apprendra tout seul.

- Ne changez pas l'environnement connu de votre chat âgé. Même déplacer les meubles risque d'augmenter sa désorientation.
- Rendez la vie plus facile à votre chat âgé en aménageant les lieux. Par exemple, installez une rampe large, moquettée, sur laquelle il pourra accéder à son lieu préféré de repos ou d'observation s'il devient moins agile.
- Introduisez (ou réintroduisez) des jeux comme la plume sur une ficelle,

dans un environnement confortable, par exemple allongé sur des coussins. Développez une activité sociale et une routine, première chose le matin puis de nouveau dans l'après-midi, afin que la stimulation mentale du jeu devienne un comportement appris.

- Placez des bouts de sa friandise préférée de votre chat autour de la maison, pas vraiment cachés, mais loin de la zone habituelle où il mange, afin de stimuler son intérêt pour la chasse à la nourriture.
- Surveillez les habitudes d'élimination de votre chat. Installez des bacs à litière pour les chats âgés qui n'ont plus envie de sortir faire leurs besoins dehors.

Traitement médicamenteux

Il n'existe pas de médicaments spécifiques traitant la sénilité chez le chat. Toutefois, divers médicaments, dont des anxiolytiques, ont été essayés avec un succès variable. Si vous envisagez d'utiliser des médicaments, informez-vous auprès du vétérinaire.

Les chats âgés se toilettent et jouent moins

La diminution du toilettage est presque toujours associée à une gêne croissante quant au mouvement. Si le chat a mal quand il fléchit le dos pour se nettoyer la zone anale, il arrête de le faire. S'il est trop douloureux de défaire les nœuds parce que les gencives sont infectées et enflammées et la pulpe dentaire exposée, le chat arrête de le faire. Les chats sont programmés pour maintenir l'hygiène de leur corps, et la majorité le feront même à un âge avancé, mais quelques-uns abandonneront.

À la vieillesse, c'est vous qui devez inciter au jeu. Certains chats arrêtent de jouer complètement, bien que la plupart apprécient de temps à autre un jouet genre plume sur une ficelle.

Traitement

Le vétérinaire diagnostiquera et, si possible, traitera, la cause sous-jacente de la gêne croissante de votre chat. Même avec des médicaments contrôlant la douleur chronique, les chats âgés ont besoin de votre aide. Si vous avez habitué le vôtre à se laisser toiletter, continuez, mais utilisez une brosse plus douce et faites plus attention avec le peigne. La peau est plus mince et l'échine plus saillante, spécialement chez les chats maigres. Jouez avec votre chat mais rappelez-vous, ses articulations sont probablement arthritiques et sa capacité de concentration, diminuée. Jouez avec lui dans un lieu confortable, par exemple sur le canapé.

Errances et miaulements nocturnes

À mesure que l'ouïe s'affaiblit, certains chats miaulent et errent davantage la nuit. Le vétérinaire vérifiera la perte d'audition ou la présence de l'hyperthyroïdie. Toute affection augmentant la pression du sang peut aussi être en cause.

Il est plus probable que les miaulements nocturnes accrus soient un signe de sénilité et de désorientation. Les chats âgés crient, miaulent, gémissent davantage, et semblent apprendre à utiliser mieux les sons de demande. Ce n'est pas juste le Siamois, bien qu'il ait assurément la voix la plus stridente.

Traitement

Pour réduire les errances nocturnes, assurez à votre chat une zone relativement petite et sûre, comme la cuisine ou la chambre. Placez sa couche à l'endroit le plus chaud, par exemple à côté d'un radiateur. Si votre chat aime être dans un lieu clos (la plupart aiment), placez un grand carton renversé sur sa couche, avec une partie coupée le laissant entrer et sortir. Tapissez sa couche d'une peau de mouton ou d'une polaire thermale épaisse. Donnez-lui quatre repas par jour, le dernier juste avant l'heure du coucher. Placez le chat sur sa couche, lisez-lui son histoire préférée ou ce qui vous fait vous sentir bien, vous, puis sortez et ne répondez pas à ses miaulements. Votre chat est peut-être sénile, mais il est

ASTUCE : CHAT ENDEUILLÉ

Lorsqu'un des chats d'une maison où il y en a plusieurs meurt, les survivants sont affectés – mais pas toujours comme on s'y attendrait. Alors que certains cherchent le chat disparu et l'appellent, d'autres sautent littéralement de joie. Ils deviennent plus calmes, plus amicaux, plus heureux. Les plus sociables, les Siamois et les Orientaux, bénéficieront probablement le plus de l'arrivée d'un nouveau venu.

PERTE DES HABITUDES DE PROPRETÉ

Les chats âgés qui ont toujours utilisé le jardin comme toilettes sortent moins avec l'âge – soit parce qu'ils n'aiment pas le temps, soit parce qu'ils ne veulent plus affronter d'autres chats sur ce qui était jadis leur territoire. Si votre chat salit la maison, il lui faut maintenant un bac à litière à l'intérieur.

Les chats âgés sont plus lents. Laissez-les rester tranquilles, mais ne négligez pas le côté social : le jeu peut ralentir le déclin tant physique que mental.

probablement assez lucide pour savoir que les miaulements fonctionnent.

Si vous voulez rassurer votre chat âgé en le plaçant près de vous la nuit, dans votre chambre, sur le lit, faites-le. Le laisser dormir avec vous réduit souvent spectaculairement les miaulements nocturnes, mais ne soyez pas surpris si plus tard – après quelques mois ou juste semaines – il saute du lit la nuit, va ailleurs dans la maison et se remet à miauler. Certains maîtres utilisent des essences florales comme le Remède de secours. Pour rester pragmatique, l'usage occasionnel de calmants assurera à votre chat, et à vous-même, une bonne nuit de sommeil.

Améliorer la vie d'un chat âgé

- Décidez avec le vétérinaire du meilleur plan pour les contrôles de santé.
- Installez au moins deux bacs à litière à des endroits facilement accessibles (pour votre chat).
- Recouvrez les planchers de tapis antiglisse.
- Donnez-lui des repas plus réduits, mais plus fréquents, par exemple quatre fois par jour.
- Coupez-lui les griffes : elles risquent de pousser dans les coussinets.
- Installez au moins deux couches de repos à des endroits confortables. Tapissez-les de polaire thermique qui garde la chaleur du corps.
- Jouez quelques minutes avec votre chat, au moins deux fois par jour. Une plume sur une ficelle fait un excellent jouet.
- Ne prenez pas un autre animal « pour le chat ». Même si votre chat est perturbé par la mort d'un compagnon félin, il ne voudra probablement pas d'un autre chat dans la maison.
- Les individus âgés – félins ou humains – sont moins à l'aise avec le changement. Maintenez les routines à chaque fois que possible.
- Lorsque vous partez en vacances, sauf si votre chat connaît bien la pension où vous voulez le laisser, arrangez-vous pour qu'il reste à la maison avec un ami fiable qui vient le voir deux fois par jour.
- Si c'est un jour chaud et ensoleillé, sortez votre chat. Laissez-le rester sur vos genoux et absorber les rayons du soleil. Ce sera le paradis pour vous deux.

La fin de la route

Le temps n'est jamais assez long. C'est triste, mais la vie d'un chat est bien plus courte que la vôtre. Dans leurs dernières années, les chats affrontent les problèmes du grand âge avec stoïcisme et dignité naturelle, sans jamais se plaindre. Quand ils tombent, ils se relèvent s'ils le peuvent et continuent. Les chats ne regardent pas avec nostalgie ce qu'ils pouvaient faire jadis : ils se concentrent sur le moment présent, sur ce qu'ils peuvent encore faire, et y arrivent remarquablement bien. Mais finalement, même le plus noble des vieillards n'est plus capable de gérer les choses ou vit avec une douleur constante. Le moment est venu de lâcher prise.

Prendre la décision

« Souffre-t-il ? » « Dois-je continuer ? » « Le moment est-il venu ? » Les

Les années conduisent souvent à une mobilité réduite en raison de la gêne, de la faiblesse ou de la mauvaise coordination. Ce chat doit se concentrer pour marcher sans tomber.

Même si votre chat âgé est dans une situation confortable, en sécurité et bien nourri, vous aurez à décider à un moment ou à un autre si sa qualité de vie atteint à un minimum acceptable.

vétérinaires entendent ces questions toutes les semaines. Certains se posent eux-mêmes des questions afin de pouvoir donner une réponse. L'affection ne répond plus au traitement ou empire ? La douleur ou la détresse n'est plus contrôlée par le traitement ? Il y a perte permanente des fonctions vitales du corps ? L'usure de l'âge a-t-elle affecté de manière permanente la qualité de vie du chat ?

L'euthanasie est simple

Le moment venu, un anesthésiant concentré est injecté dans une veine. Certains maîtres pensent que leur chat sait ce qui se passe, mais ce n'est pas le cas. Tout ce qu'il sait est que quelqu'un tient sa patte – chose qui est déjà arrivée avant, quand un échantillon de sang était pris ou un médicament administré par voie intraveineuse – puis une sensation de somnolence s'installe. Votre chat s'endort et quelques secondes plus tard son cœur stoppe. La mort cérébrale intervient après quelques secondes de plus, mais l'activité électrique des muscles peut durer encore jusqu'à dix minutes, causant des sursauts. Si les muscles respiratoires sont affectés, une contraction réflexe du diaphragme prend place, produisant un « soupir », comme si le chat était encore vivant, ce qui n'est pas le cas.

Le deuil est compliqué

L'intensité de la perte peut être accablante.

Le chagrin est effrayant et parfois incontrôlable. Il ne suit aucun modèle, mais la plupart d'entre nous passent par une série de sentiments : engourdissement, nostalgie, désespoir puis acceptation et, avec le temps, paix. Le chagrin peut perturber la vie quotidienne et s'avérer compliqué, spécialement si vous avez subi d'autres pertes où vous n'avez pas pu exprimer vos sentiments ou avez joui de peu de soutien. Un décès brusque ou une mort après une longue maladie débouchent sur un chagrin complexe. N'oubliez pas, le chagrin est normal.

Le chagrin finit par se dissiper

Il n'y a pas de cachet magique susceptible d'écarter complètement la douleur, mais avec le temps les sentiments s'atténuent.

Ne vous le reprochez pas, n'ayez pas honte, ne vous excusez pas, ne vous culpabilisez pas. Pour beaucoup d'entre nous, nos animaux de compagnie sont vraiment importants.

Si votre chat est malade, vous avez du chagrin même avant son décès, et la mort semblera un soulagement.

Le nouveau chat dans votre vie

Vie et mort. Amour et chagrin. Il y a toujours l'autre côté, mais pour la plupart les larmes laissent inévitablement la place aux sourires, aux bons souvenirs. Vous saurez quand le moment sera venu d'avoir un autre chat. Si vous avez lu ce livre, je sais qui vous êtes et je sais qu'il y a un chat chanceux quelque part attendant que vous deveniez sien.

Une bonne mort

L'euthanasie, c'est mettre volontairement fin à la vie de quelqu'un souffrant d'une maladie en phase terminale. Le mot vient du grec « eu », *bon*, et « thanatos », *mort*. Pour ceux qui ont regardé un chat s'endormir rapidement puis vu son cœur s'arrêter quelques secondes plus tard, la procédure porte bien son nom.

INDEX

Les nombres en *italiques* signalent les légendes.

Remerciements

Mes excuses pour me répéter une fois de plus, mais je pratique la médecine vétérinaire, examinant des chats, des chiens et quelques autres espèces, depuis plus de quarante ans. Je pense avoir effectué entre cinquante mille et cent mille examens et opérations. Donc, tout d'abord, merci les chats ! Je savais peu de choses à propos des félins lorsque j'ai eu mon diplôme ; médicalement parlant, les chats ne comptaient pas dans les années 1960. Si je sais plus maintenant, je le dois à toutes ces rencontres quotidiennes avec des chats, mais aussi avec leurs maîtres.
Merci comme toujours à ceux avec lesquels je travaille à la London Veterinary Clinic qui me remplacent les jours où je m'absente pour écrire. Merci à mes collègues vétérinaires, Veronica Aksmanovic, Philippa Mitchell et Grant Petrie et aux meilleures infirmières au monde, Ashley McManus, Suzi Gray, Hester Small, Letty Lean et Angela Bettinson pour toute leur aide et expérience avec les chats. Merci aussi à toute l'équipe de MB, à l'éditeur David Lamb, qui m'a laissé écrire ce que je pense, pas seulement ce qui est anodin, à Helen Griffin, la responsable d'édition et à Georgina Atsiaris, la responsable de projet toujours enjouée. Merci à la responsable artistique, Juliette Norsworthy, qui a réalisé de belles pages, et à Joanne Wilson, qui a mené ce projet à sa réalisation.

Et pour finir, ma gratitude à Candida Frith-Macdonal, secrétaire d'édition, la personne sur laquelle un auteur – moi, assurément – s'appuie le plus. Quand vous travaillez avec une personne qui comprend comment vous pensez, c'est magique. Merci, magicienne.

Fichier félin SNVEL-SIEV
112-114, av. Gabriel Péri
94246 L'Haÿ-les-Roses Cedex
01 55 01 08 08
www.fnf.fr

Fédération féline française
75, rue Claude-Decaen
75012 Paris
01 42 28 26 09
www.fffeline.com

Société française de félinotechnie
École nationale vétérinaire d'Alfort
7, av. du Général de Gaule
94704 Maisons-Alfort cedex
www.Sff-asso.com

Société protectrice des animaux (SPA)
39, bd Berthier
75017 Paris
01 43 80 40 66
www.spa.asso.fr

Assistance aux animaux
24, rue Berlioz
75016 Paris
01 40 67 10 04
www.assistanceauxanimaux.com

Confédération nationale des SPA
25, quai Jean-Moulin
69226 Lyon Cedex 2
04 78 38 71 71
email : confspa@wanadoo.fr

LOOF (Livre officiel des origines félines)
1, av. du Pré Saint-Germain
93500 Pantin
01 4 171 03 35
www.loof ;assoc.fr

Fondation Trente millions d'amis
40, cours Albert Ier
75008 Paris
01 56 59 04 44
www.30millionsdamis.fr

Syndicat national des vétérinaires urbains (SNVU)
10, Place Léon-Blim
75011 Paris
01 43 79 36 12

La Fédération Internationale Féline (FIFE),
17 Rue du Verger,
L-2665 Luxembourg
fifeweb.org

Clubs de race
www.chatsderace.com

Governing Council of the Cat Fancy
5 King's Castle Business Park,
The Drove, Bridgwater
Somerset, TA6 4AG, Grande-Bretagne
+44 (0)1278 427575
www.gccfcats.org

International Cat Association (TICA)
PO Box 2684, Harlingen
Texas 78551 États-Unis
+1 (956) 428-8046
www.tica.org
www.tica-uk.org.uk

The Cat Fanciers' Association, Inc.
1805 Atlantic Avenue, Manasquan
NJ 08736 États-Unis
+1 (732) 528-9797
www.cfa.org

Crédits photographiques

akg-images blickwinkel/PICANI/S Klewitz-Seemann 50 b

Alamy Andre Jenny 16 a ; Arco Images GmbH/C Steimer 157 ad ; Art Directors & TRIP/Helene Rogers 112, 143 a ; CaptureIt 153 d ; Caro/Oberhaeuser 75 ; F Vrouenraths (Kenia) 151 bg ; Graphic Science 138 d ; Horizon International Images Limited 94 a ; Ian Middleton 116 ; imagebroker/Michael Weber 90 a ; Jenny Tonkin Nature Images 154 ; Johner Images/Peter Carlsson 25 ; Julie Woodhouse 86 b ; Juniors Bildarchiv 17 b, 26 bg & bd, 31 b, 129, 135 g, 151 ag, 170 ; Keith Mindham 159 ; Mark Scheuern 37 d ; Natalya Onishchenko 28-9 ; O Digoit 108 ; Papilio/Robert Pickett 153 g ; Patty Harry 87 a ; petographer 25 b, 131 b ; Petra Wegner 151 ac & ad ; Richard Sheppard 149 ; Rodger Tamblyn 56 b, 85 d ; Steppenwolf 178 ; tbkmedia.de 24 ; The Art Archive/Gianni Dagli Orti 15 d ; Tierfotoagentur/R Richter 34a, 39 ; Top-Pics TBK 12 ; Wildlife GmbH 174 ; Wildscape/ajs 183

Ardea Jean Michel Labat 87 b, 187 ; John Daniels 110, 130, 186

Corbis Beateworks/Dana Hoff 9 ; Benjamin Rondel/First Light 134 ; Janie Airey/cultura 59 a

Dorling Kindersley 109 ; Gary Ombler 161 a

Dreamstime.com 65 ; Garya 46 a ; Jolita 58 a ; Pazo 84 ag

Fotolia aceshot 86 a ; Alena Ozerova 171 ; Aliaksei Lasevich 69 ; amelie 81 ; Andrejs Pidjass 132-3 ; Andrey Stratilatov 78 b ; Anobis 22 a, 33 ; Bartlomiej Nowak 50 a ; biglama 25 a, 64 a ; calamity john 54 bd ; Callalloo Candcy 42 b, 47 b, 54 bg, 55 b, 67 ; Callalloo Twisty 21 b ; Callalloo Alexis 43 ; Callalloo Fred 45 ; Carmen Steiner 91 ; Christiane Robin 31 a ; contrastwerkstatt 161 b ; diefotomacher 137 ; dimch 84 cr ; Dixi 38 d ; Dmitry Naumov 47 a ; EcoView 14 ; emprise 44 g ; Enrico Scarsi 7 ; epantha 27 ad ; Eric Gevaert 56 a ; Eric Isselée 8, 30 bg, 32 a, 38 g, 52 a, 80 b ; Esme7 32 b ; Fortish 84 ad ; galbertone 96 ; Galló Gusztáv 82 ; haveseen 76 ; HelleM 54 ad ; hosphotos 74 ; Igor Korionov 2 ; Igor Zhorov 70 ; Igors Leonovs 42 a ; Inferna 30 a, 63 b, 168 ; ixusfan 58 b ; Jazavac 68 ; Johanna Goodyear 73 b ; Julia Vadi 23 a ; Katerina Cherkashina 52 a ; kathy libby 59 b ; kazoka303030 78 a ; Kelpfish 83 b ; Kirill Vorobyev 36, 117 ; Krissi Lundgren 26 a, 34 b, 63 a ; Laurent Dambies 57 b ; MAErtek 10-11 ; Maksym Dyachenko 57 ad ; Marcin Sadlowski 53 ; Maria Sauh 150 ; Marilyn Barbone 57 ag ; Marina Moskovich 21 a ; Mark Bond 172 ; Maruba 84 cl ; Max Tactic 114 ; Mega 41 b ; Michael Pettigrew 84 b ; Michael Ransburg 79 a ; Mknace 163 ; Monkey Business 142 ; Mr Flibble 145 ; Nadine Haase 131 a ; NatUlrich 100 b ; NiDerLander 139 ; Olga Struk 124 ; Oscar Williams 165 ; Parrus 79 b ; Patricia Hofmeester 80 a ; Paweł Syrjus 44 d ; Renee McCrady 143 bd ; Ruth Black 72 ; Sebastien Montier 64 b ; Shakzu 83 ag & ad ; Simone van den Berg 20 a, 71 ; Sunshine Photos 173 ; Svetoslav Radkov 73 a ; Thomas Launois 136 ; Tony Campbell 62 ; tsach 41 a ; Valery Vasiliev 46 b ; Zimon 55 a ; ZTS 77

Getty Images FotoFealing 88-9 ; Michael Blann 121 ; Steve Lyne 85 g

Helmi Flick 19

Mary Evans Picture Library 40 b

Nature Picture Library Jane Burton 66

Octopus Publishing Group Adrian Pope 99 ; Ray Moller 16b, 17 a, 18 a, bg & bd, 20 b, 22 b, 23 b, 27 ag & b, 30 bd, 31 c, 40 a **Photolibrary Group** Aflo Foto Agency/Shuji Aizawa & Kyoko Aizawa 177 ; age fotostock/Carrie Villines 120 ; Animals Animals/James Robinson 141 b ; BSIP Medical/Oliel 93 d, /Hanet 181 ; Garden Picture Library/Gert Tabak 169 ; HillCreek Pictures BV 106-7 ; imagebroker/Konrad Wothe 54 ag, /Sonja Krebs 126 g ; Juniors Bildarchiv 37 g, 51, 92, 93 g, 94 b, 97, 98, 99 b, 100 a, 111, 118, 122, 123, 127, 143 bg, 144, 148, 152, 156, 157 ag, 162 a ; Mauritius/Klaus Scholz 135 d, /Nelly Ampersand 147 ; MIXA Co Ltd 48-9 ; Nordic Photos/Anna G Tufvesson 119 ; Oxford Scientific/Alain Christof 95, /Les Stocker 90 b, /London Scientific Films 141 a ; Superstock/Yoshio Tomii 60-1 ; Vstock, LLC 185

Rex Features 166 ; Phil Yeomans 35

RSPCA Photolibrary Angela Hampton 151 bd, 162 b

Science Photo Library Tom Myers 138 g
StiqueyPaws® 126 d
The Art Archive Eileen Tweedy 15 g
Warren Photographic Jane Burton 155, 157 bg & bd, 158, 160